쉽게 공부하는 기술경영 MOT

새로운 시대의 기술혁신전략

K. Miyazaki • K. Kijima • Y. Tanaka • M. Tsujimoto • S. Sengoku 지음　　송영화 • 송원욱 • 이상직 옮김

Management of Technology and Innovation

MEDIA JIPHIL
(주)지필미디어

쉽게 공부하는 기술경영 MOT

새로운 시대의 기술혁신전략

지은이 K. Miyazaki, K. Kijima, Y. Tanaka, M. Tsujimoto, S. Sengoku
옮긴이 송영화, 송원욱, 이상직
발행처 (주)지필미디어
주 소 경기도 파주시 문발로 115 세종출판벤처타운 404호(문발동 537-7)
전 화 031) 957-4504
팩 스 031) 957-4503
이메일 book@jiphil.co.kr
홈페이지 www.jiphil.co.kr
발행인 김성남
발행일 2020년 6월 30일 초판 인쇄
등록번호 제 312-1997-000043호(1997년 7월 16일)
ISBN 979-11-86674-69-7 93320

가 격 25,000원

■ 잘못 만들어진 책은 구입하신 곳에서 교환해 드립니다.

일본어판 저자 서문

다양한 제품군에서 임베디드 소프트웨어의 중요성이 커지고 있는 가운데, 휴대전화의 일본경제에서 중심적 역할을 수행해 온 가전제품산업 등 품질관리에 기반한 대량생산형 혁신시스템의 한계가 드러나고 있고, 주력산업인 자동차산업에서도 미국 IT기업 등이 자율주행기술을 개발하여 파괴적 혁신이 시작되고 있습니다. 많은 신흥기술들이 출현하고 있는 가운데 특히 빅데이터나 AI(인공지능)는 다양한 분야에 영향을 미치는 기술로서 사회경제에 커다란 변화를 가져올 것으로 생각됩니다. 이러한 신흥기술은 해당 기술 단독으로 보다는 다른 응용기술과 융합함으로써 더 큰 가치를 만들어내고 사회에 보급됩니다. 또한 제품수명주기가 단축되고 제품을 구성하는 기술이 복잡다양해지면서 이종분야 간의 컨버전스(convergence)가 발생하는 등 기술경영은 매우 중요한 과제가 되고 있습니다.

일본의 국가경쟁력을 유지, 강화하기 위해서는 모든 장소에서 혁신이 발생할 수 있는 사회를 구축할 필요가 있습니다. 개인, 기업 내 개발현장, 연구기관, 산학협력 등 공동연구, 정부, 지자체, 생산성 향상을 지향하는 농가 등, 미시적인 장소에서부터 거시적 수준에 이르기까지 혁신 창출을 촉진해야만 합니다. 어떻게 혁신을 창출하고, 혁신에 사회경제적 가치를 부여하며, 사람들의 삶을 풍요롭게 할 것인가라는 문제는 쉽게 해결할 수 없습니다. 이를 위해서는 "기술경영적 사고방식(역자주 : 일본어 원서의 제목이기도 함)"을 학습하는 것을 추천합니다.

혁신은 불확실성을 수반하고 리스크가 발생하는데, 혁신을 관리하는 것이 가능할까요? 기술경영이라는 학문을 학습함으로써 이론을 바탕으로 다면적인 시야를 가지고 사고하고, 정보를 수집, 분석하며, 전략을 수립할 필요가 있습니다. 그리고 이어서 수립한 전략을 실행하고 당초 목표와 비교하여 평가한 뒤 재차 수정하는 것입니다. 기술경영은 이론과 실천 양쪽에 걸쳐서 존재하는 학문분야입니다. 이론을 배우지 않는다면 적절한 액션플랜을 수립하는 것이 어렵습니다. 또한 실행에 따라 성과에 나타나는 변화를 파악하여 새로운 학술적 모형을 고안하는 것도 가능합니다. 즉 이론과 실천이 서로 밀접히 관련되어 상호작용하면서 전진하는 분야이면서 앞으로도 많은 연구성과가 기대되는 영역이라고 할 수 있겠습니다. 끊임없이 변화하는 국제 사회경제환경 속에서 기술경영을 실천하여 글로벌 리더로서의 경쟁력을 기르고 사회 전체의 풍요로움에 공헌할 것이 기대된다고 하겠습니다.

한편 기술경영과 경영공학의 차이점을 언급하고자 합니다. 경영공학은 경영관리에 공학적 수법을 응용하는 분야입니다. 기술경영은 기술이 기업 및 조직의 중요한 자산이라는 점에 주목하여 조직의 비전과 목표를 달성하기 위해 기술자산을 전략적으로 관리하는 행위입니다. 기술경영에서는 당면한 과제가 무엇인지 사고하는 문제설정능력이 중요한 반면, 경영공학에서는 문제해결능력이 중요시되는 것으로 판단합니다.

이 책의 몇몇 장에는 기술경영 실천 경험이 있으신 분들과의 대담을 실었습니다. 바쁘신 와중에도 요청에 응해 주신 분들께 감사의 말씀을 드립니다. 편집작업 과정에서 큰 도움을 주신 일본방송대학교교육진흥회 후지와라 미츠히로 님, 대담 수록작업에 힘써 주신 우치야마 마모루 님과 사에키 토모히로 님께도 감사의 말씀을 드립니다. 집필을 분담해 주신 도쿄공업대학교 교수님들과 키지마 쿄이치 명예교수님께 깊은 감사를 표하고자 합니다. 마지막으로 방송대학교 강의와 본서의 출판을 제안해 주신 일본방송대학교 오카다 미츠마사 교수님께 깊이 감사드리고자 합니다.

미야자키 쿠미코

2017년 3월

저자 서문

이 도서는 일본 방송대학 출판사에서 2017년에 발간한 “기술경영의 사고방식” 교과서의 한국어판입니다. 공저자들을 대표하여 인사드립니다.

다양한 제품군에서 임베디드 소프트웨어의 중요성이 커지고 있는 가운데, 휴대전화의 기능 또한 내장된 소프트웨어에 의해 좌우되는 시대가 되었습니다. 이전에 저희 연구실에서 휴대전화 내장 소프트웨어의 진화와 신기능 실현에 대해 연구한 적이 있는데, 내장 소프트웨어 중 기능에 관련되지 않은 부분들의 특징, 기술개발의 특화 여부, 그리고 하드웨어 성능 향상이 휴대전화 분야의 혁신에 영향을 미친다는 것을 밝혀내었습니다. 또한 최근에는 내장 소프트웨어 혁신의 방향이 휴대전화의 제어적 기능에 더하여 정보 및 데이터 관리 기능으로 전환하고 있다는 것도 알 수 있었습니다. 이러한 결과들은 기업의 혁신관리에 있어 중요한 사항이라고 생각합니다.

종전에는 서로 별개의 산업이었던 정보통신산업과 자동차산업이 융합을 일으키면서, 커넥티드 카, 모빌리티 서비스, 자동운전 등 급격한 변화가 발생하고 있습니다. 세계 각국에서는 이것을 새로운 기회로 보고 전기자동차 등 모빌리티를 추진하고 있습니다.

삼성전자는 21세기 세계를 선도하는 대기업이 되었습니다. 과거를 돌아보면 도시바, 소니와 공동연구개발을 실시하는 등 일본 기업과의 인연이 깊었습니다. 2011년에 JST(일본 과학기술진흥기구)는 호소노 히데오(細野秀雄) 도쿄공업대학 교수가 발명한 IGZO 기술을 활용한 고성능 박막트랜지스터(TFT) 특허의 라이센싱 계약을 삼성전자와 체결하였습니다. 이를 통해 수십조 원 규모로 일컬어지는 세계 디스플레이 산업에 일본에서 수행된 기초연구의 성과가 큰 임팩트를 줄 것으로 기대됩니다. 향후에도 한국과 일본 간에는 공동연구개발 및 공동사업의 기회가 증가하고 상호의존성이 강화될 것으로 생각됩니다.

도쿄공업대, KAIST, 싱가포르국립대, 칭화대 4개 대학의 기술경영 분야 교원들은 10여 년 전부터 1년에 한 번씩 공동으로 학회를 개최하여 연구성과 발표, 공동연구 제안, 기술경영 교육 등에 대한 토론과 정보교류를 실시하고 있습니다. 제 개인적인 생각으로는 일본과 한국을 비교할 때 한국이 기술경영 교육 및 연구, 실천적 활용을 더 열의를 갖고 실시하고 있다는 인상을 받습니다.

국제경쟁력을 유지 및 강화하기 위해서는 각계각층에서 혁신을 일으킬 수 있는 사회를 목표로 나아가야 합니다. 개인, 기업의 개발현장, 연구기관, 산학협력 등 공동연구, 정부, 지자체, 생산성을 향상하고자 하는 농가 등 미시적 차원과 거시적 차원 모두에서 혁신 창출을 촉진해야 할 것입니다. 지구온난화 등 세계가 맞닥뜨리고 있는 문제들을 해결하기 위해서는 과학자들의 국제적 협력은 물론 공통된 비전의 공유와 제휴가 필요합니다.

이번 한국어판 출간의 기회를 주신 건국대학교 송영화 교수님, 도요대학 송원욱 교수님, 도쿄대학 이상직님께 깊이 감사드립니다. 또한 출간에 큰 도움을 주신 한림대학교 황정태 교수님, 일본방송대학 출판사의 후쿠오카님, 지필미디어 김성남 사장님께도 감사를 표하고자 합니다. 마지막으로 본 교재의 집필을 분담해 주신 4명의 교수님들께도 감사드립니다.

이 도서가 한국의 기술경영 연구자, 대학생 등 학습자, 산업계에서 기술경영을 실천하시는 실무가, 정책입안자 등의 분들께 조금이라도 도움이 된다면 기쁘겠습니다.

도쿄공업대학교 환경사회이공대학 이노베이션과학계열 교수

미야자키 쿠미코

2019년 12월

역자 서문

본 서는 뉴노멀과 4차 산업혁명으로 특정되어지는 새시대에 꼭 필요한 기술혁신전략을 기술경영의 관점에서 다룬 책으로, 일본 도쿄공업대학의 기술경영 전공 교수님들께서 출간하신 '기술경영의 사고방식'을 한국어로 번역한 것입니다. 원서의 내용은 저자들께서 대학 강단에서 오랜 기간 강의해 오신 내용을 기초로 하고 있어, 학부 및 대학원 과정 학생들이 기술경영의 전반적인 개념과 더불어 세부 내용을 학습하기에 적합하게 구성되어 있습니다.

또한, 본 서는 일본 최고의 평생교육기관인 방송대학교에서 온라인을 통해 제공되고 있는 동명의 강의에서 교재로도 사용되는 만큼 이론과 사례들을 최대한 쉽게 풀어서 설명하고 있어, 기술경영이라는 학문분야를 처음 접하는 직장인 및 일반인 독자분들께서도 효과적으로 학습하실 수 있다고 확신합니다.

국내에서도 많은 기술경영 관련 개론서가 출판되어 있지만, 기술정책 및 공학적 접근이 다수이고, 기술경영 이론과 실무사례가 균형되게 반영되어 쉽게 학습할 수 있는 서적은 아직까지 많지 않은 것이 사실입니다.

역자들이 본 서를 번역하기로 결정한 이유가 여기에 담겨 있습니다. 그 어느 때 보다 스마트 기술혁신이 급진전되고 있고, 뉴노멀과 4차 산업혁명으로 불확실성이 증대한 새시대에 있어, 전공으로서 뿐만 아니라 일반 상식으로도 반드시 알아야 하는 기술경영을 누구나 쉽고, 체계적으로 학습할 수 있게 하기 위해서입니다.

원저자들이 소속되어 있는 도쿄공업대학은 기술경영, 혁신관리, 기업가정신 등 분야의 연구가 가장 활발하게 이루어지고 있는 글로벌 거점대학 중 하나로서, 소속 교수님들께서 교육, 연구하신 내용을 담긴 본 서를 한국에 알리는 것은 매우 의미가 있다고 판단됩니다.

원저자들께서도 한일 간의 공동 연구 및 협력을 통해 상호 신뢰를 증진하기를 희망하고 있고, 역자들은 모두 일본에서 기술경영을 전공으로 유학한 연구자들로서 본 서가 한국과 일본의 기술경영 분야 학술교류와 발전에 있어 시금석이 되기를 희망합니다.

글로벌 경제에서 스마트 기술혁신이 차지하는 비중이 급속히 증가하면서 정부와 기업이 소비자와 사회에 혁신 가치를 제공할 수 있는 기술을 다양한 경로를 통해 획득하고, 그것을 촉진할 수 있는 교육 및 연구개발 시스템을 정비하는 것이 지속가능성 증대를 위해 꼭 필요해지고 있으며, 이에 따라 기술경영이라는 학문의 양과 질을 제고할 필요성 또한 그 어느 때 보다 높아지고 있습니다. 특히 한국과 일본은 경제와 산업의 구조가 비슷하다는 점에서 본 서에 수록된 내용이 한국의 독자 분들에게 조금이나마 도움이 된다면 기쁘고 보람된 일일 것입니다.

본 서의 번역출판을 허락해 주신 원저자 미야자키 쿠미코 교수님과 네 분의 공저자님께 감사의 말씀을 드립니다. 부족한 번역본을 읽어 주시고 꼼꼼하게 감수해 주신 한림대학교 황정태 교수님께도 감사의 마음을 드립니다. 또한 이 책이 나오기까지 크게 노력해 주신 일본 방송대학교 출판부의 후쿠오카 후쿠오님과 야마다 코지님, 지필미디어 김성남 대표님, 김성준 부장님께 감사드립니다.

마지막으로 본 서의 가장 중요한 점인 '쉽게' 기술경영을 공부할 수 있는지를 확인하기 위해, 여러 번 번역 원고를 읽어보고 수정과 보완의 의견을 제시해 준 건국대학교 기술경영학과 대학원의 임선영, 홍유정, 최선아 선생과 더불어 고등학생도 충분히 읽을 수 있는 책을 출간하겠다는 욕심에 강제로 여러 번 원고를 읽어준 고등학생 아들 송채헌에게도 감사의 마음을 전합니다.

본 서를 읽는 모든 분들이 쉽게 기술경영을 공부하고, 모두 기술경영의 전문가가 되시길 기원합니다.

건국대학교 경영대학 기술경영학과

역자 대표 송영화

2020년 6월

차례

07 조직관리

08 연구개발관리

09 지식재산관리(1)

기술경영이란 01

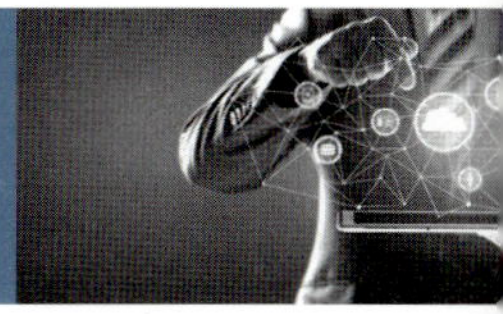

학습 포인트

본서의 목적 및 구성을 해설하고, 기술경영 분야의 역사적 발전 과정과 근래에 기술경영이 중요해진 배경, 기술경영과 관련한 다양한 시점을 소개한다.

키워드

기술경영, 배경, 역사적 발전 과정, 교과목 구성, 나노기술, 전략, 경쟁력, 서비스 혁신

1. 들어가며

현대 사회에서 국가의 경쟁력은 과학기술에 크게 의존하고 있다. 또한 개발도상국의 경제발전에 기술은 빼놓을 수 없다. 21세기에는 금융위기, 지구온난화, 부유층과 빈곤층의 소득 차이의 확대, 그리고 글로벌한 초경쟁이 일어나고 있다.

2011년 일본에서는 동일본대지진이라는 전대미문의 자연재해를 경험하였고 후쿠시마 원전의 노심이 용융하는 중대사고로 인하여 지금도 많은 난제가 남아 있으며, 과학자와 기술자의 창조성과 결집력이 불가결한 상태이다.

한편, 우리 사회는 지식주도형 경제로 이행하고 있으며 경쟁력의 근원이 생산성 향상으로부터 차별화, 창조성 및 혁신으로 옮겨가고 있기에, 혁신을 다양한 분야에서 일으켜 나가는 것이 필수적이다.

2. 기술경영 · 기술정책 분야에서의 최근 과제

본 절에서는 기술경영 및 기술정책 분야에서의 최근 과제를 간단히 서술하고자 한다. 최근 복잡성이 높은 시스템 및 제품이 대량 생산의 대상이 되어가고 있다. 반도체 등에서 볼 수 있듯이 기술개발비용이 증가하여 단일 기업이 부담하기 어렵게 되었으며, 전략적 제휴의 필요성이 늘었다. 또한 제품수명주기가 단축됨으로 인해 비용이 더욱 증가하고 있다. 제품을 구성하는 기술 포트폴리오의 저변이 확장됨에 따라 기업은 포트폴리오의 관리 및 시장 니즈에 적합한 신제품을 개발해야 한다. 산업구조 변혁 또한 활발하여 정보통신기술(ICT) 등 분야에서는 수직적으로 결합되어 있던 기업들이 네트워크형 산업구조로 변화하고 있다. 지식재산전략이 점점 중요한 과제가 되어 가고 있으며, 기업이 자사 단독으로 조직역량을 구축하기 어려워짐에 따라 타사와의 공동작업 및 제휴가 증가하고 있다. 산학연계가 기업 및 대학에서 중요시되며 필요성이 증대하고 있으나 아직 많은 과제가 존재한다. 표준화 전략은 지식재산전략과 더불어 국제표준을 취득하고자 하는 기업에게 도전적인 테마이다.

3. 기술경영전략이 중요해진 배경

4가지 요인

기술경영전략이 근래에 특히 중요해진 데에는 주로 4가지 요인을 들 수 있다. [그림 1.1]에 나타내는 것처럼 첫 번째로는 시간적 요인을 들 수 있다. 이것은 제품수명주기 단축 등에 동반되는 요인이다. 두 번째는 기술적 요인으로서 기술융합, 복잡성, 비용, 비연속성을 들 수 있다.

최근 제품을 개발함에 있어서 서로 다른 분야 간의 기술융합이 요구되는 경우가 잦아지고 있다. 또한 10년 전과 지금의 휴대전화기를 비교하면 다기능화가 이루어졌고 다수의 기술에 의해 뒷받침되는 등 복잡성이 증가하였다.

비용 면에서의 과제는 전술한 바와 같다. 한편 비연속성이란 기술진화의 패턴이 어느 시점에서 급작스런 변화를 이루어 방향성이 바뀌는 것이다. 또한 복잡한 시스템의 특

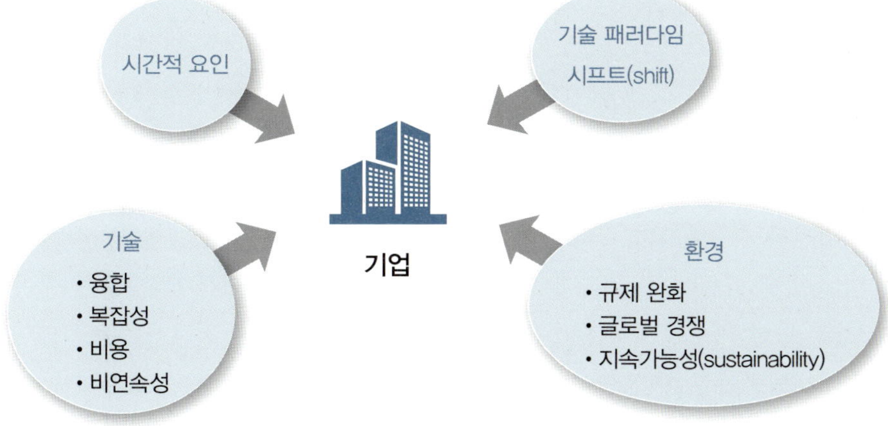

그림 1.1 기술경영전략이 중요해진 이유

징으로 나비가 어딘가에서 날개짓을 하면 멀리 떨어진 곳에서 폭풍우가 발생한다는 나비효과를 들 수 있다. 일본의 나트륨냉각고속증식발전로인 몬주는 연구용 원자로로서 개발되었는데 과거 20년 중 겨우 수 개월 동안만 가동되었다. 1995년 12월에 나트륨이 누출되는 사고가 발생하였고 그 후 재가동에 이르기까지 14년이 걸렸다. 재가동 후에도 2010년 8월에는 중계기가 낙하하는 사고가 발생하여 운전이 정지되었다. 나트륨 누출의 원인은 나트륨의 유체력 진동에 의해 온도계의 배관 슬리브가 부러진 것임이 밝혀졌으며, 이 사례에서는 연쇄작용에 의한 나비효과가 나타난 것으로 인식되고 있다. 나트륨의 경미한 유체력 진동에 의해 누출이 일어났고 그 결과 몬주는 14년 간 가동이 정지되었으며 현재 폐쇄가 검토되고 있다. 세 번째 요인은 기술 패러다임의 변화이다. 기술 패러다임은 제2장에서 다루어질 기술경영의 기본 개념 중 한 가지이다. 네 번째 요인으로는 규제 완화 등에 의한 환경오염이나 에너지 절약, 지속가능성 등을 들 수 있다.

샤프의 사례

과거 액정표시장치 등 분야에서 첨단기술을 개발하여 명성을 떨쳤던 샤프가 임시 이사회를 열고 대만기업인 홍하이정밀공업(Hon Hai Precision Industry Co., Ltd)이 제시한 출자액 1,000억 엔 감액 등의 재검토된 M&A안을 받아들임으로써 2016년 3월 말에 두 회사의 기업결합이 이루어졌다. 샤프는 경영위기를 이겨내고자 이러한 결단에 다다랐다. 샤프는 소형 계산기, 액정 TV, 가전제품 등에서 수많은 혁신을 이뤄낸 기업이다. 세계에서 처음으로 액정표시장치를 사용한 계산기를 1973년에 상품화하였다. 1979년에는 워드프로세서를 발매하였다. 같은 해 개발한 VSIS 타입의 반도체 레이저는 소니의 CD플레이어에 사용되었다(Miyazaki, 1995). 1982년에는 HDTV와 광디스크용 반도체 레이저를 개발했으며, 1980년대 후반부터는 하드웨어, 소프트웨어, 시스템 및 서비스의 통합에 힘썼다. 1980년대에는 최종소비자용 제품과 중간재용 제품의 비중을 50:50으로, 또한 해외와 일본 매출을 50:50으로 하는 "샤프80" 전략을 수립하였다. 한편 홍하이정밀공업은 대만을 대표하는 전자제품생산전문기업(EMS)으로 애플의 아이폰 및 아이패드를 생산하는 것으로 잘 알려져 있다. 오사카현 사카이시에 있는 샤프 공장에서는 생산하는 제품의 약 절반이 홍하이에 납품하기 위한 것이었다. 이곳의 제조라인에서는 도쿄공업대학의 호소노 히데오(細野秀雄) 교수가 개발한 IGZO(Indium Gallium Zinc Oxide) 기술을 사용하여 액정디스플레이를 생산하고 있다. 홍하이정밀공업은 샤프를 자회사로 둠으로써 삼성전자에 대한 경쟁력을 강화하려고 하는 것으로 보여진다. "출자하는 3,888억엔 중 2,000억엔을 아직 상품화하지 못한 유기EL패널 개발비에 충당하여 개발을 서두르겠다."(아사히신문 3/31/2016). 이렇듯 샤프의 사례에서는 기술경쟁력이 있더라도 기술경영 역량 면에서는 약점이 있을 수 있다는 것을 알 수 있다.

전자 및 통신산업 분야의 경쟁력 저하

일본의 전자산업 경쟁력이 약해진 것은 무역수지 데이터로부터 알 수 있다. 1991년 전자 분야의 무역 흑자는 9조엔에 달하였지만 2012년에는 16분의 1인 5,500억엔으로 감소하였다. 삼성의 갤럭시 스마트폰의 일본시장 점유율은 2012년에 40%에 달하였다. [그림 1.2]는 2012년의 평판 디스플레이 TV의 세계 점유율을 나타낸다. 소니, 파나소닉, 샤프를 합쳐도 19%로 삼성의 28%에 이르지 못한다.

Chang(2008)은 소니와 삼성의 특징에 대하여 아래와 같이 지적하였다. "삼성은 후발주자임에도 불구하고 급속히 성장하였다. 국내외의 다른 기업에서 이미 존재하는 기술 및 표준을 도입하여 사용하였고 DRAM 반도체나 액정 등에 대해 적극적으로 대규모 설비투자를 실시하여 경쟁력을 대폭 향상시켰다. 한편 소니는 CD나 Betamax 등 자

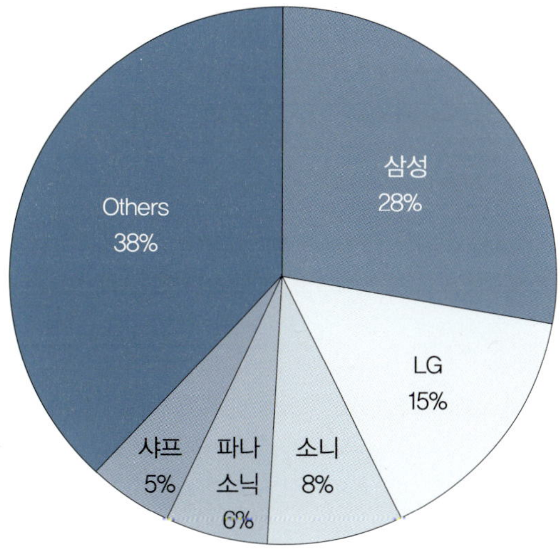

그림 1.2 평판디스플레이 TV의 2012년 세계 시장점유율
(Based on US NPD display search: 일본경제신문 3월 18일, 2013)

사표준을 설정하고 내부 연구개발을 중심으로 연구개발력을 축적하여 폭넓은 제품군을 구축하였으며, CCD나 반도체 레이저 등 핵심 부품의 상품화에 의해 성공하였다."

하지만 TV 가격이 매년 30%씩 하락하여, 소니는 수년 간 실적부진을 겪은 뒤 겨우 회복하였고, 그로 인해 전세계 사업장 수준에서 구조조정을 실시하였다. 2009년에는 57개소의 생산거점이 있었지만 2014년에는 3분의 2로 줄였다. 또한 화학계열 사업에서는 철수하는 대신 의료용 광학기기를 공동개발할 목적으로 올림푸스에 투자하였다. 소니의 기존 핵심역량은 광학 및 전자, 초소형 제품, 반도체, CCD 등이었지만(Miyazaki, 1995) 최근에는 디지털 이미징, 게임 및 모바일기기에 특화되어 있다. 이렇듯 소니의 경영전략에서는 선택과 집중의 경향이 보이며 또한 종래에는 B2C 사업이 중심이었으나 B2B를 강화하고 있는 경향이 있다.

통신기기 분야에서도 일본은 1991년에 OECD 회원국 통신기기 수출의 27%를 차지하고 있었으나 2001년에는 8%로 감소하였다. Cole(2006)은 일본 통신기기의 수출이 10년 간 감소하게 된 원인이 인터넷 및 네트워크 장비에 의하는 바가 크다고 지적하였다. 미국 기업은 라우터 분야에서 80%, 교환기는 69%의 점유율을 획득하였다. 또한

Cole은 일본기업의 경쟁력 저하가 기술전략 및 글로벌 표준화 전략의 실패와 관련되어 있다고 논하였다. 예를 들어 NTT의 경영진은 품질관리나 QoS(Quality of Service)를 중시한 나머지 인터넷 프로토콜의 중요성을 인식하지 못하였고 당시 강점을 가지고 있던 ATM 분야의 연구개발을 계속하도록 하였다. 사내에서는 인터넷 사업에 긍정적인 소수의 그룹이 있었는데 1990년대 말까지도 그들의 제안을 최고경영자가 받아들이지 않은 점을 Cole은 지적하고 있다. 그 사이 미국 시스코는 벤처기업을 인수하여 시장점유율을 획득해 나갔다.

과학기술 분야

일본에서는 1995년에 과학기술기본법이 정비되어 제1기인 1995~2000년에는 17조엔의 예산이 투입되었다. 또한 일본판 Bayh-Dole 법안이 1999년에 제정되었다. 정부는 산학협력을 중요한 과제로 보고 활성화시키려 하고 있다. 노벨상 수상자가 계속 배출되고 있지만 과학기술학술정책연구소(NISTEP)의 조사에 따르면 과학 성과는 하락하고 있다. 학술논문 데이터를 보면 일본은 1998년에 미국에 이어 2위였지만 2008년에는 5위가 되었고 중국이 2위, 영국이 3위, 독일이 4위였다.

나노기술은 나노미터 스케일에서 분자구조를 조작하는 기술로서 재료 및 시스템 분야에서 대대적인 혁신을 일으킬 수 있는 가능성을 가지고 있다. 나노기술은 여러 학문분야가 융합되어 이루어져 있으며 통상적인 기술과 달리 고전적인 과학 법칙이 응용 불가능하기도 하므로 과학적 접근법이 필요하다. 나노기술은 기술주도형(technology push) 기술이지만 에너지, 컴퓨팅, 의료, 의약품, 화장품 등 많은 분야에서 수요가 존재한다. 예를 들어 고강도 재료, 자동적으로 세척되는 유리창, 약물을 체내 장기로 옮기는 운반 역할을 하는 나노뿔(nanohorn) 등의 획기적 혁신(breakthrough innovation)이 기대된다. 영국, 유럽, 일본 등 여러 국가에서 나노기술에 투자하고 있으며, 신시장 개척을 위해 경쟁이 심화되고 있다. Islam and Miyazaki(2006)는 과학주도형과 수요주도형이라는 두 가지의 나노기술로 통합에 대한 전략적 접근법이 존재함을 지적하였다[그림1.3]. 나노기술에 의해 분자 및 원자 수준에서 물질을 조작함으로써 화학반응을 설계할 수 있고, 기존의 반도체 제조공정에서 톱다운 접근법이 채용되고 있는데 반해 나노기술에서는 보텀업 접근으로 무결함 구조의 반도체를 제조하는 것이 가능

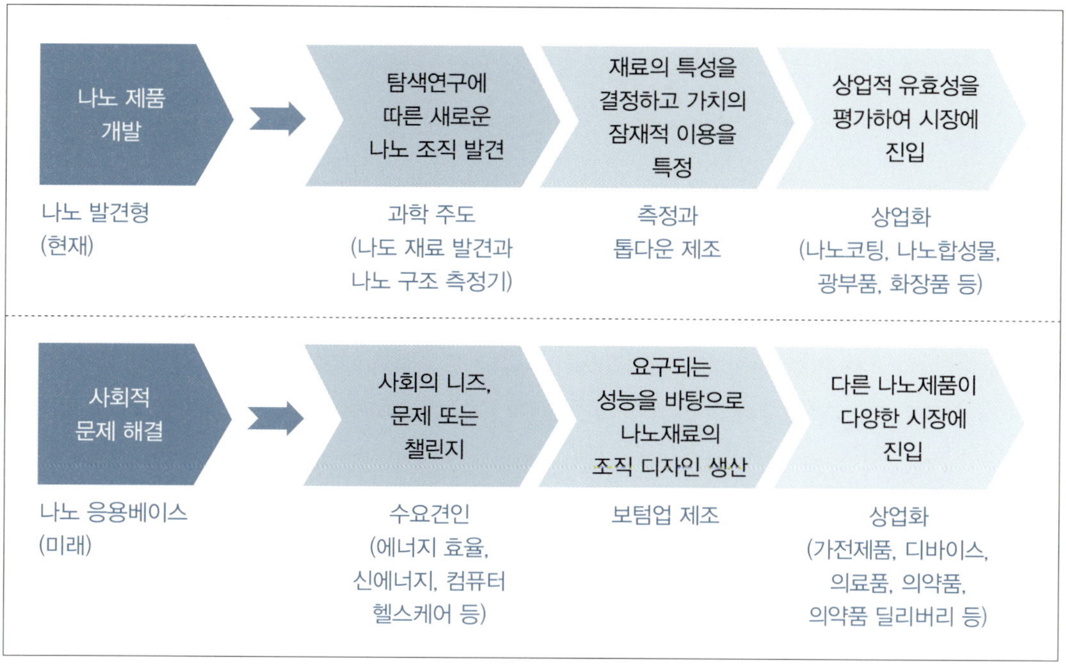

그림 1.3 나노기술혁신의 전략적 접근
(Nazrul Islam, Kumiko Miyazaki: 2006을 바탕으로 저자 작성)

해진다. 나노기술은 여러 분야에 있어서 혁신을 일으킬 가능성을 가지므로 범용기술(general-purpose technology)이라고 할 수 있다. 정보통신이나 바이오 기술의 발전은 나노기술에 크게 의존한다. 나노기술로 통합은 역동적인 과정에 의하여 변화하고 있다.

국가혁신시스템

일본의 1인당 명목 국내총생산(GDP)은 2014년에 OECD에 가입한 34개국 중 20위였다. 영국은 16위, 미국은 7위, 아일랜드는 8위이었으며, 최상위 3개국은 룩셈부르크, 노르웨이, 스위스였다. 일본은 1996년에 3위이었으나 21세기에 들어와서 순위가 하락하고 있다. 일본경제신문(1/26/2016)의 기사에 의하면 일본의 전자부품분야 대기업의 2015년 10월부터 12월까지의 수주액은 전년동기 대비 보합 상태에 가까웠으며 이전에 3년 가까이 이어진 두 자리 수 퍼센트의 성장세에 비해 급감속하였다. 주로 중국의 경기둔화로 인해 수주액이 감소하였으며, 전자부품시장은 스마트폰용이나 자동차용을 중심으로 성장하고 있지만 세계 경제의 둔화의 영향을 받았다고 지적하고 있다. 세계화가 진척되면서 국경 없는 경제 및 서비스화의 중요성이 제기되고 있지만, 한편으로는 각 나라의 산업 경쟁력에는 고유한 특징이 있는 것으로 보여지며, 각국에는 특유의 국가혁신시스템이 존재한다.

서비스 혁신

통신사업자 기업들은 휴대전화 보급이 점차 포화상태에 접어들면서 음성통화에 의한 수익만으로는 성장하기 어려울 것으로 예상되자 데이터 통신이나 B2B 모바일 서비스를 새로이 제공하려고 하고 있다. 한국에서는 3개의 사업자가 경쟁하고 있는데 2012년에는 휴대전화 보급율이 거의 100%에 달하였다. Hong and Miyazaki(2012)는 한국의 B2B 모바일 서비스에 초점을 맞춰 서비스 혁신에 관한 실증연구를 실시하였다. 한국의 이동통신 분야에서는 2009~2010년에 규제, 기술, 시장의 측면에서 커다란 환경변화가 발생하였다. 정책이 개방적으로 바뀌었고, 2009년에는 애플 아이폰이 발매되었다. 이 연구에서는 서비스별 특징을 추출하고, 혁신 발생에 의해 서비스 특징에 어떠한 변화가 발생하였는지를 파악하여 혁신을 점신적, 혁신적, 반혁신적으로 나누었다. 여기에서는 분석 결과는 생략하고 한국의 2개의 대학에서 실시한 대학 모바일화의 조사사례에 대해 간단히 소개한다. POSTECH과 UNIST에서는 2012년에 모든 학생에게 휴대전화를 지급하고 그것을 수업이나 학사운영에 활용하도록 하였다. 통상적인 제품 혁신과 달리 서비스 혁신에서는 서비스가 가진 장점을 활용하는 것이다. 또한 사용자가 직접 자신의 니즈를 통신사업자에게 전달하여 적극적으로 서비스 혁신을 실행할 수 있도록 협력한다. UNIST에서는 모바일 캠퍼스에 의해 교육의 질의 고도화가 도모되었다. 학생은 사전에 스마트폰으로 강의 영상을 볼 수 있으며 강의 도중에는 토론 등 고도의 활동 또한 가능하다. 한편 POSTECH에서는 스마트폰을 활용함으로써 여러 관리 시스템의 효율화를 도모하였다.

4. 기술경영 분야의 발전

제2장에서도 해설하겠지만 기술경영의 학문적 발전의 초기 단계에서는 Schumpeter, Penrose 등의 경제학자가, 과학정책 분야에서는 Christopher Freeman이나 Rothwell이 선도적인 역할을 다하였다. 영국의 Sussex 대학에서는 과학정책연구소(SPRU)가 1966년에 설립되어 Freeman이 초대 소장으로 취임하였다. 이 분야에서는 경제학자와 과학술정책 연구자들에 의해 하나의 연구의 맥이 만들어졌는데, Schmookler, 맨체스터대학 PREST의 Metcalfe, Mansfield, 진화경제학의 기초를 만든 Nelson과 Winter, 네덜란드의 Soete, 이탈리아의 Dosi, 스탠포드대학의 Rosenberg, 스웨덴인의 Granstrand, 캘리포니아 버클리대학의 Mowery 및 Teece, SPRU의 Pavitt, 그리고 코다마 후미오(児玉文雄) 등이 대표적인 연구자이다.

한편 비즈니스스쿨에서도 기술경영이라는 분야가 생겨났으며 MIT의 Allen, Von Hippel, Roberts, Utterback, Abernathy, 하버드대학의 Clark, Rosenbloom, Porter, 프랑스 INSEAD의 Doz 등이 대표적인 연구자이다.

이 두 가지 흐름이 통합되어 현재의 기술경영의 학문분야가 만들어졌다고 할 수 있다.

혁신의 특징인 불확실성, 과학기술 지식에 대한 의존성, 증대하는 복잡성 및 기술개발 비용, 연구개발의 효율적 관리, 기술역량의 축적, 학습효과 등의 관점으로부터, 혁신 현상의 해명을 위한 연구가 활발히 이루어져 왔다. 기업, 혹은 기업 내 하나의 부문, 특화형 제품 및 프로세스 혁신, 제품수명주기 또는 기업집단, 기업과 그 외 기관과의 관계, 예를 들어 산학협력이나 공급자 관계, 혹은 산업의 장기적인 발전, 국가혁신시스템, 혁신의 글로벌화 등의 주제가 개별적으로 또는 종합적으로 연구의 대상이 된다. 도쿄공업대학에서는 2005년에 기술경영 전문석사 학위과정이 설립되었다. 학위과정의 미션은 "혁신 창출의 리더로서 과학기술을 활용하여 자신만의 논리를 구축하여 산업 및 사회의 발전에 공헌하는 실무가를 양성한다. 우수한 과학연구 및 기술개발력을 가진 우리대학의 장점을 활용하여 사회인을 중심으로 다양한 전문성 배경을 가진 학생을 받아들여 교육하고 사회에 배출"하는 것이다.

5. 본서의 구성

본서에서는 제2장에서 기술경영에 관한 기본개념을 학습한 후, 제3장과 제4장에서 경영전략 및 기술경영전략에 대해 배우고, 제5장, 제6장에서 의사결정 및 기업가정신에 대해 학습한다.

다음으로 혁신을 창출하는 데 있어서 필요한 여러 경영관리 활동에 초점을 맞추어, 제7장에서는 조직관리, 제8장에서는 연구개발관리, 제9장과 제10장에서는 지식재산관리에 관하여 학습한다. 강의 후반에는 주로 여러 주체(액터)간의 상호작용, 지식 보급에 기반한 혁신시스템에 대해 다룬다. 제11장과 제12장에서는 분야별 기술경영을, 제13장에서는 국가혁신시스템을 다루고, 제14장에서는 에코시스템에 대해 학습한다. 제15장에서는 향후 기술경영의 과제에 대해 논한다.

- 제2장 "과학, 기술과 혁신"에서는 기술경영을 배우는 데 있어서 기초가 되는 개념과 이론에 대해 다룬다. 경제발전에 있어서의 혁신의 중요성에 대해 논한 슘페터의 이론이나 진화경제학의 제반 개념에 대해서도 소개한다. 과학과 기술의 특징과 상호관계, 정보와 지식의 차이 및 지식의 종류에 대해 이해한다. 또한, 발명과 혁신의 차이를 인식하고 혁신의 여러 종류와 선형모형, 커플링모형 등 혁신 모형 등에 대해 학습한다. 마지막으로 혁신의 성공과 실패에 영향을 주는 요인에 대해 영국에서 이루어진 실증연구인 SAPPHO에 대해 학습한다.
- 제3장 "기술개발과 기술경쟁력 축적, 기술확산"에서는 특히 기술역량 및 핵심기술, 기업 내부에 축적되는 기술력에 대해 고찰한다. 또한 동태적 역량 및 핵심역량의 개념에 대해서도 해설한다. 필자가 실시한 일본과 유럽의 광학 및 전자 첨단기업 11개사를 대상으로 한 기술경쟁력의 축적에 대한 실증연구에 대해 소개한다. 상품화된 제품이 시장에서 확산되어 가는 과정 및 그에 영향을 주는 요인에 대해 해설한다.
- 제4장 "기업전략과 기술전략"에서는 경영전략에 대해 해설하면서 기술경영전략의 평가, 기술전략에 관한 시점을 해설한다. 우선 기술경영전략에 관한 역사적 배경과 전략의 목적에 대해 서술한다. 기술전략을 수립하기 위한 프로세스와 그 때 사용하는 지표에 대해 학습한다. 또한 경쟁환경, 경쟁우위 및 기회와 위협에 대해

종합적으로 분석하는 포터 모델을 다룬다. 마지막으로 이 분야의 대표적 연구자인 프리맨이 제시한 기술전략의 4가지 타입에 대해 학습한다.

- 제5장 "기업가정신(Entrepreneurship)"이란 새로운 사업을 창조하고자 하는 의욕을 가지고 리스크에 과감히 도전하는 자세를 말한다. 본 강의에서는 기업가정신 환경으로서 대기업, 중견기업의 신사업개발, 성장형 중소기업(벤처기업)의 설립과 경영, 벤처캐피탈 및 인큐베이터 등의 지원 서비스의 역할과 의의를 해설한다.
- 제6장 "복잡성과 의사결정"에서는 경영의 본질인 의사결정 프로세스와 구조를 이해하고 그와 관련한 복잡성과 그 취급에 대해 학습한다. 더욱이, 의사결정문제의 유형과 해법 간의 정합성의 중요성과 혁신의사결정의 패러독스에 대해 이해한다.
- 제7장 "조직관리"에서는 기술경영의 관점에서 조직관리에 대해 해설한다. 본 장의 목표는 다음 3가지이다. 첫 번째로 조직관리의 기초적인 개념을 이해하는 것이다. 두 번째로는 기술경영의 관점에서 중요한 조직관리의 6가지 논점을 이해하는 것이다. 세 번째로 일본기업의 조직관리 사례를 이해하는 것이다.
- 제8장 "연구개발관리"에서는 기업의 두뇌 집단이며 새로운 지식을 창조하는 지적 활동이 이루어지는 연구개발부서에 관한 사항을 다루며, 연구개발관리의 여러 과제에 대해 이해한다. 연구에서 상품화로 옮겨가는 단계에서의 죽음의 계곡을 극복하는 것도 중요한 과제이다. 또한 연구개발의 글로벌화에 대해서도 학습한다.
- 제9장 "지식재산관리(1)"에서는 기술경영의 한 영역인 지식재산관리의 기초가 되는 지식재산권 제도에 대해 해설한다. 본 장에서 지식재산제도에 관해 최저한의 사항을 이해할 필요가 있다. 지식재산권의 종류, 재산권 보호 대상별 제도 개요, 출원 상황 파악, 그리고 특허제도에 초점을 맞추어 제도의 목적 및 특허권 취득 절차의 개요를 해설한다.
- 제10장 "지식재산관리(2)"에서는 기업이 사업활동을 실적으로 이끌어 가는 일련의 활동에 있어서 특허 포트폴리오가 어떠한 위치를 차지하는지를 이해함과 동시에 특허 정보의 활용, 오픈 및 클로즈 전략의 전개 등을 통하여 기업경영에 도움이 될 수 있는 지식재산관리 능력을 함양하고자 한다. 특히 부문간 연계의 필요성, 지식 전략의 책정에 초점을 맞춰 해설한다.
- 제11장 "분야별 기술경영(1)"에서는 산업 수준 연구에서 빈번하게 다루어지는 산

업 내 수직적결합과 다각화, 집중화, 신규진입 등에 관련되는 주제를 논한다. 섹터혁신시스템(SIS)은 동태적인 모델이며 기업 이외의 조직 유형(에이전트)들의 역할, 에이전트 간의 상호작용, 지식보급 및 학습효과 등에 기반한다. Malerba의 SIS 이론에 대해 해설하고 혁신시스템을 이해하는 데 적합한 프레임워크와 Callon의 테크노-이코노믹 네트워크(TEN) 이론에 대해 해설한다. TEN 이론을 활용하여 로봇 산업의 과학, 기술, 제품 측면에서의 진화를 다룬 실증연구를 제시하고, 혁신궤도의 변화 현상과 그에 대응하기 위한 과제 및 정책에 대해 논한다.

- 제12장 "분야별 기술경영(2)" 바이오 및 의료 산업은 인류의 건강과 복지 향상을 목적으로 하는 거대산업이다. 본 강의는 기술 및 혁신경영의 관점에서 의료산업의 구조와 동태적 변화를 포괄적으로 이해하는 것을 목적으로 한다. 바이오 의료 산업의 개요, 기술경영의 현상, 과제와 전망을 강의한다.
- 제13장 "국가 혁신시스템(NIS)"이란 국가 수준의 경쟁우위에 영향을 주는 혁신시스템을 말하며, 산관학 등 다양한 주체의 연계에 의해 혁신이 일어나는 시스템을 가리킨다. NIS를 배우는 데 앞서 혁신네트워크를 이해하고, NIS의 정의를 제시한 후에 정부의 역할에 대해 소개하고 조지아 공과대학이 실시한 관련 조사를 해설한다. 다음으로 도쿄공업대학에서 실시한 산학제휴에 대한 실태조사 사례를 제시한다. 마지막으로 미국의 NIS 변화와 특징에 대해 해설한다.
- 제14장 "에코시스템 이론" 에서는 경영전략론, 경영조직론 분야에서 활발히 연구되었고, 정책, 컨설팅, 기업경영 등 실무에서도 활용되고 있는 에코시스템 이론을 다룬다. 특히, 기술경영의 관점에서 관련성이 높은 내용을 중심으로 소개 및 해설한다. 본 장의 목표는 다음 3가지이다. 첫 번째로 에코시스템 이론에 관한 연구와 실무의 개요를 파악하는 것이다. 두 번째로 에코시스템 이론의 정의, 사고방식, 분석방법에 대해 이해하는 것이다. 세 번째로 향후 에코시스템 이론이 중요해질 것으로 예상되는 대상에 대해 파악하는 것이다.
- 제15장 "향후 기술경영의 과제"에서는 가전 등 분야에서 일본이 구축해 온 대량생산형 혁신시스템이 패러다임 변화와 서비스 경제화에 의해 직면하고 있는 한계와 향후 기술경영의 과제에 대해 논의한다. 앞으로는 새로운 기술융합, 시장창조, 이종 업종 기업간 협력, 산관학 제휴, 전략적 표준화전략, 신 비즈니스 모델의 구축

에 의한 경쟁력 구축이 필요하다. 본 장에서는 필자가 실시한 두 가지 사례를 소개한다. 표준화 프로세스의 각 단계마다 표준방식 추진과 지지 획득에 영향을 미치는 요인이 변화해 가는 것과, 표준화 초기 단계에 있는 스마트 하우스의 보급을 확대하기 위해서는 유저의 니즈에 대하여 깊이 파악하는 것이 필수임을 학습한다.

대담 기술경영이 중요해진 이유

산오(三桜)공업주식회사 글로벌개발본부장 다케다 겐사이(竹田玄哉)

당사는 23개국에 생산거점을 가지고 있는 자동차 부품 제조사이다. 완성차 제조업체가 현지생산 현지판매를 추진하여 비용 면에서는 인도나 중국 등 신흥국에 우위에 서는 것은 불가능한 시대가 되었다. 일본에서 발명된 린 생산방식(lean manufacturing)에 Industry 4.0의 틀을 조합하여 제조현장에 선진적인 기술을 가져와 생산라인의 자동화와 가시화를 추진함으로써 경쟁력을 높여가야만 한다. 제품 면에서 자동차 업계는 자동운전과 전기구동이라는 큰 패러다임 변화에 직면하고 있다. Tesla의 신형 EV Model 3는 발표 일주일 만에 40만 대 가까운 수주량을 획득하였다. 세계의 상위권 자동차 제조사들도 EV나 FCV의 신형모델을 잇달아 발표하고 있다. 내연기관이 2차전지나 모터로 대체되게 되면 당사가 납품하고 있는 연료계통이나 엔진부품 수요는 줄어들어 갈 것이다. 자동운전이나 전동차량의 신제품을 개발하여 시장에 투입하기 위해서는 높은 수준의 기술우위성의 창조가 요구된다.

인재 면에서는 고숙련 기술연구원에 대한 니즈가 높아지고 있다. 기계공학이나 전기공학에 더하여 빅데이터를 다룰 수 있는 수리통계 지식도 갖춘 인재가 필요하며, 자연과학 같은 기초지식에 더하여 응용력이 높은 사람이 요구된다.

글로벌 사업에 있어서 일본 본사의 새로운 역할에는 경쟁우위를 창출한 뒤 신흥국에서 대량 생산으로 이어 나가거나, 또는 설계기술과 관리기술을 서비스 또는 라이선스 형태로 해외의 사업체에 제공하고 로열티 등으로 수익을 얻을 필요가 있다. 그러기 위해서는 일본 본사에서 기술경영을 제대로 추진해야 할 것이다.

20년 전에는 미국과 유럽의 첨단 기술을 모방해서 신사업을 창출하는 것도 어느 정도 가능했지만, 현재는 독창적이고 우위성 있는 기술을 핵심으로 하는 경영전략을 짜야 하며, 기술경영의 중요성은 늘어나고 있다.

참고문헌

1. Chang, S-J., Sony vs Samsung: The Inside Story of the Electronics Giants' Battle for Global Supremacy, John Wiley, 2008
2. Whittaker, H. and Cole R. (Eds.), Recovering from Success: Innovation and Technology Management in Japan, Oxford University Press, pp. 31-46, 2006
3. Miyazaki, K., Building Competences in the Firm. Lessons from Japanese and European Optoelectronics, Macmillan, 1995
4. Islam, N. and Miyakaki. K., Nanotechnology Innovation System; Understanding Hidden Dynamics of Technology Fusion Strategy, Technological Forecasting and Social Change, 76, pp. 128-140, 2009
5. Hong, Seunghye, Miyazaki, K, An Empirical Analysis of B2B Mobile Carrier Service Innovations and User Inovolvement in Korea, Journal of Information and Communication Research, 30(3), pp. 55-75, 2012

연습문제

- 기술경영이란 무엇인지, 왜 최근 기술경영이 중요해졌다고 생각하는지 서술하시오.

과학, 기술과 혁신

02

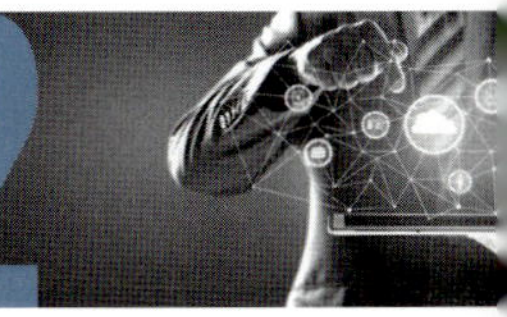

학습 포인트

이 장에서는 기술경영을 배우는 데 있어서 기초가 되는 개념과 이론에 대해 다룬다. 우선 과학과 기술의 특징이나 과학과 기술의 상호관계, 정보와 지식의 차이점과 지식의 종류 등에 대해 이해할 필요가 있다. 또한 발명과 혁신의 차이를 인식하고 다양한 혁신 유형과 선형모형, 커플링모형 등 혁신모형 등에 대해 학습한다. 기술전략을 수립하는 데 있어서 기초가 되는 진화경제학의 제반 개념이나 기타 혁신에 관한 중요 논리에 대해서도 이해한다. 마지막으로 혁신의 성공과 실패에 영향을 주는 요인에 대해 영국에서 이루어진 실증연구 SAPPHO에 대해 학습한다.

키워드

과학, 기술, 지식, 혁신모형, 선형모형, 커플링모형, 진화경제학, 혁신, 성공과 실패, SAPPHO, 슘페터

1. 들어가며

1930년대에 하버드 대학에서 교편을 잡았던 슘페터(1883~1950)는 오스트리아 출신의 경제학자로서, 21세기에 들어서 그의 가르침은 특히 주목받고 있다. 슘페터는 혁신가(innovator)로서의 기업가의 역할에 착안하여 경제발전에 있어서의 혁신의 중요성에 대해 논하였다(Schumpeter, 1939). 경쟁을 초래하는 것은 새로운 잠재수요에 의한 제품이나 신기술이며, 새로운 공급원이나 새로운 조직이다. 경쟁은 기업의 이익이나 생산에 영향을 줄 뿐만 아니라 기업의 존속도 좌우한다는 점을 강조하고, 혁신이 자본주

의적 성장을 지탱하는 원동력이 됨을 주장하였으며, 러시아의 경제학자 콘드라티에프의 이론을 바탕으로 반세기에 이르는 기술혁신의 물결에 의해 창출된 비지니스 사이클이 산업혁신을 일으킨다고 논하였다. 슘페터의 창조적 파괴 개념은 혁신이 조직과 산업구조에 변화를 가져오는 원동력이 될 수 있다는 점에 의거한다. 그러나 슘페터는 학문적 커리어의 초기와 후기의 주장이 서로 다른데, 초기에는 혁신을 일으키는 소규모 기업이 중요하다고 하였으나, 후기에는 대기업의 중요성에 대해 지적하였다. 이것은 왜일까? 대기업은 발명을 사업화하기 위한 생산설비나 그 외의 보완적 자산을 소유하고 있다. 또한 연구개발에서도 규모의 경제 효과를 누릴 수 있다. 대기업은 사업이 다각화되어 있을 가능성이 높아 큰 리스크를 감당할 수 있으며 소기업보다 유리한 조건으로 자본에 접근할 수 있다고 하였다.

스탠포드 대학의 다니엘 오키모토 교수는 일본과 미국의 차이를 아래와 같이 논하였다(Okimoto, 1986).

일본은 점진적 혁신에 강하며 미국은 급진적 혁신에 강하다. 일본은 프로세스 혁신에 강하며 미국은 제품혁신에 강하다. 또한 일본의 강점은 응용연구, 소형화, 대량생산, 민수용 제품, 품질관리 등인 한편 미국은 기초연구, 군수용 제품, 신기능 개발, 시스템 통합, 새로운 구조의 디자인, 커스터마이제이션 등에 강함을 지적하였다. 이 장에서는 기술경영을 배우는 데 있어서 기초가 되는 개념과 논리에 대해 다룬다.

2. 과학과 기술

기술경영에 대해 배우기 위해서는 과학과 기술의 특징 간의 공통점이나 차이, 상호관계에 대해 깊이 이해할 필요가 있다. 우선 과학과 기술의 특징에 대해 설명한다.

과학과 기술의 특징

[표 2.1]은 과학과 기술의 특징을 간단히 정리한 것이다.

표 2.1 과학과 기술의 차이

	과학	기술
목적	발견, 자연의 이해	자연에 존재하는 것을 사용하여 가공함으로써 도구나 인공물을 만듦
근대경제학의 인식	공적인 것	사적인 것, 독점성을 동반하는 것

과학의 목적은 자연을 이해하는 데 있으나, 기술의 목적은 인간이 생존하기 위한 수법을 개발하는 것이다. 즉 기술은 자연에 존재하는 것을 이용하고 가공함으로써 도구나 인공물을 만드는 과정이라 할 수 있다. 경제학에서는 일반적으로 과학의 연구성과를 학술지 등에 발표되고 누구나 입수 가능한 공적인 것으로 간주하는 반면 기술의 성과는 사적인 것이며 독점성이 발생하는 것으로 인식한다. 다시 말해 각 기업에서는 기술개발에 의하여 고유의 기술이 개발되고 특허 등에 따라 사유화된다.

스탠포드 대학의 기술경제학자인 네이선 로젠버그(Rosenberg) 에 의한 기술의 정의는 다음과 같다.

"기술이란 비록 원인을 규명할 수 없더라도 어떠한 테크닉, 방법, 디자인의 지식에 의해 특정한 결과를 초래하는 것이다. 이는 기초적인 지식이 아니며 수천 년에 이르는 경제발전을 가져온 종류의 지식이다."(Rosenberg, 1982)

로젠버그에 의하면 기술이란 아래의 특징을 가진다.

가) 보완성, 시스템적 개념

나) 상호의존성

다) 소량의 기술혁신의 축적의 중요성

라) 기술혁신의 혜택을 입는 분야는 다양함

이에 대해 보충 설명하도록 한다.

혁신의 성과는 하나의 기술혁신에 의하는 것이 아니라, 다수의 기술혁신의 집합이 서로 보완하고 클러스터를 이루면서 중심적인 기술혁신으로 이어진다고 할 수 있다.

따라서 기술은 시스템적 개념을 통해 이해할 수 있다. 로젠버그는 하나의 사례로서 미국의 조명기구 제조사가 혁신에 실패한 이유를 조명기구에 과도하게 집중한 결과 주변 시스템 부분의 중요성을 인식하지 못한 점을 들고 있다. 일부 부품에 혁신이 일어나더라도 시스템의 다른 부분이 개량되지 못하면 전체적으로 개량의 정도는 제한된다. 우수한 스테레오를 개발하더라도 스피커의 품질이 높지 않으면 전체적인 질을 높일 수 없다. 필자의 연구에 따르면 광통신이 20세기를 대표하는 기술혁신이 된 것은 반도체 레이저나 광섬유, 수광소자 등 다수의 혁신이 발생한 것을 이유로 들 수 있다(Miyazaki, 1995). 또한, 상호의존성에 의해 기술혁신은 혁신이 일어난 산업뿐만 아니라 다른 산업에서도 생산성 향상 등의 혜택을 가져올 수 있다. 같은 방식으로 특정 산업의 기술적 과제는 다른 산업의 기술, 기능이나 인재를 활용하는 것으로 해결할 수 있다고 로젠버그는 지적하였다.

기술개량은 점진적(incremental)인 것과 급진적(radical)인 것이 있다. 과거 연구에 의하면 소규모 기술개량의 축적이 급진적인 기술개량보다도 생산성 향상에 주는 영향이 큰 것으로 밝혀졌다. 듀폰 사의 레이온 생산 공장을 대상으로 한 Hollander(1965)의 연구에서도 그러한 특징이 실증되었다. 이 연구는 레이온의 단위생산량 당 비용과 기술개량의 관계를 측정하여 명확한 인과관계를 발견하였다. 소규모 기술개량을 축적하는 것이 급진적 기술개량보다도 강한 영향을 미쳤다는 점은 흥미롭다.

이탈리아 출신의 기술경제학자인 Giovanni Dosi는 기술 패러다임 및 기술궤도의 개념을 논하였다. 기술 패러다임이란, 과학기술과 경제발전의 상호작용이 만드는 기술개발문제의 해결과 관련된 특정한 규칙에 기반한, 새로운 지식을 창출하는 해결책의 패턴이다. 바꿔 말하면 기술 패러다임이란 문제 및 그 해결에 관련된 지식의 정의이며, 특유의 기술적, 경제적 거래에 바탕을 두고 있는 진보 개념을 정의한다(Dosi, 1982).

기술궤적(technological trajectory)이란 기술 패러다임에 의해 정의된 경제와 기술의 거래에 따른 기술개발의 발전과정을 나타낸다. Dosi는 기술궤적을 기술 패러다임의 범위 안에서의 진보의 방향이라고 하였다. 반도체의 경우 비용, 계산속도, 밀도 등을 축으로 하여 기술궤도를 나타낼 수 있다. 무어의 법칙에 의하면 반도체의 개발은 4년마다 집적밀도가 2배로 증가한다고 한다.

과학과 기술의 상호관계

역사학자들은 과학과 기술이 각각 별개로 발전해 왔음을 지적한다. De Solla Price(1965)는 이 2가지 영역이 서로 다른 지식 베이스를 바탕으로 발전해 왔다고 하였다. 과학자는 연구성과를 학회나 학술지에 발표하는 것이 주요 임무이다. 하지만 기술자는 학회나 학술지 발표가 아니라 무엇인가를 개발하고 실연(demonstration)하려 노력한다. 프라이스는 과학과 기술의 관계란, 과학자와 기술자가 같은 음악을 들으며 다른 스텝을 밟으며 춤추는 것과 같다고 하였다. 이에 대해 Freeman은 근래에 과학과 기술의 관계가 밀접해지고 있으며 댄스의 비유 또한 과학자와 기술자가 치크댄스(cheek dance)를 추게 되었다고 지적하였다(Freeman, 1982).

기술은 과학을 응용한 결과로서 발전한다는 인식이 일반적이지만, 과학에 의존하지 않고 발전하는 경우도 있다. 또한 기술이 과학의 발전에 공헌하는 일도 종종 있다. 2015년 가을 두 명의 일본인이 노벨상을 수상하였다. 그 중 물리학상 수상자는 2002년 노벨상 수상자 마사토시 교수의 제자인 카지타 타카아키 교수였다.

카지타 교수는 지금까지 오랫동안 질량이 0이라고 알려져 있던 소립자 뉴트리노가 질량을 가짐을 밝혀내었다. 무엇과도 상호작용하지 않고 지나가는 뉴트리노는 매우 드물게 물 입자에 부딪히면서 희미한 빛을 낸다. 기후 현 지하 1000m에 있는 슈퍼 카미오칸데(Super−Kamiokande)라는 실험 시설에서 거대한 수조에 물을 채워 뉴트리노 진동이라는 현상을 발견하였다. 지하에 거대한 수조를 만듦으로써 과학 기초연구가 최초로 가능해진 것이다. 과학이 기술에 영향을 미친다는 인식에 반대되는 예이다.

3. 정보와 지식, 발명과 혁신

정보와 지식

일반적으로 혁신은 지식과 밀접한 관계가 있다고 인식된다. 정보와 지식의 차이점과 지식의 종류에 대해 이해할 필요가 있다. 정보는 플로우(flow) 개념에 따라 정보를 발신하는 측과 받는 측이 존재한다. 지식은 스톡(stock)의 개념에 따라 욕조에 물을 받는 것처럼 개인에게 혹은 조직 내부에 지식이 서서히 축적된다.

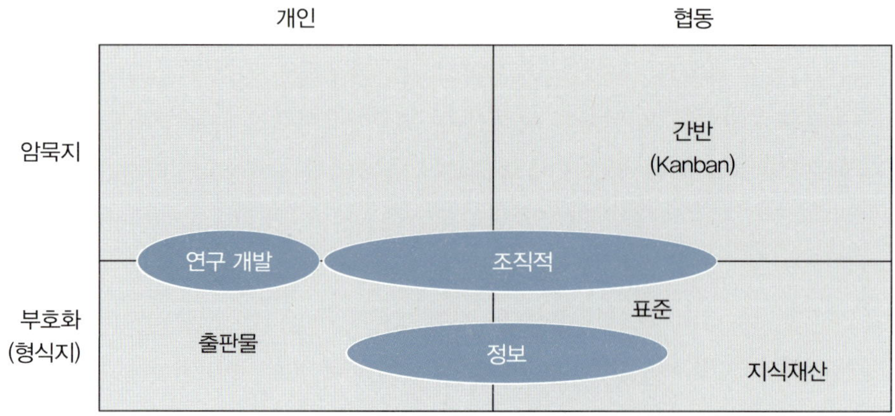

그림 2.1 지식의 종류

형식지(codified knowledge)와 암묵지(tacit knowledge)의 두 가지 종류의 지식이 존재한다. 형식지는 부호화할 수 있는, 즉 매뉴얼에 쓰여있는 지식이나 특허 출원 신청서에 적혀있는 것과 같이 언어로 표현될 수 있는 지식을 가리킨다. 암묵지는 부호화할 수 없는 지식을 의미하며 자전거 타는 방법이나 수영하는 방법을 예로 들 수 있다. 이러한 분류를 통해 지식은 암묵지와 형식지를 세로축에, 개인과 집단을 가로축에 표시한 그림 위에 위치를 표현할 수 있다. 연구개발은 암묵지와 형식지 양쪽 모두를 사용하므로 둘의 중간에 위치시킬 수 있다. 도요타의 간반(Kanban) 생산방식은 집단이 암묵지를 사용하는 예이며, 표준은 집단이 사용하는 형식지로 볼 수 있다[그림 2.1].

지식은 학습효과와 마찬가지로 기업 내에서 중심적인 역할을 수행하고 기업의 경쟁력과 깊은 관계가 있으므로 적절하게 관리되어야 한다. 경제학 분야에서 지식은 일단 만들어지면 모두가 그것을 사용할 수 있는 것으로 인식된다(라이벌화되지 않는다). 또한 일단 공적인 곳에 지식이 출현하면 그것을 다른 자가 사용하는 것을 저지하는 것은 어렵게 된다(배제 불가능하다). 지식을 분해하는 것은 어렵지만, 세분되어 있는 지식을 융합함으로써 전체상을 파악할 수 있다라고도 한다.

지식은 정보를 단순히 축적한 것과는 다르게, 정보의 가치를 개인적으로 평가하는 것, 정보의 의미를 이해하는 것, 정보의 사용법을 이해하는 것과 관련되어 있다. 그래서 지식은 개인적, 사회적으로 내포되어 있다고도 한다. 1980년대에 들어 Nelson과

Winter에 의한 진화경제학 연구에 의해 다음의 새로운 개념이 주류가 되었다(Nelson, Winter 1982). 혁신은 암묵지에 기반한 경로의존적인 바텀업 프로세스에 의해 발생하며, learning by doing과 learning by using이라는 학습효과를 동반한다는 것이다. 지식은 공적인 것 외에 기업 고유의 것, 개인이 가지고 있는 것 또한 포함하며, 지식의 생산은 고립된 활동이 아닌 조직적인 활동에 의해 이루어진다.

Gibbons와 Johnston(1974)에 의하면 혁신에 관련된 지식은 아래를 포함한다.

A. 분야 특유의 전문지식
B. 과학 이론, 공학 이론, 지식의 지식
C. 기술 정보
D. 제품과 부품의 사양(specification)
E. 실험 및 시험 프로세스에 관한 지식
F. 프로그래밍 및 하드웨어 설계 등의 스킬
G. 연구에서 사용하는 기기와 기재

여기서 지식의 지식이란 입수하려는 지식을 어떻게 입수 또는 학습할 수 있는가에 관한 지식을 말한다.

발명과 혁신

발명과 혁신의 정의

발명이란 아이디어의 창조이다. 혁신은 발명과는 달리, 기술개발과 상품개발, 생산, 마케팅도 포함하는 새로운, 혹은 개량된 신제품의 사업화까지의 과정, 또는 개량된 생산 프로세스를 가리킨다. 혁신은 새로운 지식을 사용하여 고객이 요구하는 신제품 또는 신서비스를 제공하는 것이기도 하다. 마이클 포터에 의하면 혁신이란 사업화와 관련된 새로운 방식을 가리키며, 혁신 과정은 기업의 전략적, 경쟁적 환경과 밀접히 관련되어 있다. 새로운 지식에는 기술적 지식, 또는 시장과 관련된 지식이 있다. 예를 들어 어떤 전자제품 기업이 있다고 하자. 그 기업이 의료기기 사업에 새로이 진입할 경우, 기술적 지식은 과거에서부터 축적된 것을 사용하면 되지만, 새로이 의료기기 시장과 관련된 지식을 획득해야만 한다. 혁신은 기술적인 것만은 아니다. 조직적 혁신, 경영관리의 혁신, 생산에 관련된 혁신, 마케팅 혁신 등 다면적으로 존재한다. 급진적 혁신은 다양한 종류의 혁신을 통합함으로써 발생한다고 한다. 기술과 관련된 새로운 지식과 시장과 관련된 새로운 지식이 융합하여 역량이 창출되고 신제품과 신서비스가 제공된다.

Abernathy와 Utterback(1978)의 모형

Abernathy–Utterback 모델은 제품혁신과 프로세스 혁신이 발생하는 빈도 간의 관계를 나타낸 것이다. 이 모형은 실증연구의 결과를 모델링한 것이다. 세로축은 주요한 제품혁신 및 프로세스 혁신이 발생하는 빈도를, 가로축은 시간을 나타낸다. 제품혁신은 제품 그 자체의 혁신을, 프로세스 혁신은 제품개발 또는 생산 과정의 혁신을 나타낸다. 초기 단계에서는 제품혁신이 발생하는 빈도가 높고 프로세스 혁신이 일어나는 빈도는 낮지만, 시간이 지남에 따라 제품혁신의 빈도가 낮아지고 프로세스 혁신이 일어나는 빈도가 증가한다.

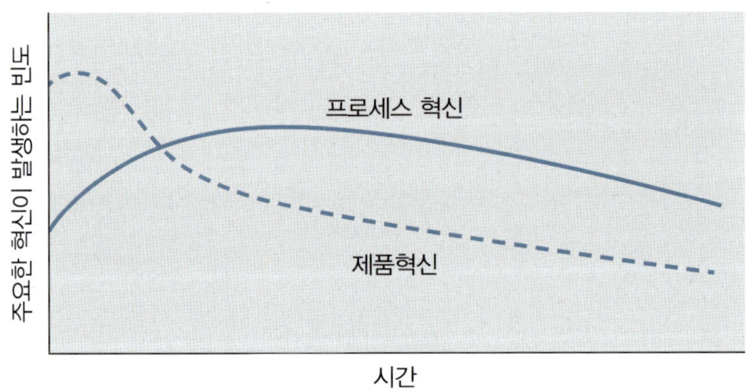

그림 2.2 Abernathy–Utterback 모형
(Abernathy와 Utterback(1978)을 기초로 필자가 작성)

Henderson과 Clark(1990)는 제품을 만드는 데에는 두 가지 종류의 지식이 필요하다는 것을 밝혔다. 그것은 제품을 구성하는 부품에 관한 지식과 부품을 서로 잇기 위한 상호연쇄에 관한 지식이며, 후자를 아키텍처(구조) 지식이라 명명하였다. 혁신은 부품 지식, 아키텍처 지식, 혹은 양자 모두에 영향을 미친다. [그림 2.3]은 이 모형을 나타내고 있다. 가로축은 아키텍처 지식을, 세로축은 부품 지식을 나타낸다. 기존의 부품 지식이 파괴되고 아키텍처 지식은 강화되는 경우의 혁신을 모듈러 혁신이라고 한다. 즉, 혁신이 부품 속에서 발생한 것이다. 아키텍처 혁신은 부품 지식은 강화되고 부품군을 연결하는 상호연쇄 부분에서 혁신이 일어나는 경우이며, 이 때 아키텍처와 관한 기존 지식은 파괴된다. 급진적 혁신이란 부품 관련 지식과 아키텍처 관련 지식 모두가 파괴되는 경우에 발생한다. Okimoto는 미국은 아키텍처 혁신에 강하나 일본은 약하다고 지적하였다. 또한 일본은 점진적 혁신에 강하며 미국은 급진적 혁신에 강하다는 점도 주장하였다.

		아키텍처(구조) 지식	
		강화	파괴
부품 지식	강화	점진적 혁신	아키텍처 혁신
	파괴	모듈러 혁신	급진적 혁신

그림 2.3 Henderson–Clark 모형
(Henderson과 Clark(1990)을 바탕으로 필자가 작성)

진화경제학의 개념

신고전파 경제학 이론은 기업이 이익최대화를 실행하는 환경을 다루며 생산함수가 자본과 노동의 함수인 것이 특징이다. 이 이론의 문제점은 불확실성을 포함하지 않는다는 것이다. 기업의 기술력 향상은 시행착오의 결과 얻을 수 있는 것이므로 불확실성을 동반한다. 또한 기업의 기업가적 활동은 본래 각각 고유하다. 신슘페터파의 진화경제학은 다윈의 진화론 개념을 바탕으로 강한 생물이 살아남고 약자는 도태된다는 논리에 기반하며, 기업이 다른 기업에게 배제되거나 살아남으려고 하는 환경이 도태와 같다고 본다. 척박한 환경에서는 경쟁이 매우 힘들지만 여유로운 환경에서는 생존이 어렵지 않다. 진화경제학 모델에서 중요한 점은 기업과 외부환경 간의 상호작용이라고 할 수 있다.

신슘페터파의 진화경제학의 특징은 이하와 같다.

- 기업 간 차이점이 명확하다.
- 기업이 입수할 수 있는 정보에는 한계가 있으며 각각의 기업은 의사결정 규칙에 따라 변화하는 환경에 대응한다.
- 기술은 외적인 것이 아닌 내적인 것이며 기업은 시간을 들여 기술을 축적 및 전환한다.
- 기술 개발 및 학습 과정의 방향성과 기술궤적은 매우 중요하다.
- 진화경제학 모델은 동태적이다.

넬슨과 윈터에 의해 제창된 진화경제학 이론은 신슘페터적인 이론이다. 생물학 분야 진화론의 재생, 자연 도태, 진화, 돌연변이, 적자생존 등의 개념이 기업의 진화적 프로세스를 표현하는 데 사용된다.

또한 신고전파 경제학이론에서 기업이 선택할 수 있는 기술의 폭을 한없이 넓다고 가정하는 것은 현실적이지 않다. 기업은 과거에서부터 축적해 온 기술과 가까운 영역을 탐색 및 연구의 대상으로 한다. 넬슨과 윈터는 "현재의 연구성과는 단순히 새로운 기술이기만 한 것이 아니라, 지식을 쌓고 장래에 사용될 블록 구축의 기초를 형성한다"고 기술하였다.

진화경제학의 중요한 개념으로 경로의존성(path dependence)을 들 수 있다. 경로의존성은 기업이 특정한 시점에서 실행할 수 있는 일에는 한계가 있으며 그 기업이 거쳐 온 역사(경로)와 깊은 관계가 있다는 것이다.

4. 혁신 모형

선형(리니어) 모형

제1세대의 혁신 모형은 리니어(직선형) 모델로, 기술주도형과 시장견인형으로 나뉜다.

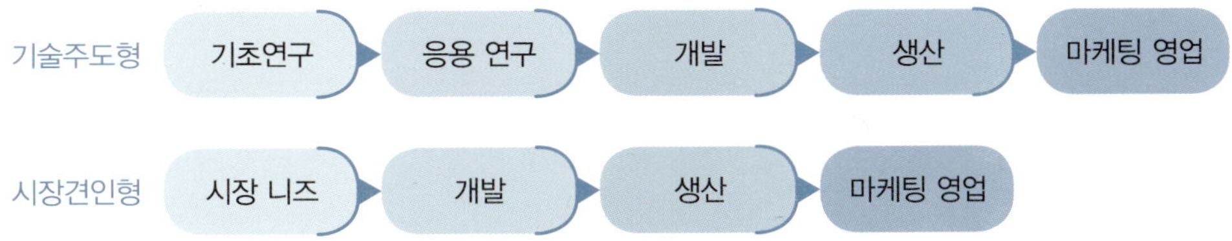

그림 2.4 선형 모형

기술주도형은 혁신이 기초연구에서부터 시작되어 응용연구, 제품개발, 생산을 거쳐 사업화된다. 각 단계의 산출물이 다음 단계의 투입물이 되며 혁신은 선형적인 구조로 이루어진다. 미국, 유럽, 일본의 과학기술 정책은 선형 모형을 바탕으로 하였다고 할 수 있다. 1960년대 후반 영국의 과학정책을 입안한 위원회는 "기초연구에 의해 대부분의 독창적 발명이 일어나고 뒤이어 다른 모든 발전이 실현된다"고 주장하였다.

그러나 경제학 및 과학정책 연구자에 의해 연구가 이루어지면서 선형모형의 한계가 발견되기 시작하였다. 선형모형에서는 지식의 전달에 초점이 맞추어지고 과학과 기술의 상호 관계는 무시되었다. 기초연구의 방향성을 정하고 성과를 내기 위해서는 정보 전달을 위한 네트워크의 운영이 중요하며, 몇몇 과학 분야에서는 과학의 발전에 기술개발이 필요하다. 공공기관에 의한 연구성과가 활용되기까지는 장기간의 리드타임이 필요하다. 로젠버그에 의하면 기초연구 활동은 대규모의 지식창조 네트워크의 일부 노드(node)이며 기업의 기초연구 투자는 이 네트워크에 참가하기 위한 입장권이다. 다시 말하면 기업은 기초연구에 투자함으로써 대규모의 지식 창조 네트워크 일부로 참여하게 된다(Rosenberg, 1982).

시장견인형 모형은 수요에서 시작해 연구, 응용연구, 제품개발, 생산, 마케팅 등으로 연결된다. Schmookler(1966)는 시장견인형 모델을 검증하기 위해 실증연구를 실시하였다. 미국 철도산업의 발전과정을 연구한 결과, 철도 관련기기의 매출액과 수 년 후의 철도 관련 기술개발 사이에 인과관계가 존재함을 밝혀내었고, 제품의 매출 추이와 기술개발 간의 관계가 깊음을, 따라서 수요가 혁신 사이클의 계기가 되는 것을 지적하여 시장견인형 모형을 정립하였다.

커플링(coupling) 모형 및 기타 모형

선형모형의 한계가 밝혀지면서 커플링 모형 또는 사슬연계 모형(chain linked model)이 주류가 되고 있다. 이 모델에서는 연구에서 비롯된 혁신과 시장과 사회의 잠재적 혹은 기존 수요에서 비롯된 혁신이 동시에 존재하며, 혁신의 각 단계는 과학기술 지식의 풀(pool)과 연구에 의해 지탱되고 있다. 이것은 여러 단계에서 상호작용이 일어나므로 선형모형과는 다르다. 또한 과학기술 지식 풀의 크기와 깊이는 국가에 따라 다르다.

커플링 모형에서는 혁신이 일어나는 과정이 직선형이 아니라 여러 형태로 연쇄를 일으키면서 사업화로 이어진다. 혁신이 잠재적 시장으로부터 발전할 때에는 그것을 발굴하는 데 어려움이 따르므로, 혁신가는 리더쉽을 발휘할 것을 요구받는다고 할 수 있겠다. Steve Jobs는 iPod이나 iPad 등에서 볼 수 있듯이 잠재적 시장을 창출했다는 점에서 천재적이었다고 할 수 있다.

이외의 다른 모형으로는 Graves의 제4세대 통합모형을 들 수 있다(Graves, 1987). 이

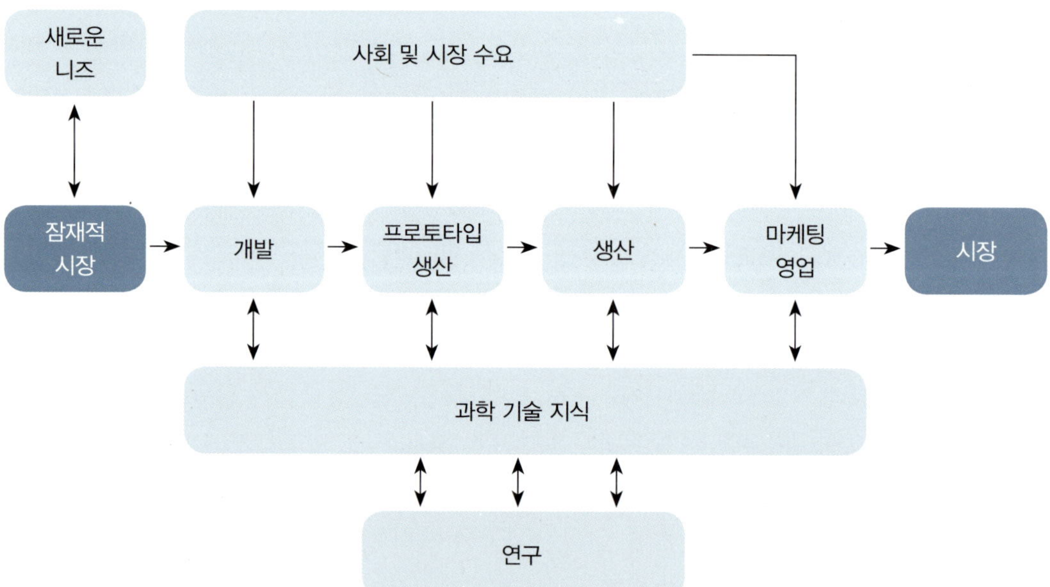

그림 2.5 커플링 모형

모델은 자동차와 전자 분야를 주된 대상으로 한 실증연구에 의해 제안되었다. 연구개발 및 제품개발, 부품 생산, 마케팅, 제품 생산 등을 병행함으로써 높은 수준의 기능통합을 이루어낼 수 있다.

제5세대 모델인 1992년에 Rothwell이 제안한 시스템 통합 및 네트워킹 모형 또한 대표적인 혁신 모형으로 들 수 있다. 이 모델은 기업 내부와 외부 간의 전략적, 기술적 통합을 중요시한다. 통합을 가능하게 하는 것으로써 연구개발 현장에서 사용되는 CAD나 CAE, 시뮬레이션 툴 등의 정보통신기술이 있다. Rothwell은 제5세대 혁신 모형에는 다음의 요소가 불가결하다고 주장하였다.

- 개발기간의 단축 등 시간 중심적인 전략
- 품질 등 가격 이외의 요소
- 기업의 유연성
- 고객 중시
- 공급자와의 전략적 관계를 초기단계에 구축
- 수평적 기술협력에 관련된 전략
- 데이터 처리, 데이터베이스, CAD, 시뮬레이션 기술의 활용

지금까지 다룬 내용을 정리하기 위해 기업이 불확실성이 높은 연구개발에 투자하는 이유를 생각하고자 한다. 이것은 지식과 깊은 관련이 있다. 기업은 제품개발을 위해 기술을 끊임없이 진화시키고 독자적, 독점적 기술을 지속적으로 개발하여야 한다. 기술개발의 경로의존성에 의해 한 가지 기술을 개발하면 다음 기술개발의 계기가 된다. 불확실한 연구개발이 기업의 탐색과정을 돕는 역할을 수행하고 있는 것이다. 연구성과를 사업화하기 위해서는 지식재산을 갖는 것만으로는 불충분하며, 기술전환을 위한 암묵지와 기능이 필요하다. 암묵지는 문서로 기술되지 않기 때문에 사람을 중심 수단으로 하여 지식이 전달되며 기술개발 단계에서 사업화 단계로 진행된다. 각 기업은 고유의 암묵지를 가지며 이것은 기업의 경쟁력과 관련된다.

5. 혁신의 성공과 실패

영국의 실증연구 SAPPHO

1970년대에 서섹스 대학의 과학기술정책연구소(SPRU)에서 이루어진 혁신의 성공과 실패에 관한 연구 SAPPHO는, 측정기기 분야와 화학 분야에서 혁신에 성공한 사례와 실패한 사례를 하나의 쌍으로 하여, 합계 58쌍을 분석하였다(Rothwell, Freeman, Horsley, Jervis, Robertson, Townsend 1974). 실패사례와 성공사례를 쌍으로 묶음으로써 성공과 실패의 특징을 추출 가능하였다. 즉, 성공과 실패를 가르는 어떤 요인이 여러 쌍의 사례에서 공통적으로 관찰된 경우 이는 일반적인 요인인 것으로 해석할 수 있다. 성공한 제품과 실패한 제품은 기술적인 면에서는 전혀 동일성이 없고 시장환경 면에서 유사성이 보여지는 것을 한 쌍으로 하였다. 예를 들어 화학물질을 저가로 제조하는 프로세스를 모색한 두 기업을 한 쌍으로 하였다. 측정기기 산업에서는 주로 제품 혁신을, 화학 산업에서는 주로 프로세스 혁신을 분석대상으로 하였다. 또한 SAPPHO는 발명이 아닌 종합적 혁신을 대상으로 하여 마케팅 또한 중요한 분석대상으로 하였다. 따라서 이 연구에서는 기술개발에 성공했을 지라도 매출을 늘리고 이익을 내지 못하면 실패로 분류하였다.

표 2.2 SAPPHO의 분석대상 기술

과학 측정기기	화학
원자흡광분석장치	고속 식품 건조가공
전자석 혈류계	아세트산
우유 분석장치	메탄올
광학식 문자인식	페놀

(Freeman(1982)를 바탕으로 필자 작성)

우선 혁신에 성공한 기업들은 몇 가지 특징을 가지는 것으로 밝혀졌다.

- 충실한 사내 연구개발
- 기초연구를 실시하고 있거나 기초연구를 실시하는 기관과 제휴함
- 특허의 유효활용
- 장기간 연구개발에 투자할 수 있을 정도의 기업 규모
- 경쟁자에 비해 리드타임이 짧음
- 리스크를 감수할 수 있음
- 초기 단계에서 상상력을 바탕으로 잠재적 시장을 인식함
- 잠재시장에 대한 주목
- 고객을 교육 및 지원하고 혁신에 참여시킴
- 외부 학계와 적극적으로 의사소통함

SAPPHO의 결과는 다음과 같다. 성공과 실패에 관계없는 요인은 아래와 같다.

- 혁신의 발단이 공식적인 연구개발조직에서 비롯됨
- 연구개발 조직 및 장려, 인사에 관한 제도
- 특허 관련 정책
- 프로젝트 팀의 조직화
- 비즈니스 혁신가와 기술 혁신가가 유능한 과학자이었음

그 외에도 기업규모, 전략기획 프로세스 등은 차별화 요인이 아니었다.
반면 성공과 실패를 가르는 요인으로 다음이 추출되었다.

- 마케팅 관련 요인
- 고객 수요의 이해(실패 요인의 3/4은 판매 이후의 요인에 의한 것이었음)
- 사용자 교육
- 프로젝트 팀의 규모
- 해당 분야 학계와의 제휴
- 비즈니스 혁신가의 지위(높을수록 경험이 풍부하고 사내 권력이 있으며 리스크

를 선택할 수 있고 많은 인재를 프로젝트 팀에 투입할 수 있게 됨)

SAPPHO의 결과에서 명백한 점은, 혁신의 성공요인은 크게 나누어 두 가지라는 것이다. 그것은 연구개발 역량(경쟁력)과 효율적인 마케팅 능력, 비즈니스 혁신가의 커리어 및 자질이다. 학계와의 제휴는 연구개발역량과 관련되어 있고, 고객 수요의 이해와 사용자 교육은 마케팅 능력과 관련된다. 즉 혁신을 성공시키는 데에 불가결한 것은 수요 관리와 기술적 역량 두 가지로, 이 결론은 커플링 모형과 합치한다.

또한 비즈니스 혁신가는 기업가의 역할을 다하고, 기술 시즈(seeds)와 수요를 효율적으로 연결지음으로써 유저의 니즈를 경쟁자보다 적확하게 파악하여, 혁신을 성공시키는 자원 분배에 성공하는 것이 밝혀졌다.

같은 시기 영국 맨체스터 대학에서도 비슷한 연구가 이루어졌다. 연구 결과 혁신은 기술적인 가능성과 니즈의 통합이 불가결함이 지적되었고, 더욱이 전략적 계획보다는 개인의 의욕, 동기부여, 외부의 사회경제적인 요인이 더 큰 영향을 주는 점이 밝혀졌다.

6. 정리

이 장에서는 기술경영 학습의 기반이 되는 개념과 이론에 초점을 맞추어 과학과 기술, 지식과 정보, 혁신 모형, 성공 및 실패 요인의 규명에 관한 대표적인 실증연구 SAPPHO를 해설하였다. 먼저 과학과 기술의 특징, 둘 사이의 관계, 지식의 두 종류, 혁신 모델을 소개하였다. 또한 혁신과 깊은 관계가 있는 진화경제학의 주요 개념에 대해 기술하고 SAPPHO에 대해 학습한 결과, 선형모형보다 커플링 모형이 더 현실적인 혁신 모형임을 논하였다.

참고문헌

1. Schumpeter, J. A., Business Cycles: A Theoretical and Statistical Analysis of the Capitalist Process, New York, Macgraw Hill, 1939
2. Abernathy, W. and Utterback, J., Patterns of Industrial Innovation, Technology Review, 80(7), pp. 40-47, 1978
3. Freeman, C., The Economics of Industrial Innovation, Pinter Publishers, 1982.
4. Okimoto, D., Challenge in High Tech: Positive Sum Strategy, Landau and Rosenberg, 1986
5. Rosenberg, N., Inside the Black Box: Technology and Economics, Cambridge, University Press, 1982
6. Hollander, S. G., The Sources of Increased Efficiency: a Study of Du Pont Rayon Plants, Cambridge, Mass. MIT Press, 1965
7. Rothwell, R., Freeman, C., Horsley, A., Jervis, V., Robertson, A. B. and Townsend, J., SAPPHO Updated-Project SAPPHO Phase II, Research Policy, 3(4), pp. 258-291, 1974
8. Dodgson, M. and Rothwell, R., The Handbook of Industrial Innovation, Edward Elgar Publishers, 1994
9. Dosi, G., Technological Paradigms and Technological Trajectories, Research Policy, vol 11(3), pp. 147-162, 982
10. Nelson, R., Winter, S., An Evolutionary Theory of Economic Change, Cambridge, Mass. Harvard University Press,1982
11. Price, D. J., and de Solla, Is Technology Historically Independent of Science? Technology and Culture, VI, 4, p553
12. Schmookler, J., Invention and Economic Growth, Cambridge, Mass. Harvard University Press, 1966
13. Graves, A., Comparative Trends in Automotive Research and Development, DRC Discussion Paper, No.54, SPRU, University of Sussex, Brighton, UK,1987
14. Miyazaki, K., Building Competences in the Firm, Lessons from Japanese and European Optoelectronics, Macmillan, 1995

15. Gibbons, M. and Johnston, R., The Roles of Science in Technological lnnovation, Research Policy, 3, p220-242. 1974
16. Henderson, R. M. and Clark, K. B., Architectural Innovation: The Reconfiguration of Existing Product Technologies and the Failure of Established Firms, Administrative Science Quarterly, 35(1), pp. 9-30, 1990

연습문제

- 선형 모형에 기반한 제품의 예를 설명하시오. 또한, 커플링 모형에 기반한 제품의 예를 드시오.

기술개발과 기술경쟁력 축적, 기술확산

03

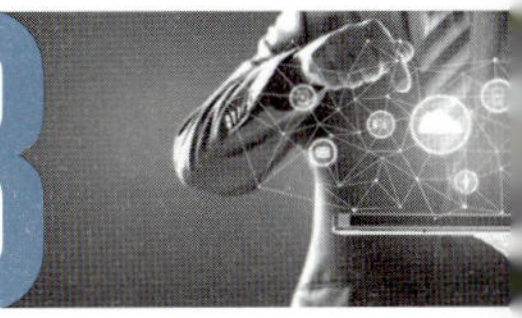

학습 포인트

기술개발 프로세스에는 내부 연구개발, 외부 기술의 아웃소싱 등 여러 가지가 있는 가운데, 이 장에서는 자사 내부에서의 기술역량 및 핵심기술 축적에 대해 고찰한다. 또한 동태적 역량 접근법과 핵심역량의 개념에 대해서도 설명한다. 마지막으로 출시된 제품이 확산되어 가는 과정과 그에 영향을 미치는 요인에 대해 설명한다.

키워드

핵심기술, 기술력 축적, 기술역량, 핵심역량, 제품수명주기, 동태적 역량

1. 들어가며

기술력을 축적하는 과정은 크게 두 가지를 들 수 있다. ①자사 내부의 노력에 의한 축적, 그리고 ②외부의 힘을 활용하는 방법이다. ②는 또한 타 기업과의 공동개발, 라이센싱, 타 기업을 인수 등으로 나눌 수 있다. 이 장에서는 자사 내부의 노력에 의한 기술력 축적에 대해 소개한다. 핵심역량(core competence)을 구축함에 있어서, 관련된 핵심기술력을 축적하기 위해서는 내부에서의 축적 과정이 필수인 배경 등을 설명한 다음, 필자가 수행한 연구를 소개하고 이론적, 실증적 양 측면에서 논의를 진행한다. 먼저, 동태적 역량(dynamic capability) 접근법이 Porter 등의 경쟁전략론과 어떻게 다른지 설명한 후, 역량 이론을 논하고, 실증연구에서 얻은 성과를 소개한다.

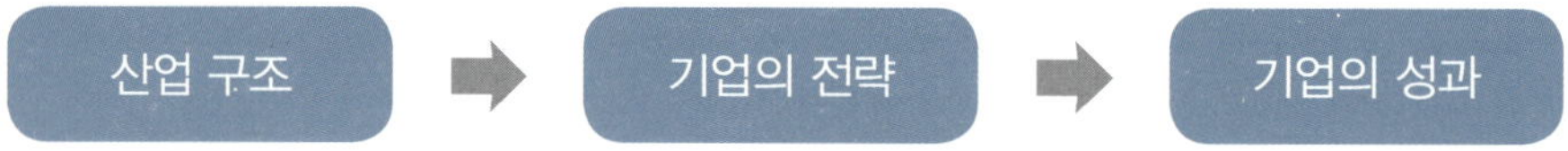

그림 3.1 경쟁전략론의 접근

2. 동태적 역량 접근법

[그림 3.1]에 나타낸 경쟁전략 이론은 제4장에서 자세하게 다루는데, 여기서 기업은 존재하는 산업구조에 대응하여 최적의 포지션을 취하고자 하며, 그 결과 기업의 성과가 결정된다(Potter, 1985). 반면 [그림 3.2]에 나타낸 Teece(1997), Tidd, Bessant and Pavitt(1997), Nelson and Winter(1982) 등이 주장한 동태적 역량 이론에서는, 경로의존성(path dependence)과 기업 진화에 영향을 미치는 요인이 작용하는 가운데, 기업이 역량과 보완적 자원 등의 경영자원을 바탕으로 환경에 적응하면서 실적이 창출되고, 이를 통해 산업구조에도 변화가 일어난다. 즉, 경쟁전략과 동태적 역량 이론은 근본적인 사고방식이 다르다.

1994년을 전후로 기업경영의 풍조에는 뚜렷한 변화의 조짐이 나타났다. 단기적인 운영 효율성과 이익증대의 추구 대신 장기적 시야에 기초한 기업 존속을 위한 접근이 경영의 주류가 되었다. 학계에서는 특히 Prahalad와 Hamel의 논문이 주목받았다고 할 수 있다.

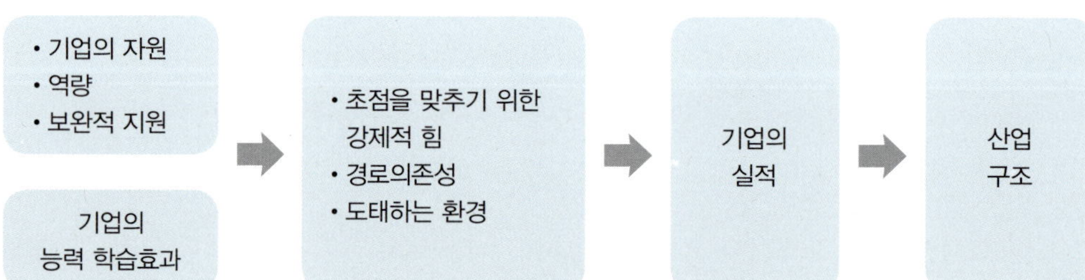

그림 3.2 동태적 역량 이론의 접근

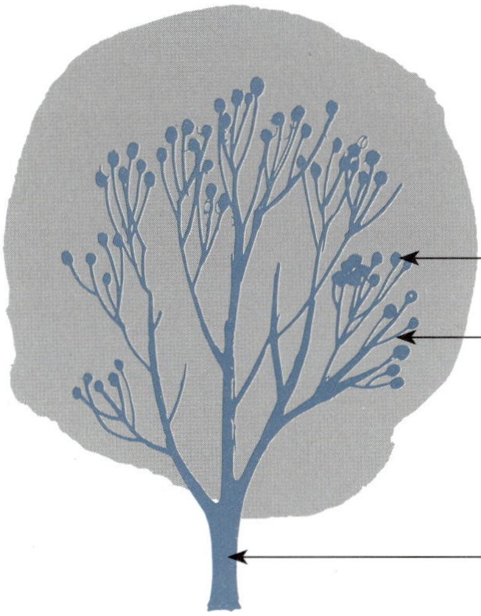

그림 3.3 나무에 대응하는 역량의 개념

3. 역량

Prahalad와 Hamel의 학설

Prahalad와 Hamel은 1990년 Harvard Business Review에 발표한 논문에서, 지속가능한 기업 경쟁력의 근원은, 제품군이 아니라 핵심역량에 있음을 주장하였다. 그들은 [그림 3.3]에 나타낸 것과 같은 나무의 예를 들어, 줄기는 핵심 제품, 잔가지는 사업부, 잎과 꽃이 최종 제품, 그리고 뿌리는 핵심역량에 해당한다고 하였다.

그들은 진정한 경쟁력의 근원이란 전사적으로 분산되어 있는 기술과 생산 스킬을 통합하여 역량을 구축함으로써, 각 사업부가 빠르게 변화하는 환경에 적응하고 기회를 포착할 수 있게 하는 경영진의 역량임을 지적하였다.

프랑스의 학자 Giget(1984)은 분재 모델을 사용하여 설명하였다. 나무 뿌리는 기반기술(generic technology), 줄기가 기술역량에 해당한다. 뿌리의 기술역량이 가지 부분에서 여러 분야에 응용되어 최종 제품이 된다.

Prahalad와 Hamel은 또한 기업이 핵심역량에 집중해야만 하고, 극히 소수의 기업만이 5~6개의 역량에 기초하여 글로벌 리더가 될 수 있으며, 만약 20~30개나 되는 역량을 가지고 있다고 주장하는 기업이 있다면 그것은 역량이 아니라고 강조하였다. 또한 기업은 전략적 아키텍처(설계사상)에 따라 미래 로드맵을 작성하고, 미래에 중요해질 핵심역량과 그 관련기술에 자원을 배분하며, 이러한 우선순위를 전사적으로 공유함으로써 기업 전체가 동일한 목표를 향해 나아가는 것이 유용하다는 것을 지적하였다.

핵심역량

기업의 핵심역량은, 왜 기업이 서로 각각 다른가, 또한 어떻게 발전해 나가야 하는가라는 관점에서 경제학자들에게 주목받게 되었다. 또한 경영자나 컨설턴트가 기업의 경쟁력을 이해하는 데 있어 귀중한 기준을 제공한다.

역량을 어떻게 새로운 비즈니스 기회와 연결시킬 것인지, 또한 기회를 어떻게 평가하고, 경쟁자의 위협에 어떻게 대항할 것인지 등이 경영자의 도전 과제가 된다. 이에 대한 해결책으로 기술–제품 매트릭스, 강건 설계(robust design), 아키텍처 혁신 등의 도구가 존재하지만, 아직 불확실성과 오류가 존재한다. 기술에 대한 판단은 완벽하지 않으며 신제품의 성능 등을 정의하는 것은 어렵다. 점진적인 혁신은 위험이 작지만, 급진적 혁신은 성공했을 때의 보상이 큰 대신 리스크 또한 크다.

Teece 등(1997)은 핵심역량을 기업의 지식기반을 지속적으로 촉진하고 적응시키며 재창출하는 조직역량이며, 또한 기업의 지식을 실속 있는 행동으로 변화시키는 능력이라고 주장하였다.

전략적 포트폴리오

보스턴 컨설팅과 아서 D. 리틀 등의 경영컨설팅 기업에서 다양한 전략적 포트폴리오가 개발되었다. 그 대부분은 기업의 현재 위치, 향후 중요해지는 기술 등을 내용으로 하여 작성된다.

전략적 포트폴리오는 세로축에 기술의 중요성, 가로축에 상대적인 기술의 수준을 나타낸다. 기술의 중요성이 높고 상대적인 기술 수준 또한 높은 경우에는 해당 기술에 계속하여 경영자원을 투입함으로써 내기를 건다(bet). 기술 수준이 높지만 중요성이 낮으면 이익을 실현한다(cash in). 기술의 중요성이 낮고 상대적으로 기술 수준도 낮은 경우는 fold, 즉 철수를 고려한다. 기술의 중요성이 높지만 상대적으로 기술 수준이 낮은 경우는 무승부(draw)로서, 해당 중요 기술 확보를 목표로 내기를 걸거나 기술개발을 중단하는 두 가지 전략이 가능하다.

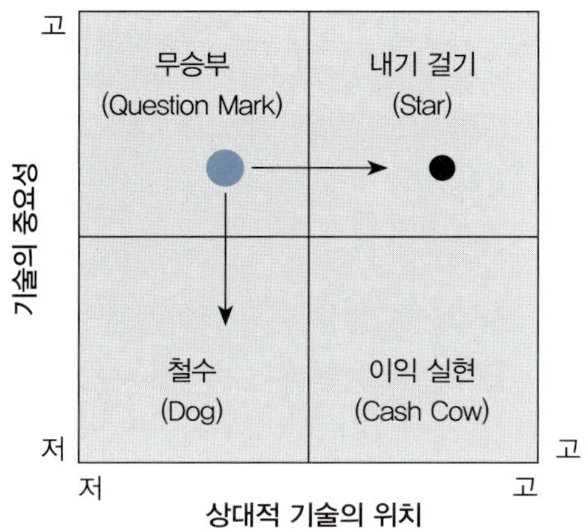

그림 3.4 전략적 포트폴리오

역량에 관련된 기타 이론

Tushman and Anderson(1988)은 점진적 기술혁신에는 역량을 증진시키는 것과 역량을 파괴하는 두 가지 종류가 있다고 지적하였다. 역량을 증진시키는 점진적 기술혁신은 기업의 기존 경쟁력을 강화하며 산업구조가 안정된다. 파괴 유형의 혁신은 산업구조를 불안정하게 만들고 신규진입의 기회를 만든다. 그러나 이 때에도 점진적인 기술혁신이 기업의 모든 역량을 파괴한다고 보기는 어렵다. 역량이 파괴되는 것은 필연적이지 않으며, 경영능력과 유연성에 영향을 받을 것으로 생각된다.

핵심역량 이론에서는 기업 고유의 역량 축적이 경영전략의 중요한 과제가 된다. 또한 기술역량 이외의 조직 역량 또한 중요하다. 조직 내 경계를 넘어선 역량, 커뮤니케이션, 구성원 모두를 끌어들이는 노력이 요구된다. Pavitt은 몇 가지의 역량만으로 경쟁우위를 획득할 수 있다는 Prahalad와 Hamel의 주장은 너무 단순하다고 하였다. Patel과 Pavitt(1997)의 실증연구에서는 34개의 기술분야 중 Hitachi는 18개의 분야에서, Ford는 20개의 분야에서 높은 기술력을 보유했던 것으로 밝혀졌다. 두 회사는 몇몇 분야에서 세계적으로 기술경쟁력이 있었다고 할 수 있다. 그러나 Pavitt은 나머지 분야에서도 배경적 역량(background competence)이 필요함을 주장했다. 예를 들어 기업이 부품 및 원자재, 생산장비 등의 공급자와 거래를 할 때 배경적 역량을 가지는 기업이 더 큰 혜택을 본다. 또한 휴대전화 등 분야에서는 제품 기능이 다양해지고 있기 때문에, 제품을 구성하는 기술군은 지난 20년 간 크게 복잡해졌다. 기업은 경쟁력을 유지 강화하기 위해 새로운 재료와 IT, 나노기술 등의 기술경쟁력을 구축 할 필요가 있다.

제품수명주기

제품수명주기 모형을 토대로 사업기회를 평가하는 것이 가능하다. 제품수명주기는 제품이 초기, 성장기, 성숙기를 거쳐 쇠퇴하는 과정을 나타내는 모델이다. 초기 단계에서는 기능을 중심으로 하는 제품 성능이 경쟁요인이 되며, 혁신은 사용자의 니즈에 의해 일어난다. 주로 제품혁신이 발생하며, 혁신이 일어나는 빈도가 높다. 제품군이 다양하며 커스텀 디자인도 종종 발견된다. 생산공정은 유연성이 결여되어 있어 효율성이 높지 않다. 성장기 단계에는 기술역량의 확장에 의해 제품이 다양해진다. 각 제품의 생산량이 증가하고, 특히 적어도 하나 이상의 제품이 지배적 디자인(dominant design)으로 자리잡아 생산량이 증가함에 따라 공정혁신의 필요성이 대두된다. 성숙기와 쇠퇴기에 들어

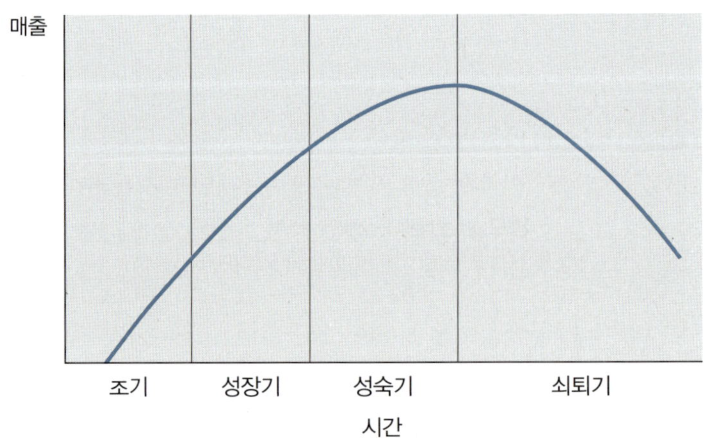

그림 3.5 제품수명주기

가면 공정혁신이 혁신의 주가 된다. 혁신이 비용절감과 품질개선에 집중되고, 제품혁신의 빈도는 적어진다. 제품들은 거의 차별화되지 않은 비슷한 제품들로 수렴하게 된다.

제품수명주기에 대응하는 기술수명주기가 존재하는데, 기술수명주기는 제품혁신에서 공정혁신으로 이행하고 이에 따라 혁신 기회가 감소한다. 수명주기 이론은 특정 제품의 성장 패턴을 예측하는 데에는 도움이 될 수 있지만 제품군 전체의 시장규모를 예측하는 데에는 한계가 있다. 초기 단계에서는 정확한 정보가 부족하여 다음 단계로의 전환이 일어나는 시점을 예측하기가 어렵다. 또한 성숙기에 들어간 이후에 신기술에 의해 성장기 단계가 돌아올 가능성도 있다.

4. 기술역량 축적의 실증연구 소개

용어의 정의

필자는 광전자 공학 분야의 기술경쟁력 축적에 대해 일본과 유럽의 유력기업 11개사를 대상으로 한 실증연구를 실시하였다(Miyazaki 1995). 여기서 핵심기술이란, 기업이 여러 주요 업무를 특정한 기술을 중심으로 처리하고 있는 경우에 그 중심적 기술을 말한다. 광전자 공학은 몇몇 기업들에게 있어 핵심기술이다. 핵심기술의 중요성은 각 기업의 기술자 뿐만 아니라 경영자에게도 인식되어야만 한다. 기업마다 핵심기술의 수는 다르며 시간이 흐름에 따라서 변화한다. 새로운 핵심기술이 포트폴리오에 추가되는 경우도 있고, 오래되거나 성숙하여 더 이상의 발전 가능성이 보이지 않는 기술은 중요성을 잃기도 한다. 핵심기술의 중요성을 강하게 인식하고 개발 노력을 기울인 사례로 캐논과 소니를 들 수 있다. 소니는 워크맨, 라디오, CD 플레이어 등의 신제품을 개발한 경험이 있는데, 이는 집적회로, 광전자 공학, 초소형화 기술, 디지털 처리 기술 등 일군의 핵심기술에 기초하였다. 소니의 경영진은 핵심기술의 중요성과 핵심역량을 일찍이 인식하고 기술경쟁력 구축에 경영자원을 집중적으로 배분하였다.

기업의 핵심역량으로는 마케팅, 재무, 생산, 기술 등 여러 가지를 들 수 있다(Watanabe, Miyazaki and Katsumoto, 1998, 제4장). 금융 역량은 자금의 조달과 운용의 두 가지 측면이 있다. 마케팅 역량은 수요 동향을 재빨리 파악하고 시장 니즈에 맞는 제품을 개발할 수 있게 하는 능력이며, 브랜드를 널리 알리고 적절한 가격 프로모션을 실시하는 활동과도 관련이 있다. 생산 역량은 기업이 가진 노하우를 효율적인 생산으로 이어가는 힘이라고 할 수 있다. 이러한 능력들을 종합하여 기업의 종합력이라 부를 수 있다. 역량은 각각 별도로 고려할 수도 있지만 서로 상호관계를 가지고 있으며, 특히 기술과 생산 역량 간의 관계는 밀접하다고 할 수 있다. 조직력은 각종 역량을 효율적으로 활용하여 마케팅이나 생산 부문과 협력체제를 만들어내는 기업역량이다. 기업이 연구개발 성과를 상품화하여 매출액에 연결시키기 위해서는 제조, 유통, 마케팅 등의 보완적 자산(complementary assets)이 필요하다. 기술경쟁력은 첨단기술 기업은 물론 제조업 및 서비스업에서도 중요하다. 씨티은행은 예전부터 금융공학과 정보기술을 활용한 시스템 구축 분야에서 뛰어난 경쟁력을 발휘해 왔다. IoT와 빅데이터 등 새로운 기술이 등장함에 따라 기업은 신기술을 활용하여 진화해 나가야만 한다.

기업 내부에 역량을 가지고 있지 않은 경우, 다른 기업과의 경쟁에서 살아남기란 어려울 것이다. 또한 기업 외부에 존재하는 기존 기술에 의존하는 경우에도 신기술이 출현했을 때 즉시 그것을 흡수하는 것이 어렵다.

역량(competence)과 능력(capability)의 차이는 무엇일까? 기술능력이란 기술적 지식을 효율적으로 활용하는 능력이라고 할 수 있다. 생산능력은 생산 시스템을 효율적으로 운용할 수 있는 능력이다. 혁신능력이란 신기술을 개발하는 힘 뿐만 아니라 더 넓은 의미로 파악할 수 있다. 역량이란 혁신능력의 연장선상에 있는, 능력을 뛰어넘는 수준의 개념이다.

시장을 리드하기 위해서는 기술능력보다 한 단계 위인 기술역량이 필요하다. 즉 시장을 지속적으로 선도하기 위해서는 기술역량 측면에서 경쟁력이 있어야 한다.

필자는 기술역량이 기술능력을 뛰어넘는 개념이라고 생각한다. 기술역량은 기술의 흐름에 변혁을 일으킬 수 있는 기업의 저력이라고 할 수 있다. 조직 내외부의 기술동향 변화를 관찰하면서 변혁의 기회를 놓치지 않고 포착하고, 자사의 핵심기술로 키워나갈 수 있는 능력이라고도 할 수 있다(Miyazaki, 1995). 또한 새로운 분야를 창조, 진출한다는 측면에서 경쟁력을 발휘할 수 있는 종합적 능력이라고 할 수 있다.

기술역량 축적 모형

이 절에서는 기술경쟁력 축적에 영향을 미치는 모델에 대해 소개한다(Miyazaki, 1995).

경영자는 자사의 핵심기술을 지속적으로 파악하고, 축적된 노하우를 충분히 활용하면서 새로운 노하우를 만들어 나가야만 한다. 이를 통해 신제품 개발이 가능해진다. 다음은 기술역량 축적에 영향을 미치는 주요한 요인을 간략하게 소개한다. 기술적 기회에 직면한 기업의 행동은 서로 각각 다르다. 자사가 가진 기술적 기반 및 주요 업무에 비추어 어떻게 대응할지 판단하고, 인력과 자원을 신기술 개발에 투입하기도 한다. 만약 기회가 기업의 기술 기반 및 주요 업무와 연관된 것이라면 기존 노선을 유지하며 도전하지만, 그렇지 않은 경우에는 기존의 기술적 노하우를 부정하면서 새로운 기회를 쫓기도 한다. 회사가 도약의 기회를 포착하고도 놓치기도 한다.

기술역량 축적을 추진하는 데에는 최고경영진의 전략과 인식이 매우 중요하다. 장기적 시야에 기초한 전략이 중요한데, 광전자 공학의 경우에는 기초연구에서 상품화까지 10년에서 20년이 걸리기도 하였다. 투자 금액과 리스크, 기간을 고려하여 결단을 내리는 것이 최고경영진의 책무이다. 경영진의 판단이 연구개발 체제를 변경시키고, 그 체제가 기술역량의 축적에 영향을 미친다.

어린아이가 넘어지면서도 계속해서 자전거를 타는 법을 배우듯이, 기업도 시행착오를 겪으면서 업무수행을 효율화할 수 있다. 로젠버그와 넬슨에 따르면 기업 연구개발의 학습효과에는 두 가지 유형이 있다(Rosenberg, 1982; Nelson, 1982). 첫째는 기초가 되는 자연 법칙에 대한 지식의 집적이고, 둘째는 더 나아가 제품 설계 등 청사진을 그리는 활동이다. 그들은 시행착오 후에 신제품이 창조됨을 지적하였다. 광전자 공학 분야의 경우, 시작 단계에서는 기업이 다양한 가능성을 추구하는 연구를 진행하지만, 나중 단계에서는 연구 대상이 좁혀져 가는 것이 밝혀졌다(K. Miyazaki, 1994a). 연구 대상은 기업의 주요 사업에 관련 있는 분야로 좁혀지는 경우가 많다. 다시 말하자면 장시간에 걸쳐 시행착오를 반복함으로써 신기술을 응용한 제품을 시장에 출시할 수 있게 된다.

하나의 기술, 부품은 단독으로는 쓸모가 없으며 여러 다른 기술이나 부품과 결합되어야만 가치를 낳는다. 부품에는 범용(commodity) 부품과 핵심(key) 부품이 있다. 핵심 부품은 최종 제품의 중요한 부분을 이루고 높은 부가가치를 창출하는 것이다. 최종 제품이 경쟁력을 갖기 위해서는 부품 기초기술, 원자재, 핵심 부품, 그리고 시스템에 이르는 수직적 연계가 매우 중요하다. 기술개발 과정에서 개발 방향이 좁혀지고 집중적인 탐색이 진행되면 규모의 경제 효과를 기대할 수 있다. 기술역량에서 규모의 경제만 표시하는 것은 이상하므로 "규모의 경제효과를 기대할 수 있다. 또한 핵심 부품을 다방면으로 응용함으로써 새로운 분야로 사업이 확대되는 범위의 경제 효과 또한 얻을 수 있다. 앞서 시행착오를 거치며 기술발전이 이루어진다고 했는데, 이러한 실패는 때때로 유익한 결과를 초래할 수도 있다. 광전자 공학의 경우 하나의 목적을 위해 개발한 기술과 지식이 비록 최종 제품이 성공을 거두지 못한 경우에도 다른 분야에서 사용되어 이익을 창출할 수 있는 것으로 밝혀졌다(Miyazaki, 1994b).

기업이 기술역량을 축적한 후에는 그것을 유지해 나가는 것이 중요하다. 그렇지 않으면 기술역량은 녹이 슬고 부패할 것이다. 기업 내부적으로 유지 및 활용하기 위한 노력과 제도를 고민할 필요가 있다. 축적된 기술력을 확고히 하고 모든 구성원이 이용할 수 있도록 하여 후속 개발을 진행하는 사람들에게 전파하는 것이 중요하다. 데이터베이스, 내부 간행물, 과학 학술지 및 특허의 형태로 공유 자원을 확보하는 것이 중요하다. 기술역량을 축적하고 유지하는 데 중요한 역할을 하는 핵심기술 챔피언이란 사내에서 R&D의 제반 활동을 모니터링하고 정리하는 인력이다. 광전자 공학 분야에서는 지멘스, 도시바, 소니가 핵심기술 챔피언을 보유한 것으로 밝혀졌다.

5. 기술확산과정

기업이 개발한 제품, 기술 및 관련된 지식은 경제 내에서 확산(diffuse)되어 간다. 최근 급속히 보급된 스마트폰처럼 시장 침투가 빠른 제품도 있고, 전기자동차처럼 보급과정이 느린 것도 있다. 또한 컴퓨터와 같은 사무기기를 구입했더라도 단순히 사무실에 둔 것만으로는 생산성이 오르지 않고, 기술확산이 일어났다고 할 수 없다. 업무처리방식이 개량되면서 생산성 향상과 경제적 효과가 나타나야지만 기술확산이 일어났다고 할 수 있다. OECD(1992)는 기술확산을 신기술을 도입함에 있어 동반된 모든 작업과 조직적 활동을 포함한 것이라고 정의하였다. 즉, 신기술 채용을 위해서는 점진적 기술혁신이 필요하다.

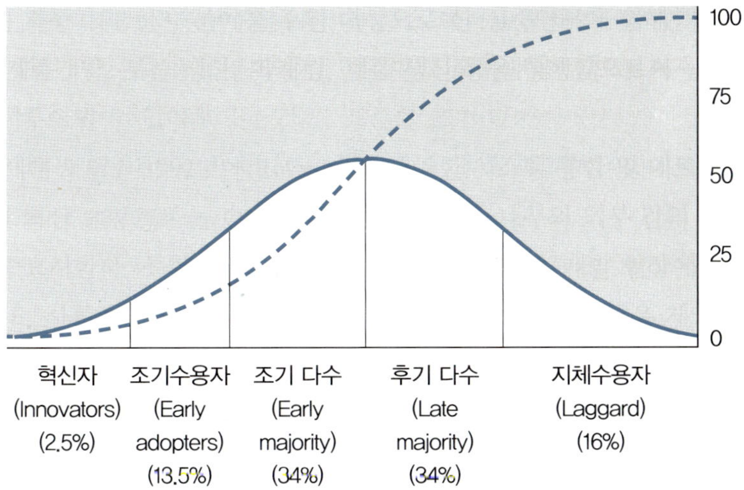

그림 3.6 로저스의 혁신확산과정
(Rogers, E. M.(1983). Diffusion of innovations. New York: Free Press)

기술확산을 하나의 사회적 과정으로 인식한다면, 사회적 조직이나 가치관 등에 관련된 집단이 특정한 경로를 통해 무언가를 수용하는 과정으로 볼 수 있다(Katz et al. 1963). 기술확산을 마치 보균자와 접촉함으로써 전염병에 감염되는 것처럼 단순한 모형을 사용해 표현한 사례도 있다. 확산하고 있는 것을 받아들일지 여부는 주어진 정보에 크게 영향을 받는다. 이미 해당 제품을 가지고 있는 사람과 접촉함으로써 그 제품에 대한 정보가 전달되어, 구매할 경우의 혜택이 구매하지 않을 때보다 크다면 제품을 구입한다는 논리이다. 기술확산모형은 S 자형의 로지스틱 곡선(logistic curve)으로 나타낼 수 있다(그림 3.6).

이 곡선에서 볼 수 있는 것처럼 처음에는 보급률이 급격히 높아지지만, 중간 시점부터 보급률의 증가율은 감소하고, 마지막 단계에서는 어느 정도 포화상태(saturation)에 도달하게 된다. 초기 단계에서는 수용자(adapter) 입장에서 기술적, 경제적 불확실성이 크기 때문에 완만한 속도로 확산해 나간다. 중간 단계에서는 기술이 발전하고, 도입 경험에서 비롯된 정보가 시장에 흘러나오며 확산 속도가 상승한다. 후기 단계에 들어가면 해당 제품을 가지고 있지 않은 사람의 수가 감소하면서 추가적인 보급이 어려워지며, 또한 도입의 경제적 효과도 작아지기 때문에 확산 속도가 줄어든다. 휴대전화의 경우 보급률이 거의 100%에 달하면서 통신사업자는 경쟁업체 고객 빼앗기를 추진하고 자사 고객이 타사로 넘어가지 않도록 하는 전략으로 변화하고 있다.

제2장에서 제품수명주기에 대해 소개한 바 있는데, 제품 보급은 제품수명주기와 깊은 관련이 있다. Abernathy와 Utterbuck(1978)은 제품의 개발 및 보급의 과정을 3단계로 나누고 특징을 제시하였다. 초기 단계에서는 제품 개발에 참여하는 기업의 수가 적고, 표준적인 제품이 무엇인지 확정되어 있지 않다. 제품의 장단점에 대한 정보가 불확실하기 때문에 각 기업은 고객으로부터의 정보를 기술력에 피드백하면서 제품 개발에 힘쓴다. 또한 시장은 틈새시장 상태로서 수요가 작고 제품 가격은 높다. 중기 단계에 들어가면 제품 개발을 실시하는 기업의 수가 증가하고 제품의 사실상 표준(de facto standard)이 확립된다. 또한 제품 가격이 하락하기 시작하며 사용자층은 넓어진다. 중기 단계의 마지막 단계가 되면 경쟁에서 패한 기업이 철수하여 기업 수가 줄어든다. 후기 단계는 경쟁에 이겨 살아남은 기업들이 경쟁하며, 제품의 사실상 표준화가 진행되고 가격이 하락한다. 따라서 사용자 수는 증가하고, 수요는 가격에 민감하게 반응하게 된다.

로지스틱 곡선은 널리 사용되고 있지만 단순한 모형이기 때문에 몇몇 문제점이 존재한다는 점을 Rosseger(1996)가 지적하였다. 그는 시간적 요소가 복합적으로 나타날 가능성에 주목하였다. 철강업에서 사용되는 기술에 대해 분석한 결과, 어떤 기술은 10년 만에 보급률이 70%에 도달했지만, 다른 몇몇 기술은 10% 정도에 머물렀다는 것을 밝혀냈다. 확산 속도는 경영자에게 있어 중요한 과제이다. 또한 앞서 다룬 전염병 모형이 너무 단순하다는 의견도 있다. 기업이 신기술이나 신제품을 도입할 때에는 보다 다양한 요인을 고려할 필요가 있다. 기술적 상호의존성, 또한 해당 기업이 보유한 기술력에도 영향을 받는다. 뛰어난 기술을 도입하더라도 그것을 다룰 인력과 기술력이 없으면 의미가 없게 된다(Pavitt l985).

6. 정리

먼저 동태적 역량 접근법이 어떻게 경쟁전략론과 다른지 설명하면서 역량의 여러 개념에 대하여 논하였다. 동일한 산업 내에서도 각 기업의 성과는 다르고, 경쟁력을 좌우하는 요인으로서 기술, 마케팅, 생산, 금융에 관련된 능력이 존재하며 이를 통합하는 조직력이 매우 중요하다. 이 장에서는 특히 기술역량에 초점을 맞추어 필자가 실시한 실증연구를 바탕으로 이론, 실증의 양 측면을 논하였다. 시장을 주도하기 위해서는 기술역량이 필요하다. 기술역량은 기술능력을 한참 뛰어넘는 개념이라고 생각된다. 그것은 기술개발 트렌드에 변화를 일으킬 수 있는 저력이라고 할 수 있다.

과학기술 동향의 변화를 관찰하면서 기회를 놓치지 않고 파악해 자사의 핵심기술로 키워나갈 수 있는 힘이라고 할 수 있다. 기술역량 축적에 영향을 미치는 요인으로 ①기술적 기회, ②최고경영진의 전략과 연구개발조직, ③연구개발의 학습효과, ④요소기술, 핵심 부품, 시스템 간 연계의 관리, ⑤기술역량을 유지하려는 노력을 들 수 있다. 후반은 기술이나 제품이 확산되어 가는 과정에 대해 설명하였다.

참고 문헌

1. Prahalad, C. K. and Hamel, G., The Core Competence of the Corporation, Harvard Business Review, 68, 3, pp. 79-91, 1990.
2. Teece, D., Pisano, G. and Shuen, A., Dynamic Capabilities and Strategic Management, Strategic Management Journal, 18, 7, pp. 509-533, 1997.
3. Tidd, J., Bessant, J. and Pavitt, K., Managing lnnovation: Integrating Technological, Market and Organizational Change, John Wiley, Chichester, 1997.
4. Patel, P. and Pavitt, K., The Technological Competencies of the World's Largest firms: Complex and Path-dependent, but not Much Variety, Research Policy, 26, pp. 141-156, 1997.
5. Nelson, R. and Winter S., An Evolutionary Theory of Economic Change, Belknap Press, Cambridge, MA, 1982.
6. Nelson, R., The Role of Knowledge in R&D Efficiency, The Quarterly Journal of Economics, 1982.
7. Miyazaki,K., Building Competences in the Firm, Lessons from Japanese and European Optoelectronics, Macmillan, London, 1995.
8. Miyazaki, K., Search, Learning and Accumulation of Competencies, Industrial and Corporate Change, 3, 3, pp. 631-654, 1994a.
9. Miyazaki, K., Interlinkages between Systems, Key Components and Generic Technologies in Building Competencies, Technology Analysis and Strategic Management, 6, 1, pp. 107-120, 1994b.
10. Giget, M., Les Bonzais de l'Industrie Japonaise, CPE Etude, 40, Euroconsult, Paris, 1984.
11. Tushman, M. and Anderson, P., Technological Discontinuities and Organization Environments, A. Pettigrew(Ed.), The Management of Strategic Change, pp. 89-122, 1988.
12. Rosenberg, N., Inside the Black Box, Technology and Economics, Cambridge University Press, Cambridge, 1982.
13. Watanabe, C., Miyazaki, K. and Katsumoto, M., Gijyutsu Keizai Ron, Union of Japanese Scientists and Engineers Press, 1998(in Japanese).

14. Porter, M. E., The Competitive advantage: creating and sustaining superior performance, Free Press, 1985.
15. Rogers, E. M., Diffusion of Innovations, Free Press, 1962.
16. Rosegger, G., The Economics of Innovation, Butterworth Heinemann, 1996.

연습문제

- 기술역량을 축적함으로써 기업이 타 분야의 시장에 새로이 진출할 수 있게 된 예를 제시하라.

기업전략과 기술전략

04

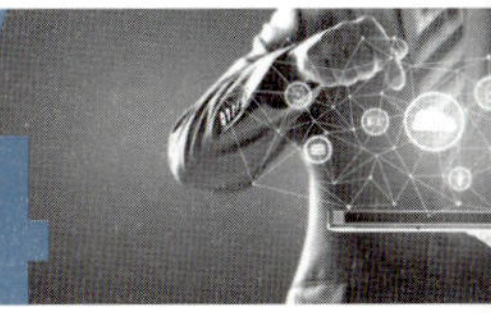

학습 포인트

이 장에서는 기업경영전략에 대해 설명하고, 기술경영전략의 자리매김과 기술전략에 관한 시점을 해설한다. 기술전략을 작성하는 과정과 사용하는 지표 또한 학습한다. 또한 경쟁환경과 자사의 경쟁우위, 기회와 위협을 종합적으로 분석하는 포터 모형에 대해 배우고 마지막으로 프리먼이 제시한 기술전략의 4가지 유형을 소개한다.

키워드

경영전략, 기술전략, 전략 프레임워크, 프리먼, 전략수립, 포터 모형

1. 들어가며

먼저 기업경영에서 기술경영전략이 어떻게 인식되어 왔는지 이해하기 위해 역사적 배경을 설명한다.

1950~60년대에는 신기술에 의해 새로운 산업과 수요가 창출되어 새로운 시장이 발전하였다. 이 시대에는 수요가 공급을 상회하여 신제품이 빠르게 보급되었고 시장이 성장하였으며, 연구개발비용도 상승한 기술주도(technology push)의 논리를 바탕으로 한 시대라고 할 수 있다. 1960년대에 기업의 매출은 꾸준히 상승하여 서구 각국에서는 M&A나 내부적 노력을 통해 사업의 다각화가 일어났다. 수요와 공급, 생산 간의 균형

이 유지되고 있던 시대이다. 일본에서는 각 기업에 중앙연구소가 설립되어 집중적으로 연구개발을 실시하였다. 1970년대와 80년대에는 두 차례의 석유 파동 등으로 급격한 인플레이션과 수요 포화가 발생하여 기업은 비용절감에 임하게 되었다. 응용연구개발 연구소가 설립되어 시장에 시점을 맞춘 연구개발이 진행되었고, 기업 본체에서 배분되는 연구개발비용은 증가하였다. 1980년대부터 1990년대에 걸쳐서 기업은 핵심사업과 핵심기술에 주목하게 되었으며, 신기술이 출현하면서 기술전략의 중요성에 대해 인식하기 시작하였다.

1980년대 후반 이후 기술전략의 중요성이 높아진 이유는 다음과 같다. 1) 기술이 기업의 중요한 자원으로서 인식되어 핵심기술이 무엇인지 파악하고 중점적으로 발전시키는 것이 급선무가 되었고, 2) 기술혁신의 발생 빈도가 빨라졌으며, 3) 제품수명주기가 단축된 것 등을 들 수 있다. 기업 실적은 브랜딩, 마케팅, 재무관리 등 다양한 능력에 의해 좌우된다. 제조 및 첨단기술기업에게 있어서는 특히 기술력이 중요하다는 것은 명확하다. 1990년대에 들어서면서 특히 전략적 제휴가 활성화되고 세계화, 리엔지니어링, 핵심역량 경영 등의 비즈니스 용어가 빈번하게 사용되게 되었다.

이 장에서는 이러한 역사적 배경 위에서 전략이란 무엇인가, 또한 경영전략의 요소, 전략수립 프로세스, 포터 모형 등에 대해 해설한다.

2. 전략이란

전략의 주요 목적

전략이란 목표를 달성하기 위한 수단이며, 계획과정을 포함하는 활동이다. 전략론의 역사는 매우 깊은데, 예를 들면 기원전 6세기 중국에서 저술되었다고 하는 손자병법은 지금까지도 전세계에서 읽히고 있다. 전략의 개념은 말 뜻대로 원래 전쟁론으로서 발달했지만, 오늘날 전략의 개념은 군사분야 뿐만 아니라 비즈니스 분야에서도 널리 확산하였다. 경영자에게 전략적으로 중요한 질문은 다음을 포함한다.

가) 우리 조직은 무엇이고 어디에 위치하고 있는가

나) 우리 조직의 활동영역의 경계는 어디인가
다) 경쟁자는 무엇을 향하고 있는가
라) 우리는 어디를 목표로 하여 움직이려 하는가
마) 목적을 달성하기 위해 어떤 경로를 선택해야 하는가
바) 경로를 따라 효율적으로 나아가는 방법은 무엇인가

Microsoft는 오랫동안 Windows 등의 운영체제 소프트웨어를 개발하여 판매해 왔는데 최근 태블릿을 위시한 하드웨어 사업에도 진출하게 되었다. 구글은 검색엔진이 주된 사업이었으나 최근에는 자율주행 자동차를 개발하고 있다. Kodama는 하이테크 산업의 몇 가지 명백한 특성을 실증연구를 통해 밝혔다. 전자산업에서는 진공관, 트랜지스터, 집적회로, VLSI로 이어지는 일련의 기술혁신이 파도가 해안에 밀려오듯 잇달아 일어났다. 그는 "기업의 투자 의사결정은 기존 방식인 투자회수율이 아니라 '파도타기 패턴'의 원칙에 따르고 있다고 표현하는 것이 적절하다"고 지적하였다. 즉, "기업이 기술혁신의 파도에 지속적으로 올라타기 위해서는 계속해서 투자를 지속하는 것밖에 선택의 여지가 없다." 또한 다른 사례에서는 "첨단기술기업은 같은 업종의 직접적인 경쟁상대에 주의해야 할 뿐만 아니라 다른 업종의 기업 또한 감시해야 한다. 첨단기술기업은 '보이지 않는 적'과의 연구개발 경쟁에 나설 수밖에 없게 된 것이다"라고 하였다(Kodama, 1991).

경쟁자를 분석할 때에는 그 기업이 속하는 산업을 분석하고 미래 발전방향에 대해서도 예측하여야 한다. 기술궤적이나 역량강화, 파괴적 혁신의 징조를 파악해야 한다. 조직이 목표로 하는 것과 관련지어 기술을 포지셔닝하고 기술적, 조직적 자원을 배분할 필요가 있다. 경로를 선택하기 위해서는 기술 선택지와 내부 연구개발, 타 기업과의 협력, 라이센싱 등을 검토할 필요가 있다. 선택한 경로를 따라 효율적으로 나아가기 위해서는 전사적으로 혁신을 향해 임하는 체제를 만들어야 한다.

합리적 전략과 점진적 전략

전략은 크게 두 가지 유형으로 나눌 수 있으며, Tidd, Bessant, Pavitt에 의해 그 특징이 논의되었다(Tidd, Bessant, Pavitt, 1997). 합리적 전략은 군사적 경험에 근거한 것

으로 다음 단계로 구성된다. ①환경을 분석하고 이해한다, ②분석결과에 따라 행동을 결정한다, ③행동을 실행한다.

SWOT(Strength, Weakness, Opportunities, Threat) 분석을 통해 환경을 분석할 수 있다. 그러나 이들 연구자는 Kay가 지적했듯 기업의 목적과 군대의 목적은 다르며, 기업의 목적은 역량을 구축하고 고객 만족도를 높이는 것이지 적을 파괴하는 것은 아니라고 이의를 제기하였다. 또한 기업의 관리자는 제한된 정보를 가지기 때문에 자사의 강점과 약점을 정확하게 파악할 수 없다는 주장이 제기되었다. 반면 점진적 전략은 환경을 정확히 분석하거나 미래를 꿰뚫어 보는 것은 불가능하다는 인식에 근거한다. Tidd, Bessant, Pavitt은 이 전략 과정 또한 3단계로 나누어진다고 설명하였다. ①목표를 향한 행동단계를 구상한다. ②단계를 측정한다. ③필요하다면 목표를 변경하고 다음 단계를 생각한다. 합리적 전략과 달리 점진적 전략은 유연성이 풍부하고, 도중에 목표를 바꿀 수도 있다. Tidd 등은 불안정성과 복잡성이 증가하는 현재의 경영환경을 감안하면 후자가 더 효율적이고 합리적임을 주장하였다. 즉, 다수의 정보 소스에서 얻는 새로운 정보를 이용하여 목표 또한 환경변화에 따라 변화시켜 나간다는 것이다.

경영전략의 요소

[그림 4.1]은 경영전략의 주요한 요소를 나타낸다.

성장목표는 다른 전략에 영향을 주므로 성장전략은 경영전략의 중요한 요소이다.

장기적인 성장보다 단기적인 이익증가를 목표로 하는 기업도 있다. 반면 전략적 시야에 따라 단기적 이익보다는 장기적인 시장점유율의 증가를 목표로 하는 기업도 있다. 영국의 중소기업 중에는 성장하지 않는 것을 전략으로 하는 대신 부가가치와 이윤의 증가를 목표로 제품 및 프로세스 혁신에 투자를 하는 경우도 있다.

시장 포지셔닝은 비용우위, 기술력을 바탕으로 한 제품차별화, 좁은 시장 분야에 집중하는 제품을 통한 우위 획득, 또는 폭 넓은 제품라인 준비에 의한 우위 획득 등이 거론될 수 있다.

제품의 다각화와 집중화에 관해서는 단일시장(예를 들어 의료산업)에서 다수의 제품을 출시하는 경우도 있을 수 있고, 반대로 하나의 제품(예를 들어 측정기기)을 다수의 시장에 발매하는 경우도 있다. 또는 하나의 장치를 여러 시장에서 응용하는 경우도

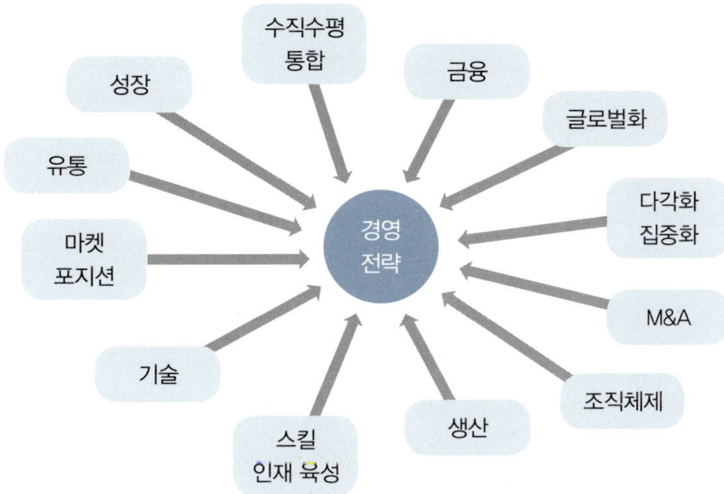

그림 4.1 경영전략의 요소

있을 것이다. 제품과는 별도로 기술의 다각화에 대해서도 고려할 필요가 있다. 기업은 기존의 핵심기술과 비교적 가까운 분야에서 새로운 핵심기술을 개발할 것인지, 아니면 관계없는 다른 분야의 핵심기술을 개발할 것인지 선택에 직면할 가능성이 있다. 예를 들어 전자회사가 생명공학 산업으로 다각화할 것인지 선택할 필요가 생기기도 한다. 또한 지리적인 측면에서의 세계화도 고려해야 한다. 해외시장을 개척할 것인지, 해외에서 생산할 것인지, 또는 해외에서 연구개발을 실시할 것인지 등을 예로 들 수 있다. 다른 기업을 인수함으로써 다각화할 수도 있다.

[그림 4.2]에서는 수직적통합의 두 가지 유형을 나타낸다. 자동차 제조사들은 부품을 자사 내부 또는 부품 공급자로부터 조달한다. 만약 기존에 부품업체에서 조달하고

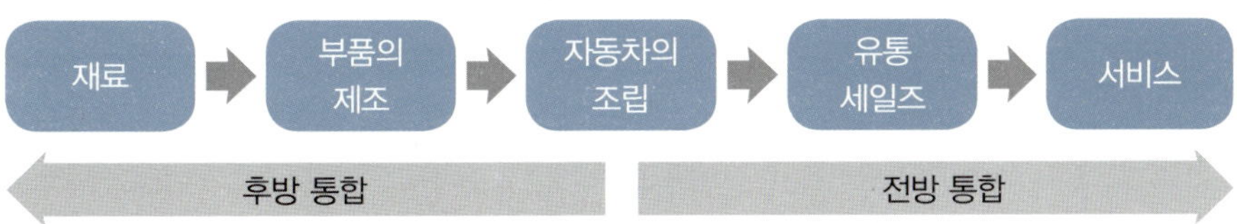

그림 4.2 수직적통합의 두 가지 패턴

있었던 부품을 사내에서 생산하게 되면 후방통합(backward integration)이 발생한다. 자동차를 조립한 이후의 과정은 유통, 판매, 애프터서비스 등이다.

자동차 제조사가 기존에 다른 회사가 담당하고 있던 유통과 애프터서비스를 자사 내부에서 실시하게 될 경우 전방통합(forward integration)이 발생한다. 후방통합의 장점은 기업이 모든 생산과정에서 재료와 부품의 품질 등을 제어할 수 있다는 점이다. 반면 자동차 제조사가 유연성을 잃고 외부 부품업체에서 발생하는 혁신에 따르는 기회를 잡지 못하고 놓칠 수 있다는 단점이 있다. 전방통합은 제조사가 직접 고객으로부터 피드백을 얻을 수 있게 되는 장점이 있지만, 외부에 존재하는 다른 유통망에서 제외될 가능성이 생긴다.

[그림 4.1]에 표시된 기타 경영전략의 요소로서 금융, 기술, 인재 육성 등을 들 수 있는데, 이 중에서 기술전략의 중요성이 증가하고 있는 것은 분명하다. 기술전략이란 기업전략을 달성하는 데 필요한 기술에 관련한 전략이다.

다음 절에서는 구체적인 사업전략 기획과 입안, 실천에 대해 해설한다. 또한 사업전략을 수립하는 방법으로 널리 사용되고 있는 포터 모형에 대해 설명한다.

3. 기업전략

본 절에서는 기업의 전략을 기획, 입안하고 실천하는 데 불가결한 요소인 전략입안 과정과 사업모델에 대해 다룬다.

기업경영전략

기업경영전략은 일반적으로 가치관과 비전에 기초하여 규정된다. 가치관이란 시대, 환경, 경우를 초월하여 존재하는 사명이며, 조직과 개인의 행동규범을 결정하는 것이다. 비전이란 특정 환경 하에서 가치관을 구체적으로 표현한 것이며, 조직과 개인의 행동범위를 결정하는 것이다. 바꾸어 말하면, 전략은 이러한 가치관과 비전을 실행에 옮기기 위한 기본적인 계획이라고 할 수 있을 것이다.

사업전략은 최대한 구체적으로 표현하는 것이 중요하다. 예를 들어 "사업 X의 북미

시장 입지 강화"라는 표현은 어디에서, 어느 정도, 어떻게 개선할지가 명확하지 않다. "인수합병을 활용하여 5년 이내에 사업 X의 북미시장 점유율 3위 이내로 진입"등으로 표현해야 한다. 특히, 전략적 목표는 정량적으로 표현하는 것이 바람직하다. 예를 들어, "사업 X의 북미시장 점유율과 매출을 향상"보다는 "3년 이내에 사업 X의 북미시장 점유율을 10% 끌어올리고, 올해 매출 100억 엔을 달성"이라고 표현하는 것이 더 나은 전략 입안으로 이어진다.

사업전략의 입안 과정

사업전략 수립의 첫 번째 단계는 목표 설정이다. 이 때 가치관과 비전에 따라 회사가 달성해야 할 목표를 달성 기한과 내용을 중심으로 가능한 한 구체적으로 제시한다.

제2단계는 환경분석이다. 환경분석은 기업의 외부와 내부에 관한 것으로 크게 구분할 수 있다. 외부환경분석에서는 산업의 매력도나 업계의 성공비결(KFS : Key Factor for Success)은 무엇인지, 업계의 기술 진화를 어떻게 예측할 것인지, 고객 니즈는 어떻게 진화할 것인지 등이 논점이 된다. 내부환경에 관해서는 자사의 강점과 약점이 무엇인가를 객관적으로 평가하는 것이 중요하다.

제3단계는 문제해결 및 가설구축이다. 분석을 통해 얻은 지식에 부족함이나 빠진 곳이 없는지 확인하고, 사실을 바탕으로 목표 달성을 위한 과제를 정리한다. 그 다음 전략적으로 추진해야 할 주요 과제(핵심 이슈)를 최대한 구체적으로 정의한다. 또한 그 주요 과제를 해결하기 위한 가설도 함께 제시한다.

제4단계는 전략 옵션의 입안이다. 여기서 말하는 옵션은 선택지의 후보이다. 주요 과제에 대한 해답은 하나만 있는 것이 아니다. 가능한 한 선입견을 배제하고 기발한 옵션을 발굴해서 많은 선택지를 수립하는 것이 바람직하다.

제5단계는 전략 옵션의 평가와 선택이다. 예를 들면 고객층 확대와 고객층 집중과 같이 많은 선택지가 주어지더라도 두 선택지를 동시에 추구하는 것이 곤란한 경우도 많다. 따라서 이런 경우에는 선택지의 효과(임팩트), 실현 가능성, 리스크 등의 요인을 바탕으로 각각의 전략 옵션을 평가하고 선택할 필요가 있다.

마지막 6단계는 전략의 실시이다. 상세한 실시계획을 수립하고, 전략을 어떻게 실행으로 옮길 것인가를 면밀히 검토할 필요가 있다. 또한 실시를 통해 선택한 전략 옵션과 입안한 전략이 올바른지 여부를 평가하고 적절한 피드백과 수정을 하는 것도 중요하다.

사업전략의 수립 도구

사업전략을 실제로 입안하는 데 있어 몇몇 도구가 유용하다. 대표적인 도구로 전략 이론의 실천을 위한 프레임워크가 있다. 이것은 전략적 사고에서 중요한 포인트를 정리하여 표현한 것으로 수학에서의 정리에 비유할 수 있다. 프레임워크를 활용하면 그 토대 위에서 전략수립을 시작할 수 있으므로 입안 과정의 효율화에 도움이 된다. 하지만 프레임워크를 적용할 수 있는 조건과 범위가 제한되는 경우도 있어 주의가 필요하다.

대표적인 프레임워크로는 산업구조분석과 가치사슬이 있다.

산업구조분석

Porter(1985)가 저서 "경쟁우위"에서 제시한 프레임워크로, 5개의 "힘(force)"을 바탕으로 업계의 구조 및 경쟁상황을 정리한다. 5가지 요인의 강약을 검토함으로써 해당 산

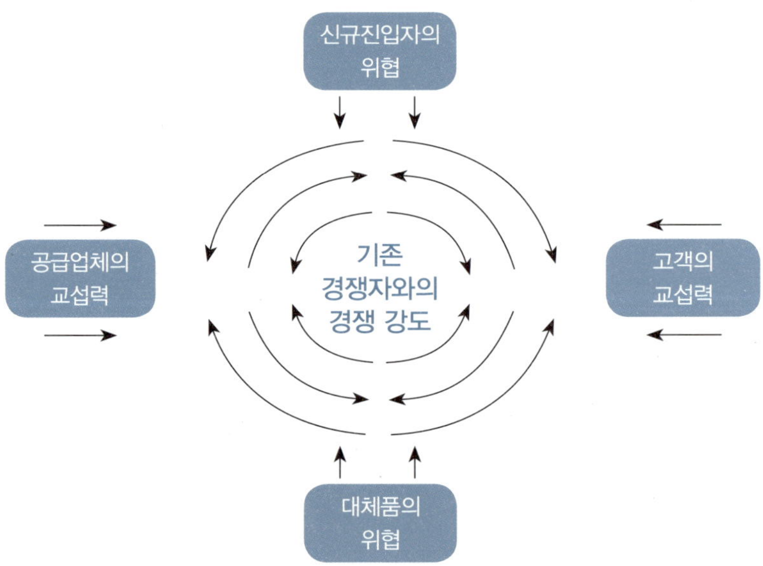

그림 4.3 산업구조분석
(Poter(1985)를 바탕으로 필자 작성)

업의 경쟁력과 수익성을 판단할 수 있다.

“기존 경쟁자와의 경쟁 강도”는 산업 내 플레이어 간의 경쟁 정도이다. 이것은 해당 산업의 성장 속도와 과점도, 각 기업의 차별화 정도, 고정비용(시설투자, 연구개발 등)의 비율, 퇴출장벽의 높이 등에 영향을 받는다.

“공급자의 협상력”은 공급업체가 해당 산업의 플레이어에 대해 제품, 서비스의 제공 여부와 가격 결정에 있어서 얼마나 큰 협상력을 가지고 있는가를 뜻한다. 이것은 공급업체가 속한 산업의 과점도, 공급업체 입장에서의 해당 산업의 중요성, 공급품의 전환 비용, 공급품의 독자성과 차별성, 공급자 업계에 의한 수직적 통합의 가능성 등의 요인에 의해 결정된다.

반대로, “구매자의 교섭력”은 고객이 플레이어에 대해 제품, 서비스의 구매 여부와 가격 결정에 있어서 어느 정도로 강한 협상력을 가지고 있는가를 나타낸다. 이것은 고객이 속한 산업의 과점도, 구매의 대상이 되는 제품과 서비스의 차별성(브랜드 등) 및 중요성(가격 및 품질상의 중요성), 제품의 전환 비용, 고객 업계의 수익성, 고객의 독자적 생산 가능성 등의 요인에 의해 결정된다.

“신규진입자의 위협”은 타 업계로부터의 참가 등 새로운 플레이어의 등장이 가져올 위협의 크기이다. 업계의 수익성, 비용우위의 정도, 제품과 서비스의 차별성(브랜드 등), 정부당국의 규제 상태, 전환 비용, 유통 채널에 대한 접근 등의 요인이 영향을 미친다.

“대체품의 위협”은 신규진입자와는 달리 새로운 제품과 서비스의 출현에 의해 업계가 받는 위협의 정도이다. 여기에는 대체품의 성능과 가격, 전환 비용의 크기 등의 요인이 영향을 미친다.

이 프레임워크를 활용하여 기업은 자신의 현 위치를 정확하게 이해하고 자신을 둘러싼 환경 속에서 균형을 유지하며 전략적인 노력을 통해 바람직한 방향으로 변화할 수 있다.

가치사슬

산업구조분석과 함께 Porter(1985)가 제창한 대표적인 프레임워크 중 하나이다. 조직의 활동을 업무의 흐름으로 분해하여 타사와 시계열적으로 비교분석함으로써 자사의 경쟁 우위성을 판단 할 수 있다.

가치사슬은 기업의 활동을 크게 주요활동과 지원활동으로 분류한다. 주요활동은

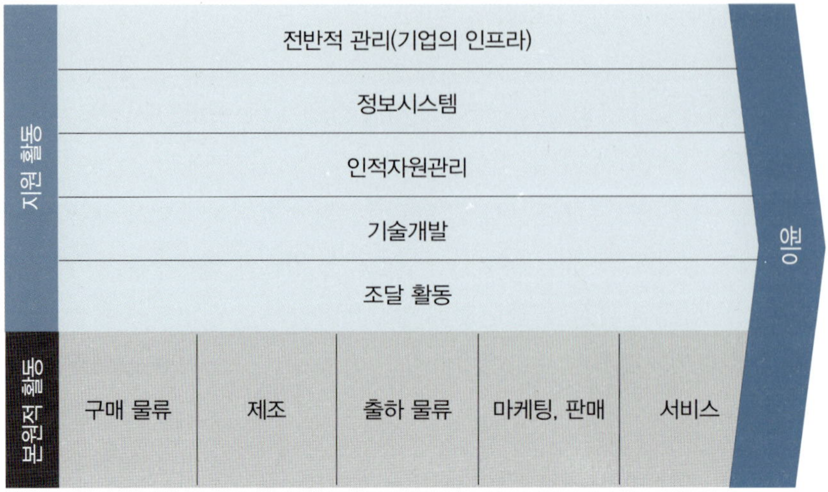

그림 4.4 가치사슬
(Poter(1985)를 바탕으로 필자 작성)

업종에 따라 다르지만 일반적으로는 구매(inbound logistics), 제조, 유통(outbound logistics), 마케팅 및 판매, 서비스로 구성된다. 지원활동은 인프라, 인적자원관리, 기술개발 및 조달로 구성된다.

각 활동에 필요한 비용을 구함으로써 사업활동의 각 과정에서 어느 정도의 가치(value)가 부가되는지를 정리할 수 있다. 또한 이러한 비용의 총합을 그 제품이나 서비스의 가격에서 빼서 이윤(margin)을 계산할 수 있고, 각 요소에 들어가는 비용을 다른 제품 및 서비스와 비교하여 어느 정도의 비용 우위성이 있는지를 평가할 수 있다.

가치사슬을 활용한 분석은 비용구조에만 한정되는 것은 아니다.

예를 들어 사업활동의 각 과정에 대해 자사의 현황을 분석하거나 경쟁자와 비교하여 가치사슬의 어느 과정에 문제가 있는지, 과정별로 과제와 개선의 방향성이 무엇인지를 구체적으로 논의하는 것이 가능해진다.

4. 프리먼의 전략 분류

프리먼은 기술전략을 기준으로 기업을 4가지 유형으로 분류하였다(Freeman, 1982).

공격적 전략

공격적 전략을 취하는 기업은 기술과 마케팅 면에서 우위를 가지고 신제품으로 경쟁자와 경쟁한다. 이들 기업은 경쟁력 있는 연구개발조직을 가지고 있거나, 과학기술 시스템과 특별한 관계를 가지고 있는 것으로 인식된다. 이러한 기업에서는 대부분 내부 연구개발체제가 충실하고 공격적 전략 수립에 기여하고 있다. 특히 기초연구에 주력하는 경우가 많다.

방어적 전략

방어적인 전략을 취하는 기업이 공격적 전략에 기반하는 기업보다 훨씬 많다. 방어적 전략 유형의 기업 또한 연구개발체제가 충실한 기업이 대부분이지만, 혁신의 타이밍 면에서 공격적 전략 유형의 기업과 다르다. 방어적 전략을 취하는 기업은 혁신기업이 된 후에 실패하는 사례를 피하고자 하고, 선구자 기업의 실패에서 배우려 한다고 프리먼은 논하였다. 방어적 전략 유형의 기업은 생산이나 마케팅 측면에서 역량을 가지고 있다. 방어적 전략을 취하는 기업은 공격적인 전략 유형의 기업이 상품화한 제품을 능가하는 제품을 출시하여 승부해야 한다. 여기에는 연구개발 능력뿐만 아니라 디자인 능력도 필요하다.

모방적 전략 및 의존적 전략

모방적, 의존적 전략을 기반으로 하는 기업은 공격적인 전략 또는 방어적 전략을 기반으로 한 기업에 의존하고, 그들을 뛰어넘으려고(leapfrog) 하지 않는다. 의존형 기업은 기술연수나 기술서비스에는 투자하지만 연구개발에는 거의 투자하지 않으며, 생산 엔지니어링 및 디자인에 투자한다.

전통적 전략

전통적 전략에 따르는 기업의 제품은 의존적 전략 유형의 기업의 제품과 달리 혁신이 일어나지 않고 제품이 거의 변화하지 않는다. 때때로 디자인의 변화는 일어나지만 외관상의 변화일 뿐이다.

5. 정리

이 장에서는 전략의 정의와 주요 목표에 대해 초점을 맞춘 후, 경영전략의 주요한 요소에 대해 설명하고 최근에 특히 기술전략이 중요해지고 있음을 지적하였다. 그 다음 전략입안 과정을 제시하고 포터의 이론과 가치사슬에 대해 설명하였다. 마지막으로 프리먼의 4가지 전략 유형에 대해 학습하였다.

참고문헌

1. Porter, M. E., The Competitive advantage: creating and sustaining superior performance, Free Press, 1985.
2. Freeman, C., The Economics of Industrial Innovation, Pinter Publishers, 1982.
3. Tidd J., Bessant, J. and Pavitt, K. Managing Innovation: Integrating Technological, Market and Organizational Change, John Wiley, 1997.
4. Kodama, F., Paradigm of High-tech technology, Chuo Koron Sha, 1991.
5. Kay, N., The Innovating Firm, Macmillan, 1979.

연습문제

- 전략 기획을 실시하는 데 있어 발생할 수 있는 한계와 어려움을 논하시오.

기업가정신 05

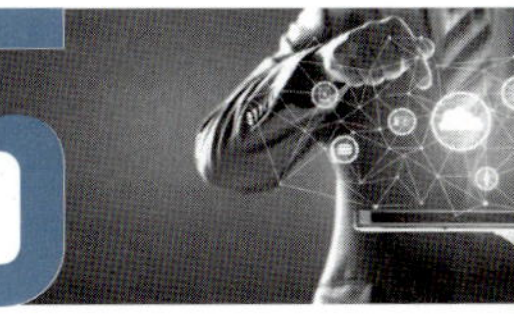

학습 포인트

기업가정신이란 새로운 사업을 창조하려는 의욕을 가지고 리스크에 과감히 도전하는 자세를 말한다. 이 장에서는 기업가정신의 의의와 혁신에 미치는 영향을 이해한다. 또, 창업을 시작으로 하는 사업개발 프로세스, 즉 사업기회의 발견, 육성 및 실현의 과정에서 중요한 개념과 논리를 다룬다.

키워드

기업가정신, 벤처기업, 산학협력

1. 들어가며

기업가정신이란 사업기회를 실현시키기 위한 인간활동이다. 한편 사업개발이란 사업기회를 실현하기 위한 프로세스나 체제로 인식할 수 있다. 둘 모두 스타트업(벤처)기업의 창업 뿐만 아니라 혁신을 지향하는 모든 기업활동, 나아가 과학연구 및 기술개발, 정책입안에 공통되는 것이다. 이 장에서는 이러한 전제 하에 기업가정신의 의의와 효용, 사업개발에 요구되는 요소에 대해 알아본다.

2. 기업가정신과 혁신의 관계

기업가정신과 혁신이라는 표현이 널리 사용되고 있지만 비교적 최근 들어 학자들이 제창한 개념이다. 본 절에서는 이들 표현과 개념이 발표된 후 어떠한 논의가 이루어 왔는지를 정리하고, 현재 어떻게 인식되고 있는지 고찰하고자 한다.

기업가정신

Entrepreneur는 기업가, 기업인 등으로 번역된다. 기업가라는 말이 처음 사용된 것은 경제학자 Richard Cantillon이 1755년에 출판한『An essay on Economic Theory』에서이다. 이 책에서 기업가는 선견지명을 바탕으로 리스크를 감수하며 청부계약을 맺고 그 결과 이익을 얻는 사업자로 표현되고 있다. 특정 업종이나 계층을 가리키는 것이 아니라 사회경제 전반에 걸친 모종의 기능으로 인식할 수 있을 것이다. 근래에 기업가는 새로운 사업을 시작하는 개인, 특히 창업기회를 탐색 혹은 창출, 실현시키는 개인으로 이해되고 있다.

Entrepreneurship은 기업가(기업인)의 정신과 활동 양식을 가리킨다. 기업가정신에는 창업기회를 실현하기 위해 필요한 모든 요소가 포함되어, 예를 들면 리스크를 수용하고 새로운 것에 도전하는 정신, 창업기회를 도출하는 선견지명, 사업전략 입안, 사업 실시를 위한 조직 만들기, 구체적인 행동계획 입안, 인재획득과 경영진 구성 등이 포함된다.

경제학 관점에서의 저명한 기업가정신관으로 2개의 사례를 소개한다. 경제학자이자 혁신 개념의 창시자인 Joseph A. Schumpeter는 창업자와 임원, 전문가 등 기업가의 혁신성에 주목하였다. 그는 이 혁신성이 혁신의 원동력이며 기존 시장의 균형상태를 변화시키고 새로운 균형상태를 형성하는 데 기여한다고 하였다.

반면 Israel Kirzner는 기업가의 기민성에 주목하였다. 그는 기업가가 가진 기민성이 사업기회를 보다 신속하게 실현하는 데 공헌한다고 생각했고, 기업가가 특히 창업 단계에서 일어나는 시행착오에 의한 개선을 보다 명확하게 한다고 설명한다.

경영학 관점에서 본 기업가정신관으로는 Edith Penrose가 1959년에 저술한『기업성장 이론』이 저명하다. 이 책에서는 기업에서 새로운 사업기회를 발견하고 성장으로 이끌어나가는 인재의 의의와 역할이 강조되고 있으며, 이것이 기업가상의 원형이라고

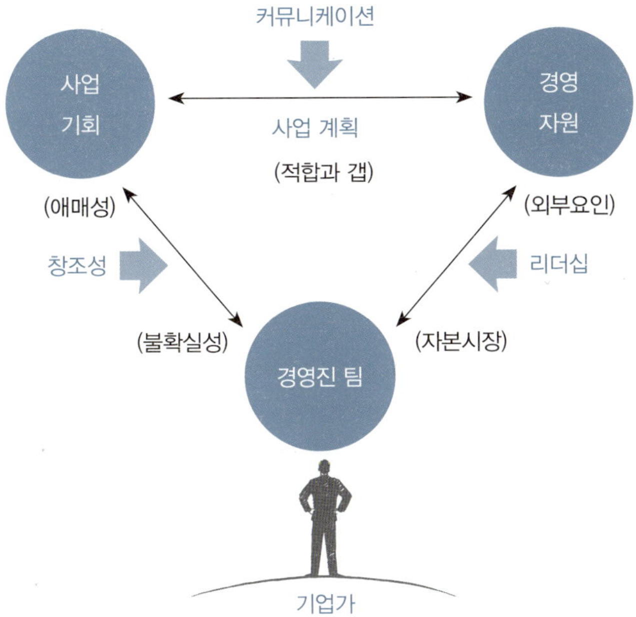

그림 5.1 기업가정신의 발휘 모형(출처: 참고문헌 2 pp. 1–21을 일부 수정)

할 수 있다. 또 사업다각화에 의한 사업기회 실현 등 규모와 상관없이 실현 가능한 기업성장의 기본 방향을 제시한 것으로 알려져 있다.

Howard C. Stevenson은 기업가정신을 활용 가능한 자원을 초월하여 기회를 추구하는 것이라고 정의하였다. 자원 초월의 예로는 혁신적 제품의 개발, 새로운 비즈니스 모델의 고안, 기존 제품의 개량판 및 염가판 개발, 기존 제품의 신규 고객에 대한 판매 등을 들 수 있다.

Jeffry A. Timmons와 Stephen Spinelli는 기업가정신의 구성요소로서 창업기회, 경영자원 및 경영진의 3가지를 들었고, 그 사이의 동태적인 관련성의 강화를 촉진하는 요인으로서 창조성, 소통 및 리더십의 3가지를 제시함으로써 기업가정신이 발휘되는 양태를 설명한다[그림 5.1].

혁신

이노베이션은 기업가정신과 밀접하게 관련된 개념이다. 혁신이라는 말이 처음으로 사용된 것은 앞 절에서 서술한 Schumpeter가 1911년에 출판한 저서이다. 그의 다른 저서에 따르면 이노베이션은 '새로운 결합'이라고 표현되어 있다. 즉 새로운 재화의 생산, 새로운 생산방법의 도입, 새로운 판매처의 개척, 원료 혹은 반제품의 새로운 공급원의 획득, 새로운 조직의 구성 등을 개인, 조직 및 현상 등의 새로운 연계를 통해 실현하는 것이라고 하였다. 그리고 기업가를 혁신의 실천가로 평가하고 있다.

혁신의 실현 프로세스는 어떠할까. Everett M, Rogers는 1962년 저서『혁신의 보급』에서 그 과정을 자세히 연구하였다. 새로운 기술이나 아이디어가 채택되어 확산하는 과정을 5단계로 정리하고 제품성능 등의 기술적 성과는 시간의 경과와 함께 S자 모양의 곡선을 그린다고 하였다(S곡선). 또한 기술확산에 영향을 미치는 요인으로서 기술이나 아이디어의 비교우위, 적합성, 이해의 용이성, 시험의 용이성, 가시성을 들었다.

William J. Abernathy와 James Utterback은 1978년 저서에서 자동차와 항공기 산업을 관찰한 결과를 바탕으로 "제품(산업)수명주기" 이론을 제창하였다. 이 모형에 의하면 혁신적인 제품 및 서비스와 기술, 아이디어는 (1)개발되어 기존의 것을 대체하는 시기(2)지배적 디자인이 되어 시장을 지배하는 시기(3)작은 개선을 통해 발전하는 시기(4)성숙기의 4단계를 거친 후, 다음 혁신에 의해 대체된다. [그림 5.2]는 제품수명주기를 앞서 서술한 S곡선을 이용하여 표현한 것이다.

하나의 S곡선에서 다른 S곡선으로의 이동은 어떻게 일어날까? 이 물음에 대해, Clayton

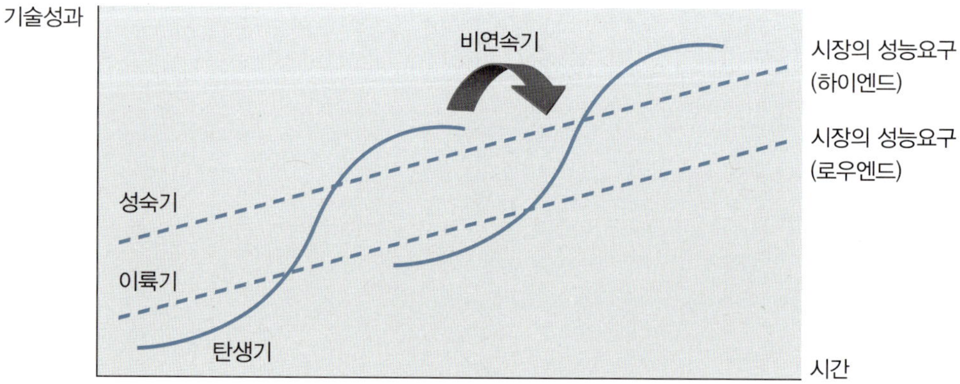

그림 5.2 S곡선과 제품수명주기(필자 작성)

Christensen은 1995년 논문에서 파괴적(disruptive) 혁신의 개념을 제시하였다. 혁신적인 제품이나 서비스는 기존의 주요 시장에서는 기존 제품보다 뒤떨어진다. 그러나 혁신제품은 작고 새로운 시장에서 시작하여 시장에서 선택을 받아내는 경우 점차 발전해, 어느 날 갑자기 주요 시장에 등장한다고 하는 논리이다.

파괴적 혁신의 사례로서 휴대전화를 생각해보자. 최근의 휴대전화는 범용적으로 사용할 수 있지만 유선전화가 주요 시장을 차지하고 있던 초기에는 차량 탑재용 전화기 등의 작고 새로운 시장에 한정되어 판매되었다. 그렇지만 기술발전으로 인하여 보급이 진행된 결과 파괴적 혁신 제품으로서 유선전화 시장의 대부분을 대체하게 되었다.

기업가정신의 의의

기업가정신은 왜 혁신의 실현에 있어서 필수불가결한 것일까. 한 가지 해답은 여러 개의 S곡선, 즉 신규기술이나 아이디어가 존재하고 있으나 어느 곡선으로 언제 전환해야 할지가 불분명한 경우의 대처에 필요하다는 것이다. 새로운 기술과 아이디어가 매력적이라고 할지라도 그것들을 잘 활용하기 위한 당사자의 능력의 한계와 기존기술 및 아이디어와의 알력, 리스크에 대한 보수적 풍토 등 갖가지 딜레마가 가로놓여 있다. Christensen은 이러한 현상을 "혁신기업의 딜레마"라고 표현하고 있다.

이노베이션의 딜레마는 특히 대기업을 비롯해 실적을 보유한 기존기업에게 고민거리이다. 기존의 제품이나 기술의 유지 및 발전에 주력한 나머지 신규 제품이나 기술은 종종 무시되기 때문이다. 혁신이 기업 내에서 방치되거나 밖으로 퇴출되는 일도 적지 않다. 파괴적 혁신이나 기술에 의해 새로운 시장이 형성된 다음 기존 시장의 수요에 적합하게 될 때까지 성능이 향상되고 나서야 기존기업이 본격적으로 대응에 착수한다면, 그 시점에서는 이미 신흥기업에 주도권을 빼앗기게 되어버린다.

기업가정신은 이러한 혁신기업의 딜레마에 대한 효과적인 대처가 될 수 있다. 기업가가 직접 파괴적 혁신이나 제품을 수용하는 고객을 개척하거나 시장 규모에 맞춘 소규모지만 효과적인 조직을 이끄는 원동력이 되기 때문이다. 이것은 비단 벤처기업의 창업 뿐만 아니라 기존기업에서도 성립한다. 예를 들어 지금까지의 주력 사업과는 다른 가치관이나 경영방침을 가진 반독립적인 조직을 기업 내에 설치함으로써 기업가정신을 효과적으로 발휘할 수 있을 것이다.

3. 사업기회의 발견

아무리 유용한 기술이나 아이디어가 있더라도 그 유용성과 잠재성을 인식하지 못한다면 혁신으로 이어지지 않는다. 아직 발견되지 않은 가치를 도출하는 것이야말로 기업가정신을 발휘하는 최초의 프로세스라고 할 수 있다. 이 절에서는 사업기회가 어떻게 인식되고 이것이 사업화 행동으로 이어지는지 해설한다.

사업기회의 인식

사업기회가 인식되기 위해서는 몇 가지 요건이 갖추어져 있어야 한다. Takahashi(2005)에 의하면 그 요건은 기업가의 가치관 및 지식, 인맥, 우연(serendipity), 사회 및 경영 환경의 4가지로 분류된다.

첫 번째 요건인 기업가의 가치관 및 지식이란 당사자인 기업가에게 진취적인 태도가 풍부한지의 여부이다. 동시에 새로운 기술이나 아이디어의 잠재가치를 인식할 수 있도록 하는 지식도 요구된다. 이 양자의 균형, 즉 일정 수준의 지식이나 전문성을 가지면서도 그 분야나 업계의 상식이나 고정관념에 사로잡히지 않고 모든 현상을 선입견 없이 파악할 수 있는 능력이 요구된다.

두 번째인 인맥이란 기술과 아이디어의 가치에 대해 물을 수 있는 친구나 지인이라 할 수 있다. 아무리 뛰어난 기업가일지라도 혼자서 생각할 수 있는 것에는 한계가 있기 때문이다. 자신의 사고를 대화나 질문을 통해서 시험해 볼 수 있는, 관심과 지식을 가지고 있으며 신뢰할 수 있는 타인의 존재는 기업가 자신의 능력과 함께 필수불가결한 것이다.

세 번째인 세렌디피티는 말 그대로 운이다. 사업화에는 알맞은 타이밍이 존재하며 그것이 성패를 좌우한다. 아무리 예상되는 가치가 명확하더라도 그것을 실현시키기 위한 기술적인 요건이나 인적인 환경이 풍족하지 않으면 시기상조라고 할 것이다. 반대로 모처럼의 기회를 놓치면 참신성을 잃는 것이다. 운이나 우연은 통제불가능하기는 하지만 전략적 직관력이나 상황 판단력을 가지고 능동적으로 대처하도록 유의할 필요가 있다.

네 번째인 사회 및 경영 환경은 다양한 사항을 포함하는데, 특히 불연속성과 갭의 발견이 중요하다. 사업기회의 원천은 사회와 경영 환경이 크게 변할 때 발생하기 쉽기 때문이다. 사회경제나 문화 등 배경의 변화와 제도 및 규칙의 변화와 같은 인위적인 변화 모두 포함된다. 이러한 불연속적인 변화를 감지하고 사고를 심화시키는 능력이 기업가에게 요구된다.

산학협력

사업기회를 발견 혹은 창출하는 방법으로서 산학 간 제휴가 주목되고 있다. "산"이란 영리기업이나 비영리활동법인(NPO) 등 사업의 담당자가 되는 존재이고, "학"이란 대학이나 공적연구기관 등 기술이나 아이디어의 출처가 되는 존재를 말한다. 대학 등의 연구개발 성과의 사업화(기술주도)나 시장이나 사회의 수요를 반영한 연구개발의 실시(시장주도)에 의해 효율적으로 사업기회를 발견하는 노력의 일환이라 할 수 있다.

일본에서는 1995년에 과학기술기본법이 제정되어 혁신을 실현하는 데 있어서의 대학 등의 역할과 기대를 명문화하였다. 더불어 1998년 대학 등 기술이전 촉진법(TLO법), 1999년에는 일본판 Bayh–Dole 법안(산업활력재생 특별조치법 제30조)이 제정되었다.* 이에 따라 대학 등이 연구개발을 통해 기술을 창출하고 이를 기술이전기관(TLO)이 특허 등의 형태로 지식재산화하여 민간기업에 적절한 형태로 이전하는 것이 쉬워졌다.

오늘날에는 많은 연구기관에서 연구성과의 사회환원을 사명의 하나로 인식하고 있다. 즉, 기초연구 뿐만 아니라 기초연구를 사회와 시장에서 활용하기 위한 응용연구와 혁신 실현을 위한 교육 등의 활동도 많은 대학에서 행하여지고 있다. 또한 대학 등이 지역의 지식 거점으로서 지역사회의 수요를 반영한 연구개발이나 교육을 실시하는 등 지역적 협력의 틀에서 산학협력이 실시되는 사례도 증가하고 있다.

이러한 정책 지원 및 산학협력의 결과, 대학에서 만들어진 기술이나 아이디어를 새롭게 설립된 기업이 육성하는 이른바 대학발 벤처기업이 설립되게 되었다. 2014년까지의 누적 창업 건수는 1,763개에 달한다. 미국 등의 사례와 비교하면 대학발 벤처가 신산업의 주역으로 가장 적합한 것은 아니지만, 국공사립 대학의 구분이나 지역을 불문하고 널리 확산하고 있으며 특히 정보통신기술이나 바이오, 의료기술 분야에서는 의미있는 사례도 많이 등장하고 있다.

---

* 우리나라에서는 2000년에 기술이전촉진법, 2001년에 과학기술기본법이 제정되었다. 또한 2003년에 산업교육진흥법이 산업교육진흥 및 산학협력촉진에 관한 법률로 개정되면서 Bayh–Dole 법안의 취지를 반영하여 연구기관이 연구성과에 대한 권리를 취득하는 것이 가능해졌다.

4. 사업기회의 육성

획기적이고 유망한 기술이 그대로 사업적으로 성공하는 경우는 극히 드물다. 또 강한 기업가정신을 가지고 있더라도 기업가 혼자서 사업화를 완수하는 것은 불가능하고, 계획의 구체화와 검증, 협력자와의 소통이 필수적이다. 이 절에서는 사업개발을 기획, 입안하고 실천하는데 필수적인 요소로서 전략과 그 입안 프로세스, 사업계획(비지니스 플랜)의 기본방향에 대해 고찰한다.

사업계획

사업계획이란 장래 사업의 구상을 기업전략, 자금조달 등의 논점을 포함하여 논리적으로 체계화하여 기업의 현황과 전망을 알기 쉽게 기술한 서류이다. 특히 스타트업(벤처)을 창업하고자 하는 기업가는 비전과 전략을 정리하여 구체적인 사업계획으로서 입안하며, 타인과 공유하기 위한 필수적인 문서가 된다.

사업계획의 작성 목적은 첫 번째로 기업가 스스로가 창업의 내용을 파악해 확인하기 위해서이다. 경영자 자신이 철저하게 생각하고 비판적으로 검증하기 위한 도구이고 사업의 진척상황을 관리하기 위한 수단이라고 할 수 있다. 기업가는 사업계획을 작성하는 과정을 통해 기업의 장점과 단점, 인적자원은 충분한지 여부, 기업을 어떻게 성장시키고 있는가 등 다양한 과제를 인식하게 된다.

두 번째 목적은 외부와의 의사소통 수단으로서의 역할이다. 투자자, 거래처, 협력자 등 회사 외부의 중요한 이해관계자들에게 사업의 성장성이나 가능성을 정확하게 평가받는 것은 필수불가결하다. 그러므로 사업계획은 이해관계자들의 이해와 협력을 얻기 위한, 마케팅 및 영업을 위한 도구이다.

세 번째 목적은 사내 의사소통 수단으로서의 역할이다. 기업 내부에서 사업을 논의 및 검증하기 위한 재료이며 내부적으로 정보를 전달하는 도구라고 할 수 있다. 또한 사업을 전개하면서 논의의 진행상태나 합의된 사항을 철저히 주지시키기 위한 관리 도구로도 쓰인다.

사업계획을 작성할 때에 중요한 것은 있는 그대로의 현상을 솔직하게 분석 및 기재하는 것과 장래 비전을 확실히 실현할 수 있는(실행 가능성이 높고, 불확실성이 낮은)

것과 그렇지 않은 것으로 구별하는 것이다. 문득 높은 이상을 내걸어 버리기 쉽지만 성장성이나 가능성의 논거를 제공하는 것의 중요성을 인식할 필요가 있다.

사업계획과 스타트업

사업계획에 특별히 정해진 양식은 없지만, 좋은 사업계획은 신사업의 성공에 필요한 경영 요소를 망라한다. 단적으로는 회사개요 등 기본적인 기재사항과 "물건(기술, 제품, 서비스)", "지혜(사업전략)", "사람(경영진과 경영조직)", 그리고 "자금(재무)"에 대해서 앞서 서술한 목적을 바탕으로 과부족 없이 기술한 것이다. [그림 5.3]에 일반적인 스타트업의 사업계획 양식을 예시한다.

"물건"은 기술, 아이디어나 제품, 서비스의 독자성과 보편성에 관한 설명이다. 사업의 기초가 되는 기술과 아이디어가 어느 정도로 혁신적이고 독창적인지, 사업의 유용

1. 이그제큐티브 서머리
    - 사업, 제품, 서비스의 개요
    - 업계와 시장의 상황
    - 경영진 팀
    - 필요자금과 사용처
    - 투자 메리트와 기대수익
    - 주요 재무정보
2. 회사개요
    - 연혁(창업 경위)
    - 기본정보
    - 가치관, 비전
    - 사업목표
    - 사업계획
3. 기술, 제품, 서비스(물건)
    - 기술, 제품, 서비스의 개요
    - 특징(독자성, 혁신성, 유용성, 실현성)
    - 지식재산의 보호
    - 응용범위의 확대
4. 사업전략(지혜)
    - 업계와 시장의 동향
    - 자사 사업모델
    - 대상 고객
    - 경쟁자 동향 및 차별화 방침
5. 경영진, 조직(사람)
    - 경영진과 약력
    - 경영진의 역할분담
    - 조직 및 의사결정 프로세스의 개요
    - 경영감시 체제
6. 재무(돈)
    - 매출예측과 그 근거
    - 손익, 대차대조표, 현금흐름 계획
    - 자본구성 및 자본정책
    - 자금조달계획

그림 5.3 표준적인 사업계획의 구성요소(필자 작성)

성과 실현성이 담보되어 있는지, 지식재산이 확보되어 있는지, 어느 정도의 응용범위가 예상되는지 등이 논점이 된다.

"지혜"는 사업의 타당성에 관한 것이다. 시장의 특성은 어떠한지(신규시장 또는 기존시장), 예상되는 시장규모와 규모의 영향요인, 비즈니스 모델, 고객층의 특성, 경쟁업체와 그 위협의 정도 등이 논점이 된다.

"사람"은 경영진과 그 능력, 조직체제에 관한 것이다. 경영진 멤버가 누구인지, 대표자의 리더십은 충분한지, 핵심인재는 갖추어져 있는지, 조직행동의 프로세스는 정비되어 있는지, 경영상태를 확인하기 위한 체제는 마련되어 있는지 등이 논점이 된다.

"자금"은 수익 예측과 재무정책에 관한 것이다. 매출 추이는 어떠한지, 필요한 비용은 어느 정도인지, 주주 구성이 어떠한지, 자금을 어디서 어떻게 조달할지 등이 논점이 된다.

마지막으로 사업계획 전체의 요약을 첫머리에 기재하는 것이 바람직하다. 이 요약을 통해 독자가 사업과 관련된 요소를 파악할 수 있고 사업제안을 깊게 이해할 수 있다. 독자별로 특성에 맞게 요약 내용을 바꾸는 것도 효과적이다.

5. 사업기회의 실현

사업계획에 따라 움직이기 위해서는 경영진 팀을 구성하고 경영자금을 조달하며 들이닥치는 수많은 어려움에 대처해야만 한다. 이 절에서는 혁신을 향해 기업가정신을 힘차게 발휘하기 위한 리더십과 매니지먼트의 자세에 대해 고찰한다.

리더십과 매니지먼트

리더십이란 선두에 서는 자에게 일관되는 행동양식이다. 일관성 있는 행동양식이란 가치관이나 비전에 충실한 것, 즉 "규범적(normative)"인 것이다. 또한 리더십은 사업의 방향과 목표를 명확히 하여 조직을 이끌기 위한 행동규범이다.

매니지먼트는 정해진 방향성과 기한 안에서 동원가능한 자원으로부터 최선의 결과를 생산하기 위한 행동양식이다. 경영의 한 가지 요점은 뜻밖의 사태와 환경의 변화에 유연하게 대응하는 것, 즉 "사실해명적(descriptive)"으로 행동하는 것이다. 또한 매니지먼트는 목표를 달성하기 위해 필요한 자원 획득에 힘쓰고 그 효과를 최대화하는 역할도 수행한다.

이와 같이 리더십과 매니지먼트는 상호보완적인 관계에 있다. 둘 모두에 공통되는 것은 일관된 계속성이 요구된다는 것이다. 기업가정신을 혁신으로 승화하는 과정에서는 다양한 어려움에 맞서 극복하는 것이 요구된다. 비유하자면 단거리 달리기 같은 일시적인 폭발력도 필요하고 동시에 마라톤 같은 지구력도 필요하다고 할 수 있다.

리더십의 이해

리더십의 발휘는 조직을 통솔하여 성과를 달성하기 위한 원리로서 오래 전부터 리더의 관심사로 탐구되어 왔다. 리더십은 타인을 끌어당기고 통솔하는 대인적 능력이라고 인식되는 경우가 많지만 꼭 그렇기만 한 것은 아니며 자기규율이나 능력발휘를 포함하는 종합적인 능력으로 이해할 수 있다.

한 사례로 옛 일본 해군사관학교에서 제창된 "오성(五省)"이 있다. 오성은 장교 즉 리더로서의 소양을 함양하기 위한 교훈으로 이용되었고 "Five Reflections"로 번역되어 미국 해군사관학교에서도 활용되고 있다. 다른 사례로 경영컨설팅 회사 McKinsey & Company에서는 문제해결력, 통찰력, 고객, 구성원, 기업가정신의 5가지 요소에 근거한 리더십 모델을 활용하고 있다.

John P. Kotter가 1988년에 제창한 변혁적 리더십 이론은 불확실하고 격렬하게 변화하는 상황 속에서의 리더의 행동양식을 설명하고 있다. 그 근간은 명확한 비전 아래 조직 구성원을 결집하고 그 능력을 최대한으로 발휘하여 지속적으로 변혁을 성사시키는 것이다. 이 이론은 기업가정신 발휘의 본연의 자세로서 주목을 받아 많은 실천이 이루어지고 있다.

이 책에서는 리더십을 매니지먼트와는 다른 요소로 인식하며 변혁형 리더가 갖춰야 할 능력을 이하 3가지로 요약하고 있다.

(1) 방향 설정
(2) 구성원의 심리적 통합
(3) 동기부여

또한 변혁을 성공적으로 실현하기 위한 방법으로 다음의 기업변혁의 8단계를 제시하였다.

(1) 긴급과제의 철저한 인식
(2) 강력한 추진 팀 결성
(3) 비전 수립
(4) 비전 전달
(5) 구성원들의 비전 실현을 향한 지원
(6) 단기적 성과를 실현하기 위한 계획 수립 및 실행
(7) 개선효과의 정착 및 다음 단계의 변혁 실현
(8) 새로운 접근법을 조직에 뿌리내리기

(참고 문헌 7)

매니지먼트의 요소

매니지먼트 능력은 다방면에 걸쳐 있는데 그 중 특히 경영자에 필요한 능력을 아래에 제시한다. 각 개인이 모두를 습득하는 것이 바람직하지만 경영진 멤버들이 분업하는 경우도 종종 있다.

첫 번째는 전략적 사고력으로서 앞서 기술한 전략을 스스로 입안하고 실행할 능력을 말한다.

두 번째는 문제해결능력이다. 문제를 발견하고 적절한 과제를 설정하여 해결하는 능력을 가리킨다. 문제해결 실행의 요점은 다음과 같다.

(1) 검토 대상에 누락이나 편향이 없는가
(2) "왜"를 되풀이함으로써 표면적 문제가 아닌 본질적인 문제를 추구하고 있는가
(3) 선입견에 구애받지 않고 상황을 인식하고 있는가
(4) 관찰에 머물지 않고 의미와 가설을 도출하고 있는가
(5) 의미와 가설에서 구체적인 대책을 도출하고 있는가

(6) 우선순위를 두고 지엽적 문제가 아닌 중요한 문제에 주력하고 있는가
(7) 여러 개의 대책이 도출될 경우 그것들 사이에 모순이 없이 수미일관하고 있는가

세 번째는 커뮤니케이션 능력이다. 이는 가치관, 비전과 전략, 계획을 타인에게 적절히 전달하고 이해와 행동을 촉진하는 능력이다. 화술이나 교섭력 같은 대인능력이 먼저 주목받기 마련이지만 유의해야 할 점은 전하고자 하는 내용을 논리적으로 구조화하여 알기 쉽게 제공하는 것이다. 구체적으로는 귀납법과 연역법의 2종류가 있다[그림 5.4]. 귀납법은 누락이나 중복이 없는 일련의 근거를 바탕으로 결론을 지지하고 있는 방법론으로써, 말하자면 근거를 그룹화하는 것이다. 연역법은 결론에 도달한 논리적 흐름을 나타내는 방법론으로 근거를 스토리화하는 것이다.

네 번째는 프로젝트 매니지먼트 능력이다. 이는 주어진 기간과 자원, 환경 하에서 요구되는 결과를 착실히 창출하는 능력을 말한다. 저명한 모형으로 프로젝트 관리 삼각형이 있다. 이 모델에서 프로젝트 매니지먼트는 프로젝트의 목표와 범위를 먼저 명확히 한 다음 네 가지 요소(인적자원, 조달, 소통, 그리고 리스크)를 조정함으로써 시간, 비용, 품질의 균형을 맞추는 것을 의미한다.

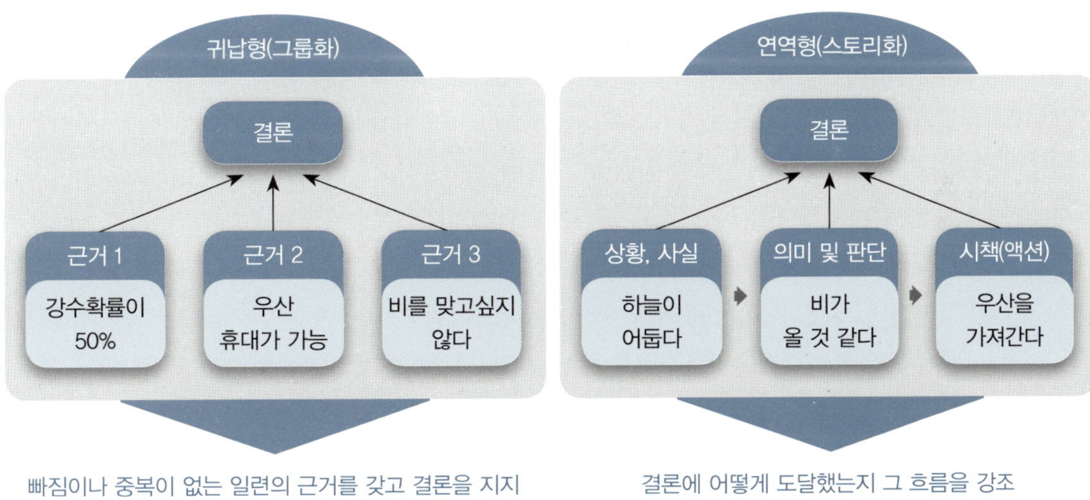

그림 5.4 논리의 구조화(필자 작성)

6. 정리

이 장에서는 기업가정신의 의의와 혁신의 함의를 해설하고 사업개발에 있어서의 전략 및 사업계획의 중요성을 다루었다. 그리고 기업가정신과 사업개발을 위한 리더십과 매니지먼트에 대해 고찰하였다.

마지막으로 강조하고 싶은 것은 기업가정신이 선천적으로 주어지기만 하는 것은 아니라는 점이다. 기업가정신의 의의와 효용을 정확히 이해하고 혁신으로 구체화하기 위해 필요한 능력을 학습 및 실천을 수행한다면 모든 사람에게 활약할 기회가 주어진다. 이 장에서 다룬 내용은 개론적인 내용이지만, 장 말미의 참고문헌을 기초로 학습을 계속하고 자신 주변의 사례에 실천해 보는 것을 통해 많은 사람들이 기업가로서 활약하기를 기대한다.

대담 기업가정신과 기업경영

주식회사 Reprocell 대표이사 Yokoyama Chikafumi

리프로셀에 오기 전에 재직했던 스미토모3M에서는 연구뿐만 아니라 신규사업 론칭을 위한 사내 프로젝트에 참가하였다. 여기서 사업기획서 작성과 시장조사, 공동연구 섭외, 인사 및 설비투자 의사결정 등을 경험했다. 이 경험이 리프로셀사에서의 경영에 크게 도움이 되었다.

원래 촉매화학을 전공했지만 스미토모3M에서는 고분자화학, 리프로셀에서는 바이오기술을 다루었다. 기초가 되는 지식은 다르지만 신규기술 개발이라고 하는 점에서 사고방식과 추진방식은 동일한데, 이것이 리프로셀의 제품개발을 가속하였다.

연구자 출신의 창립자와는 안면이 없었고 기술적으로도 전공이 달랐다. 그래서 연구현장에 들어가서 창립자를 비롯한 연구자들과의 소통에 최선을 다했다. 과학적 발견 및 연구 단계의 기술이 곧바로 사업이 되기는 어렵다. 그래서 이것들을 주의깊게 관찰하고 비즈니스 관점에서 엄격하게 검증함으로써 사업이 될 만한 시즈를 엄선했다.

창업 당시에는 줄기세포 재생의료가 주목받기 시작했을 때여서 많은 사람들이 리프로셀에 기대를 걸고 있었다. 그러나 재생의료는 사업화에 필요한 기간이 매우 길고 불확실성도 높다. 그래서 재생의료에 도달하기 위한 사업계획으로 배양액이나 임상검사 등 주변기술을 사업화하고 의약품 개발에 응용하는 등의 중간 단계를 마련했다. 이를 통해 자금조달이나 기술개발을 실시해 위기를 넘길 수 있었다.

리프로셀은 창업 당시부터 일관되게 산학협력에 의거한 연구개발에 주력하고 있다. 대학과 공적연구기관의 연구자, 특히 창립자의 영향력은 크다. 하지만 조언은 받아들이되 창립자라고 해서 무조건 따르지는 않았고, 그러한 압력도 없었다. 이러한 상호신뢰에 기초한 이지적인 관계 구축이 산학협력을 효과적으로 추진할 수 있는 기반이 되었다.

참고문헌

1. Kutsuna, K., Hasegawa, H., Takahashi, N., Igarashi, S. and Yamada, J., Introduction to Entrepreneurship: Understanding New Venture Creation, Yuhikaku, 2013.
2. Shindoh, H., Entrepreneurial strategy, Chuo Hyoron Sha, 2015.
3. Takahashi, N., Foundations of Entrepreneurial Studies, Keiso Shobo, 2005.
4. Saito, Y., Professional Problem Solving: Skills and Techniques, Diamond, 2010.
5. Saito, Y., Strategic Scenario: Core Skills and Techniques, Toyo Keizai, 1998.
6. Ataka, K., Issue Driven, Eiji Press, 2010.
7. Kotter, J. P., John P. Kotter on What Leaders Really Do, Harvard Business Press, 1999.
8. Project Management Institute Japan, A Guide to the Project Management Body of Knowledge(PMBOK® Guide), 5th edition, 2013.

연습문제

- 당신이 어떤 사업기회를 추구하여 새로운 기업을 창업했다고 하자. 향후 이 기업을 경영하여 혁신을 실현하는 데 있어 당초에 유의해 두어야 할 점을 논하시오.

복잡성과 의사결정 06

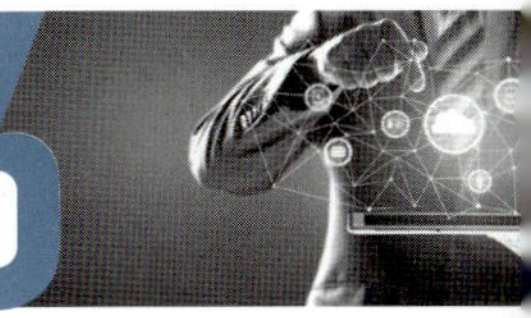

학습 포인트

글로벌화와 혁신이 요구되는 지금, 기업 수준과 사회 수준에서 모두 뛰어난 의사결정능력에 기반한 기술전략이 중요해지고 있다. 경영의 본질인 의사결정 프로세스와 구조를 이해하고, 그 복잡성 및 취급에 대해 학습한다. 또한 의사결정문제의 종류와 취급방법 간 정합성의 중요성을 설명하고, 혁신과 의사결정의 역설에 대해 이해한다.

키워드

전략적 의사결정, 전술적 의사결정, 복잡성, 불확실성, 갈등, 최적화와 만족화, 통합과 조정

1. 들어가며

현재 많은 기업이 기술혁신과 글로벌화로 인해 치열한 경쟁에 노출되어 있다. 특히 기술지향 기업의 경영에서는 기술패러다임 전환과 세계표준, 지식재산권 등을 고려한 폭넓은 지식기반을 토대로 하여 가속하는 사회경제적 환경변화와 혁신 압력에 대처할 수 있는 의사결정능력에 기초한 기술전략이 극히 중요시되고 있다(Nobeoka, 2006).

경영의사결정 분야에 대한 독창적 공헌에 의해 노벨경제학상을 받은 허버트 사이먼은 "경영은 의식적인 결정이다"라고 갈파하였다.(Simon 2009). 수준이 다양하고 시간적 압박을 받는 의사결정활동과 그 통합 및 조정이 기업경영의 근간이라는 것이다.

이 장에서는 기술경영을 포함한 경영활동 전반의 근간이 되는 의사결정에 초점을 맞추어, 의사결정을 어렵게 하는 "복잡성"의 취급에 대해서 해설한다.

2. 의사결정이란

기술경영 의사결정을 포함해 일반적으로 의사결정의 목적은 선택이다. 즉 주어진 선택지의 집합으로부터 가장 바람직한 선택지를 하나 혹은 여러 개 고르는 것으로 인식된다.

그러나 사이먼에 따르면 이 시각은 의사결정을 너무 좁게 보고 있다고 한다. 무엇이 가장 바람직한지라는 것도 항상 자명한 것은 아니다. 사이먼은 의사결정을 "인간을 포함한 시스템에서 발생하는 여러 문제를 발견하여 명확히 정의하고, 그 시스템의 목적에 맞게 합리적인 문제해결을 실시하는 과정"으로 보고, 그 프로세스는

탐색활동 → 설계활동 → 선택활동

의 3단계로 구성된다고 하였다(Simon, 2009; Miyakawa, 2005). 이 입장에서 보면 바람직한 선택지를 선택하는 것은 의사결정 프로세스의 일부분으로서 자리매김하게 된다.

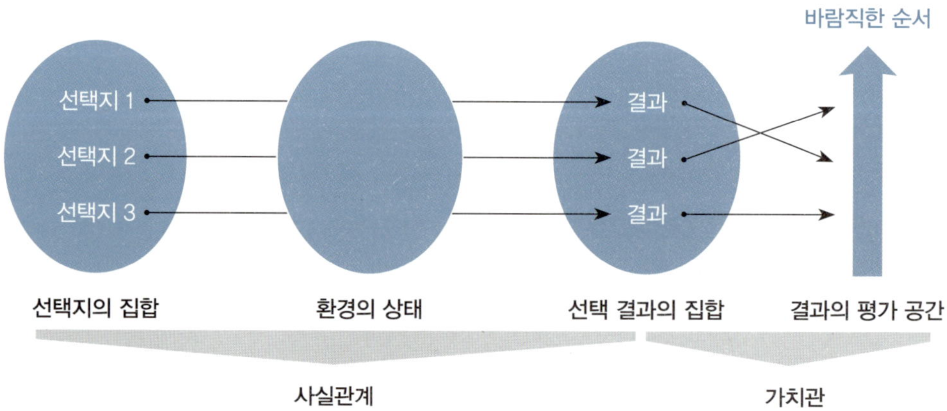

그림 6.1 의사결정 프로세스

앞으로 이 과정을 (1)선택지(대안)의 집합 (2)선택 결과의 집합 (3)결과의 평가공간이라는 3가지의 논리 구성요소를 이용하여 설명하도록 하겠다([그림 6.1]을 참조)(Matsuda, 1970).

탐색활동

탐색활동 단계에서는 어떠한 선택지가 이용 및 채택가능한지 규명한다. 사이먼은 결정의 대상이 될 선택지(대안)란 외부에서 의사결정자에게 주어진 것이 아니라 의사결정자들이 주체적으로 탐색하여 발견하는 것으로, 탐색활동이야말로 의사결정 프로세스에서 가장 중요하다고 주장한다. 스티브잡스나 손정의 등의 예를 들 필요도 없이, 타인이 생각하지 못하는 독창적인 선택지를 이용 가능하다고 판단하고 의사결정의 대상으로 삼을 수 있다는 것이 뛰어난 경영자의 최대 자질이라는 것은 의심할 여지가 없을 것이다.

우수한 의사결정을 위해서는 선택지 집합의 범위가 넓어야 하는 것은 물론이고, 이후의 단계를 적절하게 추진하기 위해 선택지 집합의 경계를 명확히 규정하는 것도 중요하다. 채택 가능한 선택지가 무엇인지 명확해져야만 이후 단계에서 필요한 정보가 명확해지기 때문이다.

예를 들어 어느 기업이 신제품을 소비자시장에 출시하려고 하는 상황을 생각해 보자. 탐색활동은 이 상황에서 어떤 선택지가 존재하는지를 명확히 하는 활동이다. 지금까지 축적한 기술을 결집하고 발전시켜 신제품 A를 개발하고 시장에 투입할 수 있다. 또는 작은 규모지만 독창적인 연구개발을 실시해 온 벤처기업을 인수하여 완전히 새로운 제품 B를 시장에 투입할 수도 있다. 기술적, 기능적으로 신규성은 별로 없지만 디자인과 사용의 용이성 면에서 소비자의 의견을 충실히 반영하여 개발한 제품 C를 시장에 투입할 수도 있다.

탐색활동이란 이러한 이용 가능한 선택지들을 발견, 창출, 개발, 탐색하고 열거하는 활동이다.

설계활동

설계활동 단계에서는 탐색활동을 통해 얻은 각 선택지가 초래할 결과를 사고실험한다.

즉 각 선택지와 그것이 가져올 결과 간의 대응관계를 명확히 한다. 이 대응관계를 설정하려면 관련된 정보를 모으고 분석하여 의사결정에 관련된 사실관계를 규명할 필요가 있다.

앞서 든 예로 돌아가면 신제품 A, B, C를 각각 시장에 투입할 경우 얻을 수 있는 수익, 시장점유율, 인터넷 사이트에서의 리뷰와 평판 등 비롯되는 결과를, 경쟁사의 상황과 현재까지 얻어진 데이터를 분석함으로써 사고실험으로 예측하는 것이다.

선택활동

세 번째인 선택활동 단계에서는 설계활동에서 예측한 결과에 대해 의사결정자가 바람직하다고 생각하는 순서를 매긴다. 그 때 의사결정자의 가치관이 중요한 영향을 미친다. 같은 결과에 대해서도 의사결정 주체마다 가치관에 따라 결과의 바람직함을 다르게 평가하게 된다.

이 단계에서 모든 결과에 대해 순위가 정해질 수 있다면 의사결정은 간단하다. 가장 바람직한 결과를 초래하는 선택지를 선택하면 되기 때문이다.

그러나 일반적으로 결과는 한 줄로 세울 수 없으며, 그렇기 때문에 의사결정은 단순하지 않다. 이 한 줄로 세울 수 없는 원인 중 하나가 의사결정에 얽힌 복잡성이다.

의사결정의 복잡성에 대해 자세하게 검토하기 전에 우선 의사결정의 유형에 대해 고찰하는 것이 유용하다.

의사결정의 유형

앞서 말하였듯이 의사결정활동은 탐색활동으로 시작되는 일련의 과정인데, 또한 해결해야 할 문제를 기준으로 (1)전술적 · 정형적 의사결정과 (2)전략적 · 비정형적 의사결정으로 나눌 수 있다.

전술적 의사결정은 사무적 의사결정이라고도 하며 일상적이고 반복적인 업무상의 의사결정이다. 대상으로 하는 의사결정문제의 구조(채용가능한 선택지의 집합과 의사결정 목적, 제약조건 등)가 명확하고 의사결정자는 효율적인 해결책을 어떻게 구하는지에 관심을 가진다. 즉 앞서 말한 의사결정의 3단계 중에서 설계활동이 주된 관심사라 할 수 있다. 이로 인하여 전술적 의사결정문제는 일반적으로 구조적 문제로 분류된다.

예를 들어 최적의 자재 조달량을 결정하고자 할 때, 이를 발주비와 재고유지비의 합계를 최소화하는 조달량이라고 가정할 수 있다면, 수학적으로 정식화하는 등의 합리적 접근법에 의해 최적화가 가능해져 컴퓨터로 최적해를 구할 수 있을 것이다.

표 6.1 전략적 의사결정과 전술적 의사결정

전술적 의사결정	전략적 의사결정
구조적, 정형적 의사결정문제	비구조적, 비정형적 의사결정문제
일상적	혁신적, 창조적
반복적	단발적, 일회성
해결방법이 무엇인가	문제가 무엇인가
효율성에 의한 평가	효과성에 의한 평가

한편 전략적 의사결정은 기존에 존재하지 않던 혁신성과 창조성을 필요로 하는 것으로, 예를 들어 신규사업이나 기업합병 등 대부분 일회성이고 비정형적이며 구조화가 곤란한 의사결정문제를 대상으로 한다. 그래서 전략적 의사결정문제는 일반적으로 비구조적 문제로 분류된다. 사안에 따라 목적과 환경이 크게 다르기 때문에 범용적인 합리적 해결법은 존재하기 어렵다. 앞에서 다룬 의사결정의 3단계 중 특히 탐색활동이 본질적으로 중요하다.

전략적 의사결정에서는 어떻게 해답을 구할지보다는 문제가 무엇인지를 최대한 밝혀서 이른바 반구조적 문제로 변환하는 것도 한 가지 해결방법이다. 반구조적 문제는 구조적 문제와 비구조적 문제의 중간에 위치한, 엄밀한 최적해는 찾을 수 없더라도 데이터 해석 등을 통해 휴리스틱(발견적 해결책)을 찾을 수 있는 문제이다. 반구조적 문제에서는 "만약 ~라고 한다면 어떻게 될까"라는 what-if 분석 등의 사고실험을 실시함으로써 문제상황에 관한 보다 깊은 통찰을 얻는 것이 가능하다. 예를 들어 빅데이터를 이용한 의사결정지원시스템(decision support system)은 이러한 반구조적 문제 해결에 정보기술을 활용한 사례이며, 사이먼의 이론은 DSS의 이론적 근거로 꼽히고 있다.

기업경영상 중요한 점은 직면한 의사결정문제의 유형을 판별하고 그에 맞는 대처를 하는 것이다.

다음으로 전술적 및 전략적 의사결정의 복잡성과 그 대처방법에 대해 해설한다.

3. 전술적 의사결정의 복잡성

전술적 의사결정, 즉 구조화되어 있는 문제일지라도 복잡성에 의해 의사결정이 곤란해지는 경우도 많다. 여기에서는 전술적 의사결정에 동반하는 복잡성을 크게 2개(불확실성과 다속성)로 나누어 대처법을 해설한다. 실제 의사결정에서는 두 복잡성이 혼재하는 경우가 대부분이다.

불확실성

첫 번째 복잡성 유형은 불확실성이다. 의사결정 결과에 영향을 미치지만 의사결정주체가 제어할 수 없는 변수를 일반적으로 불확실성이라고 한다. 불확실성은 보통 의사결정주체의 외부에 존재하므로 외적 복잡성이라고도 불린다.

불확실성이 존재하기 때문에 선택지가 초래하는 결과가 한 가지로 나타나지 않고, 선택지와 그것이 가져올 결과 간의 대응관계를 명확히 규정할 수 없는 의사결정을 불확실성 하에서의 의사결정이라고 한다.

불확실성 하에서의 의사결정은 (1)리스크 하에서의 의사결정과 (2)진정한 불확실성 하에서의 의사결정의 2가지로 분류한다. 의사결정주체가 제어할 수 없는 변수, 즉 불확실성이 무엇인지만 알려져 있을 경우에는 진정한 불확실성 하에서의 의사결정이 된다. 이에 반해 각 불확실성이 발생할 확률 또한 알려져 있다면 리스크 하에서의 의사결정이 된다.

리스크 하에서의 의사결정은 알려져 있는 발생확률에 기초하여 기대치 값을 계산함으로써 문제가 단순해지므로 여기서는 취급하지 않는다. 반면 진정한 불확실성 하에서의 의사결정에서는 의사결정의 결과가 의사결정 주체의 가치관에 따라 크게 달라진다. 이러한 의사결정주체의 가치관을 수학적으로 표현한 것을 의사결정기준이라고 부른다.

다음으로 대표적인 의사결정기준을 몇 가지 소개하고, 같은 의사결정상황에서도 의사결정기준에 따라 도출되는 최적해가 다르다는 것을 예를 들어 설명한다.

지금 어느 기업이 혁신적 벤처기술의 연구개발에 대해 투자를 해야 할지 검토하고 있는 상황을 생각하자. 이 기업의 선택지는 투자하거나 하지 않는 두 가지이다. 만약 이때 혁신적 기술의 연구개발이 성공할지 또는 실패할지가 이 기업으로서는 제어할 수 없는 변수라면 이는 진정한 불확실성 하에서의 의사결정이다.

이 의사결정문제의 결과는 4가지를 고려할 수 있다. 즉 (1)투자한 뒤 연구개발이 성공하거나, (2)투자했으나 실패하거나, (3)투자하지 않았는데 성공하거나, (4)투자하지 않고 연구개발도 실패하는 4가지이다.

이 연구개발이 성공했을 때의 이익을 a, 연구개발투자액을 c라 하면 의사결정 결과에 의한 이 회사의 이익은 다음과 같이 표현할 수 있다([표 6.2]를 참조). 투자 및 성공하는 경우 이익 a를 얻고 투자액 c를 지출하였으므로 이익은 $a-c$이다. 투자했지만 기술개발이 실패하면 얻는 것은 없고 투자액c가 손실이 된다. 투자하지 않을 경우에는 성공, 실패에 관계없이 이익도 손실도 생기지 않는다. 또한 a와 c 모두 완전히 금전으로 환산할 수 있다고 하고, a, c 가 모두 양수이며 $a>c$라고 가정한다.

표 6.2 벤처기술 연구개발에 대한 투자 문제

	연구개발이 성공	연구개발이 실패
투자한다	a–c	–c
투자하지 않는다	0	0

최소극대화(mini–max) 결정기준

최소극대화 결정기준은 가장 널리 알려진 의사결정기준으로 신중 또는 비관적이라고도 할 수 있는 의사결정 태도를 표현한다.

Mini-max 결정기준은 우선 각각의 선택지가 초래할 수 있는 여러가지 결과 중 최악의 결과(최소값, min)를 계산한다. "투자한다"의 선택지가 가져올 수 있는 $a-c$ 및 $-c$의 2개의 결과를 비교하면 $-c$가 더 나쁜 결과이기 때문에, "투자한다"라는 선택지의 평가를 값 $-c$로 한다. 마찬가지로 "투자하지 않는다"라는 선택지를 가능한 최악의 결과로 평가하는데, 두 결과가 동점이므로 0으로 평가된다.

그 다음 평가된 2가지 선택지 중에서 그 평가값이 가장 큰 선택지를 최적해로 선택한다. 즉 $-c$와 0을 비교하고 상대적으로 큰 0을 평가값으로 가지는 선택지인 "투자하지 않는다"를 선택하는 것이다.

다만 주목할 점은 만약 a가 100억엔이고 c가 10엔이라는 극단적인 상황에서도 투자하지 않는 것이 합리적인 의사결정이 된다. 이렇듯 최소극대화 결정기준은 불확실성 하에서의 의사결정상황에서 최악의 사태를 상정하고 대처하려고 하지만, 때로는 조심스럽고 신중한 것을 넘어서서 "돌다리를 두드리고도 건너지 않는" 의사결정이 되어버리기도 한다.

최대극대화(maxi-max) 결정기준

최대극대화 결정기준은 최소극대화 결정기준과는 정반대로 지극히 낙관적인 의사결정태도를 표현하는 결정기준이다.

Maxi-max 결정기준에서는 우선 각각의 선택지를 그것이 초래할 수 있는 결과들 중에서 가장 바람직한(의사결정주체에게 가장 이로운) 결과(최대값, max)로 평가한다.

위의 투자문제의 예시에서 "투자한다"의 선택지가 불러올 수 있는 $a-c$와 $-c$라는 결과를 비교하면 $a-c$가 더 크므로 이 값으로 선택지를 평가한다. 마찬가지로 "투자하지 않는다"라는 선택지를 0과 0 중에서 큰 것, 즉 0으로 평가한다.

그 다음 이렇게 평가된 선택지 중에서 그 평가값이 가장 큰 선택지를 최적해로서 선택한다. 즉, $a-c$와 0을 비교해서 더 큰 $a-c$로 평가값으로 가지는 선택지인 "투자한다"를 해로서 도출하는 것이다.

이와 같이 최대극대화 결정기준은 불확실성 하에서의 의사결정상황에서 의사결정자에게 가장 바람직한 사태를 상정하여 대처하려고 하는 의사결정 태도를 표현하고 있다. 그런 의미에서 도박사의 의사결정이라고 일컬어지기도 한다.

라플라스(Laplace) 결정기준

라플라스 결정기준은 확률론 분야에서 활약한 수학자 라플라스가 제창한 결정기준으로 앞서 다룬 2개의 결정기준과는 다른 사고방식에서 비롯한다. 그는 "어느 불확실성이 일어날 것인지 전혀 알 수 없다는 것이란 무엇인지"를 깊이 고찰하여, 모든 불확실성의 발생확률이 동일한 상황이야말로 진정한 불확실성 하에서의 상황이라 하였다. 어느 특정한 불확실성에만 더 큰 발생확률이 치우쳐 있다면 그 불확실성에 관해 무언가 정보가 존재하고 있는 것을 의미하며, 의사결정상황은 진정한 불확실성 아래에 있다고는 볼 수 없다고 생각한 것이다.

앞선 벤처사업에 대한 투자문제의 예로 보자면, 연구개발이 성공할지 실패할지 전혀 알 수 없다면 양자의 발생확률을 모두 0.5라고 지정한 뒤, 각 선택지의 기댓값을 계산한다. 그러면 투자하는 경우의 기대치는 $0.5\times(a-c)+0.5\times(-c)=0.5a-c$, 투자하지 않을 경우의 기대치는 0이 되며, 의사결정 최적해는 a와 c의 값에 의존한다.

여기까지 설명한 3개의 결정기준 이외에도 몇몇 다른 결정기준이 알려져 있는데, 중요한 것은 의사결정의 합리적 최적해가 예제에서 행렬로 제시된 사실관계(객관적 정보)만으로 정해지는 것이 아니라 의사결정주체의 가치 전제(주관적인 가치관)에 따라 달라진다는 점이다. 현실에서의 의사결정에서는 객관적 정보만으로는 해가 하나로 결정되지 않는다는 어려움이 있음을 단적으로 나타내고 있다.

다속성 의사결정

의사결정의 복잡성의 2번째 종류는 다속성 의사결정에서 나타나는 복잡성으로, 내적 복잡성으로 불리기도 한다.

선택지가 초래하는 결과가 다양한 측면(속성)으로 평가되는 의사결정을 다속성 의사결정이라고 한다. 다속성 의사결정에서는 두 선택지 A와 B를 비교할 때 한 쪽 속성 기준으로는 A가 우수하지만 다른 속성에 관해서는 B가 우수한 상황이 대부분이다. 이와 같이 하나의 속성을 우선시하면 다른 속성은 추구할 수 없는 양립 불가능한 상황을 일컬어 속성 간에 트레이드오프 관계가 있다고 한다. 다속성 의사결정에서는 속성 간 트레이드오프의 해결에 큰 초점이 놓여 있다.

구체적인 해결방법 중에서 가장 전형적이고 중요한 것은 선형결합 기준이다. 예를 들어 설명하겠다.

어느 기업이 연구개발사업 A, B를 고려하고 있다. A의 성공확률은 0.6으로 상대적으로 크지만 기대이익이 5(천만엔)으로 작고, 반대로 B의 성공확률은 0.1로 작지만 성공할 경우의 기대이익은 20(천만엔)으로 크다고 하자([표 6.3] 참조). 여기에서 2개의 속성인 성공확률과 기대이익 사이에 trade-off가 존재한다는 것에 주의해야 한다.

선형결합 기준에서는 2개의 속성을 의사결정주체가 얼마만큼 중시하고 있는지를 가중치라고 부르는 계수에 의해 표현함으로써 대안을 평가한다. 성공확률의 중요한 정도를 w1, 기대이익의 중요한 정도를 w_2라 하면 대안 A는 $0.6w_1 + 5w_2$, 대안 B는 $0.1w_1 + 20w_2$로 평가되며, 평가값이 큰 쪽을 해로서 채택한다.

여기서 w_1, w_2는 의사결정주체의 가치관을 표현하는 것으로 그 값에 의해 선택되는 해가 달라지는 것은 자명하다.

표 6.3 연구개발의 다속성 의사결정

	성공확률	기대이익
연구개발사업A	0.6	5
연구개발사업B	0.1	20

최적화원리와 만족화원리

지금까지 서술한 의사결정문제는 모든 선택지에 대해서 그 선택지가 실행되었을 때의 결과를 완벽히 알 수 있고, 그에 근거하여 합리적으로 해를 구할 수 있다고 가정하고 있다. 이러한 가정에 기초한 의사결정을 최적화원리에 의한 의사결정이라 하고, 이에 따라 행동하는 의사결정주체를 경제인(economic man)이라고 부른다.

그런데 현실의 경영에서는 의사결정주체가 완전한 합리성을 가질 것이라고 기대할 수 없다. 탐색활동에서 일부 선택지를 찾아내지 못할 수도 있고 예측도 불확실하며 비교평가의 기준도 모호한 것이 대부분이다. 또한 의사결정에 관련된 다양한 복잡성에 대처하려고 할 때 최근 얻은 정보에 대한 편향, 정치적 요인, 감성 등 다양한 비합리적인 요소가 영향을 끼치는 것이 일반적이다.

이런 점에서 사이먼은 인간은 제한적인 합리성만을 갖추었다고 한다. 즉 의사결정에 대한 주의, 기억, 이해, 의사소통에는 한계가 있으며, 특히 시간은 의사결정에 있어 제약된 희소자원이라고 하였다.

이렇게 제한적 합리성을 가진 의사결정주체를 사이먼은 경영인(administrative man)

이라고 불렀다. 예를 들어 목표가 수익개선이라면 경영인은 비록 수익이 최대가 되지는 않더라도 목표한 수준(만족수준, 희망요구수준이라고도 한다)이 달성되면 만족하고 그 이상의 최적화는 실행하지 않을 것이라고 가정한다. 이러한 행동을 최적화원칙에 대비하여 만족화원리라고 부른다.

만족화 행동원리에서는 어떤 목표수준이 달성되었을 때에는 새로운 목표를 설정하고 만족화 활동을 실행한다. 만족하면 행동을 멈추는 것이 아니라 우선 당분간의 목표를 내걸고 그것을 달성한 뒤에는 다음 목표를 향해서 행동하는, 다시 말하자면 순차적으로 행동을 취하는 동태적인 행동원리인 것이다.

예를 들어 채용활동을 실시하는 기업의 의사결정은 만족화기준에 근거하고 있다고 말할 수 있다. 모든 지원자를 한 줄로 세우고 그 중에서 최적의 인재를 뽑는다기보다는, 목표 수준에 맞는 인재와 조우하면 만족하고 채용하는 것이 보통이기 때문이다.

4. 전략적 의사결정의 복잡성

전략적 의사결정은 앞의 전술적 의사결정과는 달리 일반적으로 기업의 상층부에서 이루어지고 비구조적 문제이기 때문에 논리적인 접근법을 사용하기 곤란한 경우도 많다.

기업 경영진이 해결해야 할 대표적인 의사결정문제 중 하나는 여러 의사결정주체 간 통합 및 조정의 문제이다. 각 의사결정주체는 각각의 이해관계를 갖고 있어 이해관계 대립(갈등, conflict)의 조정이 필요하게 된다(Matsuda, 1970).

통합과 조정의 복잡성: 갈등(conflict)

앞에서는 의사결정주체가 한 명인 상황에서의 복잡성을 다루었다. 한편 기업의 내부처럼 의사결정주체가 여럿 존재할 경우에는 그들의 이해관계가 서로 대립하는 경우가 흔하며, 이 때문에 의사결정주체 간의 통합과 조정이 필수불가결하다. 예를 들면 기업 전체의 존속과 성장이라는 가치관에 기초하여 매출, 판매, 재무 3부문을 조정하는 것은 매우 중요하다.

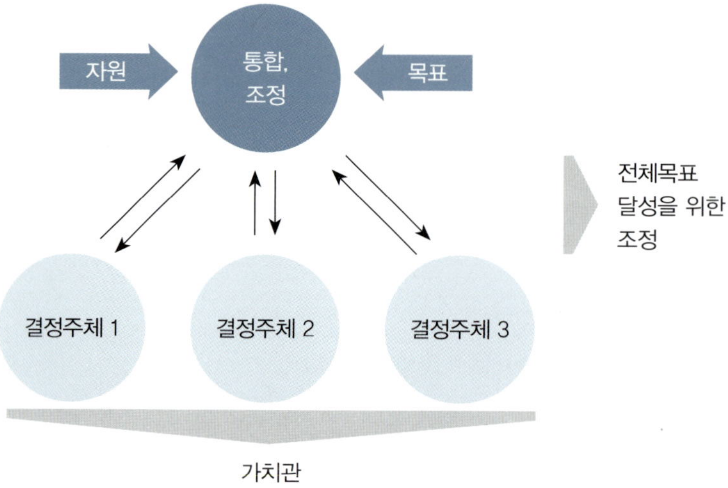

그림 6.2 계층적 조정

의사결정의 계층적 조정

기업 내의 의사결정은 상위와 하위의 가치체계라는 적어도 2개 계층의 가치체계가 존재한다(Matsuda, 1970). 이 때 하위의 가치체계 사이에서 이해관계의 불일치 내지는 갈등이 존재하고 각각의 하위 가치체계가 각자의 이해관계를 추구하여 행동한다면, 자원의 제약으로 인해 경영 전체의 일관성이 사라지는 등 문제가 생기게 된다[그림 6.2].

각 가치체계를 둘러싼 복잡성이 커지면서 하위 가치체계 간의 조정이 점점 어려워지고, 계층의 수가 2개보다 더 많은 경우도 있다.

이런 계층 간 조율을 원활하게 실행하기 위해서는 상하의 가치체계 간 상호관계와 하위 가치체계 간의 상호관계를 명확히 해야 한다. 또한 가치들의 실현을 위해 이용할 수 있는 자원의 제약 상황 등 사실관계도 알려져 있어야만 한다.

이와 같이 통합과 조정을 논할 경우에는 필연적으로 이해관계 대립의 원인이 되는 가치적 상호관계와 사실적 상호관계가 문제가 된다.

최적성기준에 의한 조정

조정의 문제는 종전에는 "최적성기준에 바탕한 하위 수준에서의 개별적 의사결정"의

'상위 차원에서의 통합 및 조정'이라는 형태로 취급되어 왔다.

그렇지만 최적성기준을 근거로 행해지는 수많은 하위 의사결정을 상위의 가치체계에 맞추어 조정하는 것은 자원의 제약 측면에서 크게 문제가 된다. 왜냐하면 하위 가치체계에 근거해 각각 최적성을 추구하고 의사결정을 내린다면(국소최적화의 추구), 그 계획들이 서로 자원을 쟁탈할 가능성이 있을 경우, 즉 같은 자원을 양쪽의 계획이 나누어 이용해야 하는 경우 전체적으로는 자원의 필요량이 제약을 넘어서는 사태가 일어나기 때문이다(전체 최적화의 어려움).

예를 들면 생산 · 판매 · 재무의 각 부문이 각각의 입장에서 가장 효율적인 생산계획, 판매계획, 재무계획을 세웠을 때 이것들을 조합해 보면 기업이 동원 가능한 인원과 자금 등 자원의 한계를 초과하기에, 각 하위 계획들을 모아놓은 전체 경영계획은 일관성이 없다는 논리적 모순을 내포하는 것이 되어 버린다.

만족성기준에 의한 조정

상술하였듯이 각 하위 의사결정이 최적성기준에 따라서 추진된다면 일관성의 기준을 실현할 수 없게 된다. 따라서 상위 의사결정의 만족수준과 각 하위 의사결정 각각의 만족수준을 설정하고, 둘 사이의 타협을 통한 상호조정을 실행함으로써 주어진 자원의 범위 내에서 일관성을 유지해야 한다. 즉 상위와 하위 의사결정의 허용범위가 주어지고, 그 허용범위 내에 머무는 한 만족한다는 형태로 조정이 이루어진다.

이러한 만족성기준에 의한 조정은 언뜻 보기에 엄밀성이 떨어져 보이지만 자원제약과 상위 결정주체의 제한적 합리성을 고려할 때 현실적으로는 상당히 효과적이다.

특히 많은 계층을 가진 조정 문제의 경우 각 계층에서 최적성기준을 적용하는 것은 너무나 어렵기 때문에, 오히려 이러한 루즈한 상호관련성을 인정한 채로 각각의 허용범위 및 만족수준을 조작함으로써 전체적으로 모순이 없는 일관성의 실현이 가능하게 된다.

5. 의사결정과 혁신의 역설: 의사결정문제의 종류와 대처방법 간의 부조화

3절에서는 전술적 의사결정에 내재하는 복잡성과 대처법을 다루었고, 4절에서 전형적인 전략적 의사결정 중 하나인 기업 내부의 갈등 취급을 검토하였다. 전자에서는 설계활동을 중시한 접근방법, 후자에서는 탐색활동을 중시한 접근방법이 필요하다는 것을 지적하였다.

이와 같은 의사결정문제의 유형과 그 처리방법 사이의 정합성은 중요한 문제이다.

애플과 도요타 등 혁신적 대기업에서는 다양한 전문영역을 가진 많은 수의 사람들이 협동하여 혁신적 기업활동을 추진하기 때문에 그 엄청난 복잡성을 통합, 조정, 관리하기 위해서 체계적으로 구조화된 프로세스를 도입하고 있다. 그러나 혁신을 위한 창조적 활동은 상호의존적이고 동태적으로 끊임없이 변화하기에 그것을 관리하는 것은 거의 불가능한 것처럼 보인다.

그 이유는 하나의 역설이 존재하기 때문이다. 방대한 복잡성을 극복하기 위해서 기업은 한층 더 프로세스의 구조화를 진행시키고 다양한 방법과 수법, 프로세스를 도입하여 혁신활동을 합리적으로 수행하려고 한다.

이는 방법이나 방식이 합리적일수록 바람직한 결과가 얻어진다는 신념에 기초한다. 그러나 프로세스가 구조화될수록 기업의 활동이나 자원 간의 상호의존성은 높아지고 그 결과 복잡성이 증대하게 된다. 복잡성을 잘 다루려고 하다가 오히려 복잡성을 늘려버리게 되는 것이다.

따라서 관련된 이해관계자를 조정하여 조직의 행동이 일관성을 가지도록 하기 위해서는 의사결정 프로세스에서 결정주체가 결정에 대해 공헌(관여)하도록 해야 한다. 이는 의사결정 프로세스의 설계에 크게 영향을 미치며, 단순한 결정의 선택 뿐만 아니라 책임 할당과 조직 정당성의 확보를 가능하게 하여 복잡한 이노베이션 프로젝트가 효율적으로 전진할 수 있게 한다.

6. 정리

이 장에서는 기술경영을 포함한 경영활동 전반의 근간이 되는 의사결정에 초점을 맞추어, 의사결정을 어렵게 하는 복잡성을 중심으로 기초적 내용을 해설하였다. 먼저 의사결정의 정의와 전술적 및 전략적 의사결정의 분류를 소개하였다. 또한 각각에 관련된 복잡성과 그 취급방법을 간단한 수리적 분석을 포함하여 소개하였다.

또한 혁신과 의사결정의 역설을 통해 의사결정의 유형과 대처방법 간의 정합성의 중요성을 강조하였다.

참고문헌

1. Simon, H. A., Administrative Behavior: A Study of Decision-Making Processes in Administrative Organizations(4th ed.), Fress Press, 1997.
2. Nobeoka, K., Introduction to Management of Technology, Nikkei Publishing, 2006.
3. Matsuda, T., Planning and Information, NHK publishing, 1970.
4. Miyakawa, T., Decision Theory: Fundamentals and Approaches, Chuo Keizai, 2005.

연습문제

- [그림 6.1]에 제시한 의사결정 프로세스를 바탕으로 합리적 의사결정을 내리는 것이 곤란한 상황을 정리하고, 그 상황에서 만족화 의사결정의 의미를 생각해 보시오.

조직관리 07

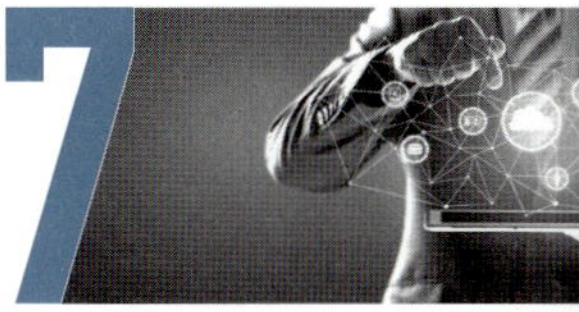

학습 포인트

제7장에서는 기술경영의 관점에서 조직관리에 대하여 해설한다. 이 장의 목표는 다음의 세 가지이다. 첫째는 조직관리의 기초적인 개념을 이해하는 것, 둘째는 기술경영의 관점에서 중요한 조직관리의 6개 논점을 이해하는 것, 셋째는 일본기업의 조직관리 사례를 이해하는 것이다.

키워드

조직론, 조직관리, 동기부여, 매트릭스 조직, 창의성, 지식창조, 개방형 혁신, 네트워크 조직

1. 들어가며

우선 기초적인 용어인 조직, 조직론, 조직관리의 정의를 명확히 해 두고자 한다. 조직이란 무엇일까? 친숙한 용어이기에 깊이 생각할 기회가 의외로 적을지도 모른다. 조직의 정의에 대해서는 여러 학설이 있지만 '의식적으로 조율된 다수의 인간활동의 집합체'의 의미가 공통적일 것이다. 조직에는 경계가 있어 구성원와 비구성원이 구별되며, 구성원은 공통목표의 달성을 목표로 협동한다.

조직론은 이러한 '조직'을 대상으로 하는 학문분야이다. 조직론은 조직에 관련된 행동, 구조, 현상을 관찰 및 분석하여 그 배후에 있는 논리 및 메커니즘을 해명하고자 한다. 기술경영을 포함하여 경영학에서는 기업조직을 분석대상으로 삼는 경우가 많지

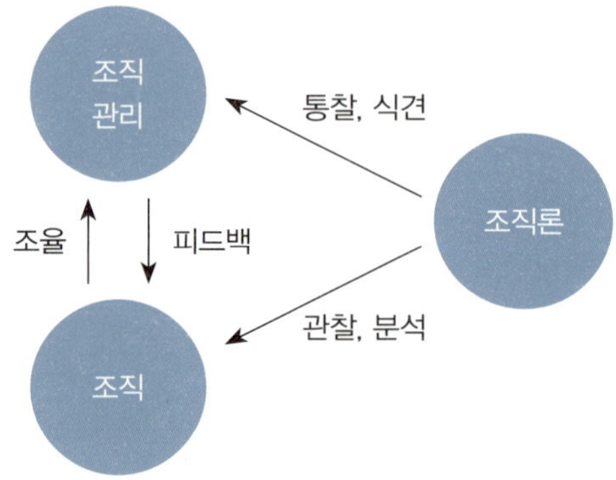

그림 7.1 조직, 조직론, 조직관리 간의 관계(필자 작성)

만, 조직론은 기업뿐만 아니라 행정조직, 비영리조직, 자원봉사단체 등도 분석대상으로 포함한다.

조직관리란 조직을 '의식적으로 조율'하는 것이다. 즉 조직목적의 실현가능성을 상승시키거나, 성과의 질을 높이거나, 필요한 비용을 삭감하기 위하여 다양한 대처를 행하는 것이 조직관리이다. 효과적인 조직관리를 위해서는 조직을 심도 있게 이해할 필요가 있다. 조직론 연구가 낳은 통찰과 지식은 이에 중요한 공헌을 하고 있다[그림 7.1].

이 장에서는 조직관리에 대해 해설한다. 즉 조직론 연구의 성과를 근거로 하여 어떠한 조직관리가 효과적인지에 관한 시사점도 포함하여 논의할 것이다. 단 현실의 조직은 각각이 다양한 문맥과 요소를 가진 복잡 시스템이므로 특정한 조직관리가 모든 조직에 성과를 가져오는 것은 아니다. 조직론 연구가 도출한 통찰과 지식에 기초하여 현실의 조직을 경영자 스스로 주의깊게 관찰하고 조율의 실행 및 그에 대한 피드백을 반복하면서 서서히 목적에 가까워져 가는 것이 현실의 조직관리의 모습이다.

기술경영의 관점에서 중요도가 높은 6개의 조직관리 논점을 제시하여 설명한다. 첫째는 '개인의 동기부여(모티베이션)에 영향을 미치는 메커니즘의 이해와 모티베이션 향상', 둘째는 '조직구조와 비공식적 인적 네트워크에 의한 조직 활성화', 셋째는 '조직 창조성(creativity)의 향상', 넷째는 '지식창조를 통한 조직의 자기혁신' 다섯째는 '개방형 혁신을 통한 제품 및 서비스 개발 효율과 성과의 질적 향상', 여섯째로 '네트워크 조직에 의한 혁신 촉진'이다.

이들 6개의 논점은 어느 정도 조직론의 체계에 따르도록 배치하였다. 조직론의 체계는 학자에 따라 다르지만 대체로 개인, 집단(그룹), 조직구조, 조직행동과 변혁, 조직간 관계라는 범주로 구성되어 있다고 볼 수 있다. 각 논점은 이 범주들에 대응하고 있으며 순서대로 논의를 진행함으로써 조직론의 논리를 전체적으로 체감할 수 있도록 하였다. 또한 고전적이지만 여전히 중요한 논점부터 최근의 논점까지 폭넓게 포함하였다. 특히 개방형 혁신이나 네트워크 조직은 제14장 '에코시스템 이론'으로 이어지는 논점이다.

이 밖에 March의 탐색과 활용이나 Tushman의 양면성 조직 등의 중요한 논점도 있다. 탐색은 새로운 지식 및 기술을 추구하며 다양화하는 조직적 학습이며 '활용'은 탐색한 내용의 실제 이용에 관한 조직적 학습인데, 이 둘은 양립하기 어렵다. 조직 양면성은 신규사업과 기존사업의 양립을 위해 각각을 담당하는 조직의 관리를 완전히 다르게 한다는 논리이다.

2. 개인적 동기 메커니즘의 이해와 동기부여

먼저 거론할 것은 오래 되었지만 아직도 새로운 논점, 즉 개인의 모티베이션이다. 조직론 전반에서 중요한 논점 중 하나로서 특히 기술경영에서는 필수적인 주제이다. 이는 기술경영이 주된 분석대상으로 삼는 혁신이 개인이나 조직이 높은 수준의 동기를 가져야만 실현될 수 있기 때문이다.

동기는 개인의 심리적인 문제이므로 과연 조직론의 대상이 될 수 있는지 의문을 가질지도 모른다. 그러나 조직에 소속된 개인의 동기는 조직관리의 영향을 크게 받는 동시에 조직의 성과 또한 소속된 개인의 동기에 크게 좌우된다. 따라서 동기가 개인의 문제라 할지라도 조직론 및 조직관리의 주요 주제 중 하나로 자리잡게 되었다.

오랜 기간 동안 조직론 연구자들은 동기에 대해 연구하며 그 발생 메커니즘을 탐구해 왔다. 여기서는 Latham(2009)이 제시한 동기부여의 통합모형을 소개한다[그림 7.2]. 이 모델은 다양한 관점에서 검토 및 검증되어 온 동기부여 이론 연구를 통합한 것이다. 조금 복잡하지만 개인적 동기의 메커니즘을 잘 설명하는 모형이다.

모형의 핵심은 목표선택과 자기효능감이다. 금전이나 승진 등 외부로부터 제공되는

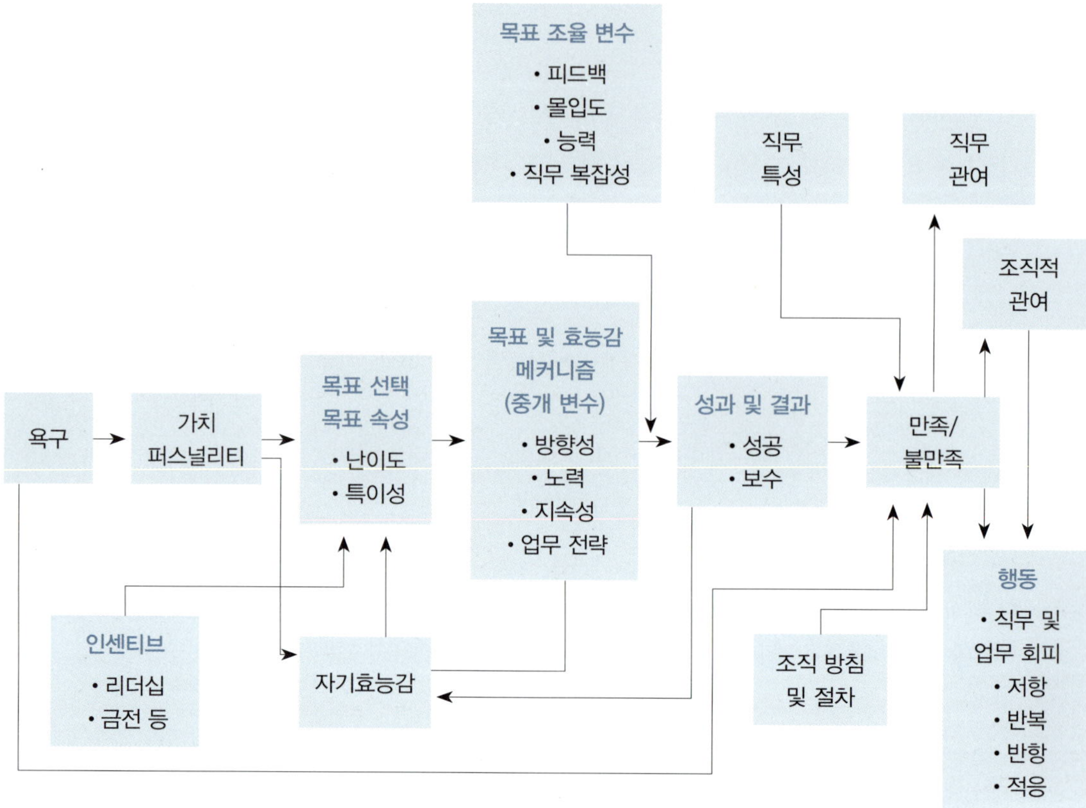

그림 7.2 동기부여의 통합 모형(Latham 2007를 바탕으로 츠지모토 연구실 작성)

인센티브에 의한 목표선택, 그리고 실적이나 보수에 의한 자기효능감과 만족, 불만족이 조직 및 직무에 대한 관여로서 표출된다. 이것을 외발적 동기라고 한다. 자기효능감이란 어떠한 상황에서 자신이 무언가를 달성할 수 있을지에 대해서, 자기자신에게 가지는 신뢰감의 정도를 가리킨다. 한편 호기심이나 자기실현 욕구 등에 의한 목표선택과 업적 및 결과에 의한 자기효능감과 만족, 불만족이 조직 및 직무에 관여하는 형태로 나타나기도 하는데, 이를 내발적 동기라고 한다. 양쪽 모두에서 자기효능감이 목표선택의 지속적 발전에 영향을 미친다.

4절에서 언급할 것이지만 창의력이 높은 개인이나 팀은 높은 내발적 동기를 가지며 도전적인 과제에 임하려고 한다. 이러한 높은 내발적 동기가 혁신의 원천이 되며, 조직성과에 영향을 미친다. 조직관리에서는 이러한 내발적 동기가 어떻게 발생하는지를 이해하고 이를 유발하는 것이 요구된다.

예를 들어 도요타의 대표적인 '카이젠(개선)' 활동은 생산라인 현장의 직원들의 높은 동기에 의존하는 활동으로, 높은 창의력이 발휘된 배경에는 높은 내발적 동기가 존재했던 것으로 보인다. 내발적 동기가 높았던 이유는 당시의 시대적 배경의 영향도 있었으나, 작업현장에서의 인간관계와 높은 지적 능력에 의한 것으로 추정된다.

3. 조직구조와 비공식 네트워크에 의한 조직 활성화

둘째 논점인 조직구조의 문제를 논하도록 하겠다. 조직구조란 형식적으로는 조직도로 표현되는 부문 및 부서의 배치와 권한의 분배상황을 의미하며, 많은 경우 계층적 구조 형태를 띠고 있다. 기능(직능)별 조직, 사업부제 조직, 프로젝트제 조직, 매트릭스 조직이 대표적인 조직구조 유형이다.

기능별 조직이라 불리는 조직구조에서는 연구개발, 조달, 생산, 출하, 품질관리, 영업, 마케팅과 같은 기업의 기능별로 부서가 구성되며, 각각을 총괄하는 상위부서가 설치되어 최고경영진이 기업 전체를 통제하는 계층 구조로 되어 있다.

사업부제 조직은 대규모 조직이 다각화하여 복수의 사업을 영위하게 된 경우에 흔히 볼 수 있는 조직구조이다. 여러 사업부로 조직을 분할하고 사업부별로 사업부의 장을 배치하며 각 사업부가 필요한 기능들을 내포하고 있다. 기능별과 사업부별 조직 모두 조직활동 효율의 상승을 기대할 수 있는 한편 각 기능 간, 사업부 간의 정보공유와 의사소통이 줄어들며, 경우에 따라서는 기업 내 자원의 쟁탈전의 원인이 될 수도 있는 조직 내 '벽'이나 '알력'이 생기기 쉽다는 점이 단점으로 지적되고 있다.

사업부제 조직이 상대적으로 중장기적으로 지속되는 고정적인 사업부를 형성하는 데 반해, 프로젝트제 조직은 프로젝트라 불리는 단 · 중기적 활동 수준에서 최적의 인원으로 집단을 형성하여 사업을 추진하는 형태이다. 프로젝트 리더(경우에 따라서는 프로덕트 리더)는 어떤 프로젝트(제품)의 책임자로서 조직 내외부의 조율과 프로젝트의 추진을 담당한다. 이를 통해 특히 조직 내 벽이나 알력을 초월한 협력을 기대할 수

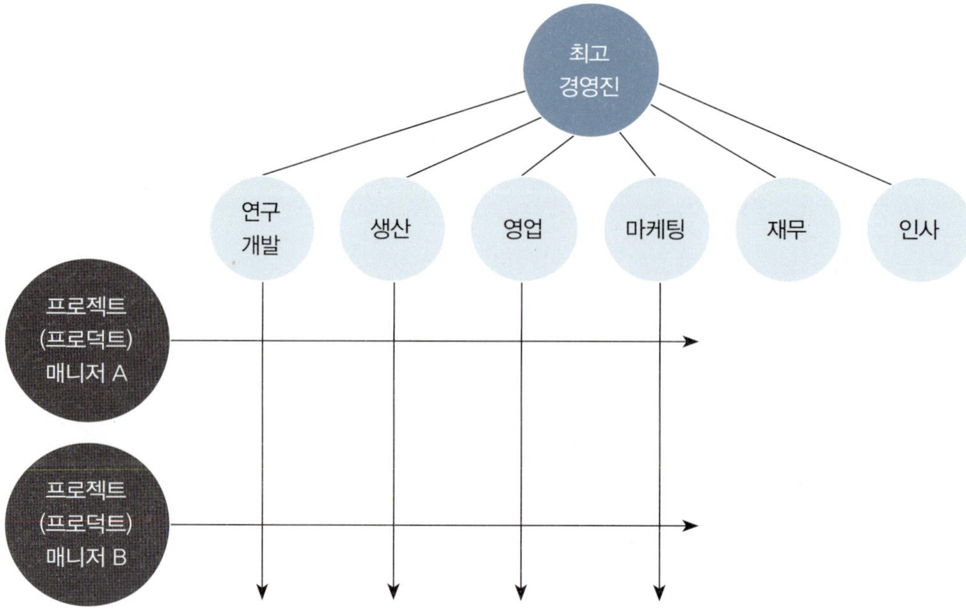

그림 7.3　매트릭스 조직(츠지모토 연구실 작성)

있으나, 리더의 자질에 강하게 의존하게 되거나 단기적인 목적 설정 및 달성에 그치고 마는 문제점 또한 지적되고 있다.

마지막으로 매트릭스 조직은 기능별 조직과 프로젝트 조직을 행렬 형태로로 배치한 조직이다[그림 7.3]. 조직의 기능을 가로축에, 프로젝트 또는 제품을 세로축에 두어, 말하자면 세로 방향으로 구성된 조직을 가로 방향으로도 꿰뚫는 형태로 상호연계를 강화하려는 목적을 가진다. 그러나 가로축과 세로축의 교점에 배치된 인원은 양쪽의 관리자에게 보고하고 지시를 받아야 하기에 두 관리자 간의 연계가 불충분할 경우 지시의 일관성이 없어진다는 문제점이 지적되고 있다.

위의 네 가지 유형은 기본적인 형태로서, 실제의 조직구조는 더 복잡하거나 이들의 조합인 경우가 많다. 예를 들면 어떤 하드웨어 제조기업의 조직구조가 제품의 내부구조와 흡사한 경우가 있다.

또한 이러한 조직구조의 틀에 얽매이지 않는 비공식적인 인적 네트워크의 중요성 또한 많은 연구에서 주장하고 있다. 이는 부문 내외의 경계를 초월한 인적 연결이야말로 조직구조의 핵심이며 그 인적 네트워크가 조직의 활성도와 이노베이션 창출 능력에 영향을 준다는 견해이다.

4. 조직 창조성의 향상

다음 논점은 조직의 창조성(creativity)이다. 창조성에 관한 연구는 조직론의 주요 연구 분야라고 하기는 어렵고 심리학이나 뇌과학과 같은 인접한 영역에서 보다 활발한 연구가 이루어지고 있다. 그러나 많은 연구가 개인의 창조성에 관한 연구이며, 조직의 창조성에 대한 논의는 충분히 이루어지지 않고 있다.

기술경영의 관점에서 연구개발과 제품개발은 매우 중요한 연구영역이다. 연구개발이나 제품개발은 조직적 활동이므로 조직의 창의력이 어떠한 요인에 좌우되며 어떠한 메커니즘으로 발휘되는지를 이해하는 것은 조직관리의 중요한 지혜가 될 수 있다.

여기서는 조직적 창조성을 다룬 Amabile 등(1996)의 연구를 중심으로 소개하고 조직의 창의력을 높이는 조직관리에 대해서 고찰하도록 한다.

창의력 연구 전반에 대해서 Kaimoto and Watada(2012)가 상세히 문헌조사를 한 바 있다. 그들은 조직과 개인의 창조성에 관한 연구를 모두 포함하여 5개의 접근법으로 분류하였다. 이는 성격(personality), 사고능력, 인지, 사회환경, 복합적 접근이다.

여기에서는 특히 조직의 창조성을 다룬 Amabile 등의 연구에 초점을 둔다. 그들은 이전의 창의력 연구를 광범위하게 검토한 후, 창의력을 '모든 영역에 있어서 새롭고 유용한 성과물'로 파악하고 창조성에 영향을 주는 직장환경 요인을 추출하고자 하였다. 그들은 내발적 동기부여, 즉 흥미나 호기심, 의도를 가지고 스스로 업무에 임하고 싶다고 생각하는지 여부가 창조성에 강한 영향을 미친다고 생각하였다. 또한 내발적 동기를 포함한 기타 직장환경 요인이 조직의 창조성을 촉진 또는 저해한다고 하였다.

이러한 견해를 토대로 Amabile 등은 KEYS 척도라는 독자적인 창의력 및 직장환경 요인의 척도를 개발하였다. KEYS 척도는 [표 7.1]에 제시된 6개의 '촉진요인 변수'와 2개의 '저해요인 변수', 그리고 2개의 '성과 변수'로 구성되어 있다.

표 7.1 KEYS 척도(Amabile 1996 및 Hirakimoto and Watada 2012를 바탕으로 필자 작성)

변수 범주	변수(차원)명	내용 설명
촉진요인 변수	조직적 장려	창조성을 촉진하는 조직문화의 정도
	상사에 의한 장려	상사가 모범을 보임, 팀에 대한 지지와 신뢰
	집단에 의한 장려	다양성 있고 능력이 뛰어난 구성원, 상호신뢰와 지원
	충분한 자원	자금, 자재, 시설, 정보 등이 충분한가
	도전적 업무	도전적인 업무에 열중하고 있는가
	자율성	업무 선택과 진행방식을 통제하고 있는 정도
저해요인 변수	조직적 저해요인	사내정치, 신규 아이디어에 대한 비판, 내부 경쟁
	업무 과부하	과도한 시간 제약, 비현실적인 생산성 기대
성과 변수	창조성	얼마나 많은 창조성이 창출되었는가, 실제로 구성원이 창의적인 업무를 수행하고 있는가
	생산성	능률적, 효과적, 생산적인 조직인가

KEYS 척도는 미국 기업에서 검증되어 적절성이 확인된 바 있다. 이후에도 많은 실증연구가 이루어지고 있으며 유용한 척도로서 지지받고 있다. 미국 기업의 검증에서 제시된 결론은 '도전적인 업무', '조직적 장려', '집단에 의한 장려', '상급자에 의한 장려'가 창조성을 촉진하는 영향을 미친다는 것이다. 반면 기존에 널리 알려진 '자율성'과 '충분한 자원'은 통계적으로 지지되지 못하였다. 한편 창의력을 저해하는 요인으로는 '조직적 저해요인(조직 내에 정치적 문제가 다수 존재함)'이 거론되었으며, '업무 과부하'의 영향은 확인되지 않았다.

이러한 결과로부터 Amabile 등은 도전적 업무를 수행하고 있다는 자기인식이 부여하는 높은 내발적 동기가 조직의 창조성을 높인다고 인식하였다. 이는 7.2절에서 기술한 동기부여와도 관련이 깊다고 할 수 있다. 도전적 업무를 수행하는 구성원을 조직, 그룹, 상사가 장려하고 지원하는 조직관리가 창조성을 높이는 것이다.

구체적으로는 도전적인 업무에 적극적으로 임하고자 하는 내발적 동기를 어떻게 이끌어낼지가 조직관리에 있어서 중요하다고 할 것이다. 호기심과 흥미는 개인마다 다르며 변화할 수도 있기 때문에, 조직관리에서 일괄적인 과제 설정은 피해야 한다. 예를 들어 사내 구성원들에게 신규사업의 제안을 장려하는 제도는 조직의 창조성을 효과적으로 향상시킬 가능성이 높다. 실제로 많은 일본 기업에서 사내벤처 제도나 신사업 콘테스트 개최 등의 노력이 이루어져 왔다(NEC, 후지쓰, 소니, 리쿠르트 등).

5. 지식창조를 통한 조직의 자기혁신

다음으로 저명한 일본인 경영학자 중 한명인 노나카 이쿠지로(Ikujiro Nonaka)(1996)를 중심으로 구축된 지식창조 이론과 조직의 자기혁신을 논점으로 들어 본다.

앞선 논의에서는 조직변혁에 대해서는 별로 다뤄지지 않았으나, 조직은 시간이 경과함에 따라 반드시 경직화되고 변화를 인지하거나 유연하게 대응하는 것이 어려워진다. 이에는 '조직관성'이라는 개념이 관련되어 있다. 조직, 특히 성공 경험을 가진 큰 조직에서는 자연스럽게 지금까지의 방식을 그대로 지속하도록 고집하게 되는 것이다. 조직을 한 명의 인간이라고 생각하면 이해하기 쉬울 것이다.

그리하여 환경변화에 대응할 수 없게 되고 시장으로부터 도태되는 것은 자연스러운 흐름이라고 할지도 모른다. 그러나 조직 입장에서 도태되는 것은 바람직한 일이 아니므로 스스로를 변혁하고 환경변화에 유연하게 대응할 수 있는 상태를 유지해 나가는 것이 필요하다.

노나카 등은 더 나아가 스스로 지식을 창조해 나가는 조직이야말로 자기혁신이 가능한 조직이라고 생각하였다. 환경변화에 수동적으로 대응하는 것으로는 불충분하며 자기혁신을 이룰 수 없다는 것이다. 이들은 새로운 아이디어, 제품, 프로세스와 같은 지식을 지속적으로 창출해 나감으로써 능동적으로 자신과 주위 환경을 변화시켜 가는 조직이 지속적으로 성장할 수 있다는 점을 주장하고, 이러한 조직을 '자기초월' 조직이라고 명명하였다.

노나카 등은 그러한 조직의 예로 도요타(특히 생산 시스템)를 들고 있다. 노동자에게는 작업 시 자신이 분담하는 공정 뿐만 아니라 그 전후의 공정, 나아가 자동차 생산 라인 전체를 고려할 것이 요구된다. 그렇게 해서 배양된 현장의 지식은 개선 제안을 통해 공

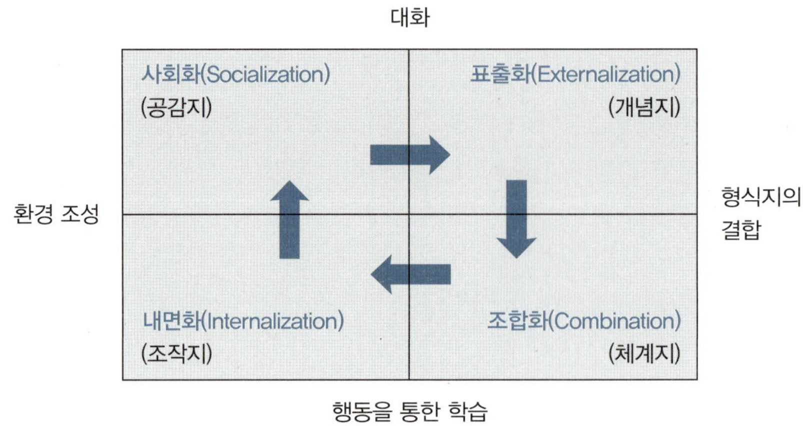

그림 7.4 SECI 모형
(Nonaka and Takeuchi 1995를 바탕으로 필자 작성)

유화 및 체계화되고, 그 결과 생산 시스템은 끊임 없이 개선(자기초월)되어 가는 것이다.

이러한 조직적인 지식창조가 일어나는 과정을 노나카 등은 오랜 연구의 축적을 통해 모형화했는데, 이를 SECI모델이라 부른다[그림 7.4].

모형에서는 지식은 '암묵적 지식'과 '형식적 지식' 사이의 끊임없는 변환(나선형 프로세스)에 의해 창조된다고 하고 있다. 암묵지란 '말로는 설명할 수 없으나 이해하며 사용하는 지식'(Polanyi)이며 '경험을 통해 획득한 지식'이다. 예를 들면 자전거를 타거나 헤엄치는 법이 이에 해당한다. 형식지는 '말로 설명할 수 있는 지식'으로 매뉴얼과 설명서 등이 이에 해당한다.

SECI모델은 4개의 단계 사이의 변환이 반복됨으로써 기능한다고 여겨진다. 각 단계에 대한 설명과 예시를 [표 7.2]에 나타낸다. 4개 단계의 영문의 이니셜을 따서 SECI 모형이라는 이름이 붙게 되었다.

앞서 말했듯이 SECI 모형은 노나카 등에 의해 이루어진 기업조직에 대한 장기간에 걸친 상세한 조사연구에 근거하고 있으며, 고도로 추상적이지만 매우 높은 설득력을 보여준다. 실제 조직관리에 적용하기 위해서는 SECI 모델이 전제로 하는 조직의 요건도 고려하면서 프로세스 구현을 위해 노력을 계속해 나갈 필요가 있다. 예를 들면 제약회사 Eisai는 오랜 기간에 걸쳐 지식창조 활동의 활성화와 SECI 모형의 실현에 힘쓰

표 7.2 SECI 모형의 각 단계(Nonaka and Takeuchi 1995를 바탕으로 필자 작성)

단계	설명
사회화 (Socialization)	암묵지로부터 암묵지를 형성함. 경험의 공유를 통해 타자의 암묵지를 획득하는 것. 도제식 제도, OJT, 공통의 체험
표출화 (Externalization)	암묵지를 형성지로 변환함. 암묵지를 제3자가 알기 쉽도록 언어로 변환하는 것. 개념의 언어화. 비유, 가설, 모델 등.
조합화 (Combination)	표출화된 형식지가 연결되어 조직 수준의 형식지로 변환됨. 개념이 조합 및 체계화되어 새로운 개념이 창출됨.
내면화 (Internalization)	형식지를 개인의 암묵지로 기능화하는 것. 머리로 이해한 지식을 행동을 통해 다시 한번 암묵지로 내면화함(행동을 통한 학습: learning by doing).

고 있는데, 그 성과는 유형 및 무형의 형태로 나타나고 있다.

조직의 지식창조와 자기혁신은 모든 조직에 있어 중요한 과제이나, 특히 규모가 크고 역사가 긴 기업에게 보다 심각한 과제라고 할 수 있다. 조직의 경직화와 진부화는 매우 자연스럽게 진행되는데, 자기초월과 자기변혁이 이루어지지 않으면 외부환경의 변화에 대응할 수 없고 환경에 영향력을 미치지 못하는 조직이 되어 버리기 때문이다.

6. 개방형 혁신을 통한 제품 · 서비스의 개발효율 및 성과의 질 향상

여기서부터는 조직의 개방화 및 조직 간 관계에 대한 논의로 전환한다.

전통적 조직론(여기서는 Barnard의 조직이론 이전을 말한다)은 조직을 폐쇄된 시스템으로 파악하였다. 즉 조직은 경계 밖 환경에 대해 닫혀 있으며 환경의 변화에 좌우되지 않고 자기 스스로 완결된 존재라고 생각되었던 것이다.

그러나 버나드가 조직을 시스템으로서 인식하는 관점을 제시한 이후 근대적 조직론에서는 조직을 개방된 시스템으로 해석하게 되었다. 즉 조직은 환경과 지속적으로 상호작용하고 있으며 환경으로부터의 입력을 조직 내부에서 변환하여 출력된 영향력을 다시 환경에 행사하는 일련의 과정 중 일부를 담당한다고 보는 것이다.

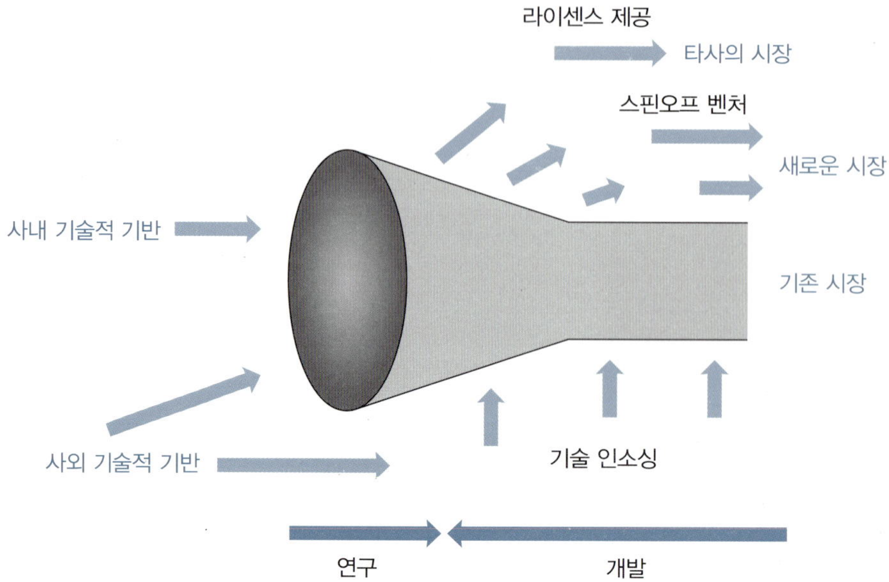

그림 7.5 개방형 혁신의 개념
(Chesbrough 2003을 바탕으로 필자 작성)

조직은 환경과의 관계에서 균형 상태를 유지하면 존속할 수 있다. 바꾸어 말하면 환경이 변화했을 때에는 스스로 내부구조나 프로세스를 변화시켜 적응하지 않으면 생존을 유지할 수 없다. 이러한 개방형 시스템 관점은 본래 생물과 유기체를 설명하는 개념인데, 그 개념을 조직에 대해 적용한 아날로지라고 볼 수 있다. 이러한 환경적응 이론의 대표적인 예로 상황이론(contingency theory)이 있다. 또한 조직이 거꾸로 환경에 영향을 미침으로써 환경을 변화시킨다는 논의 또한 발전하였다.

개방형 혁신(오픈 이노베이션)이라는 사고방식은 Chesbrough(2006)을 중심으로 한 그의 많은 논문과 서적을 통해 제안되었으며 기술경영 학계에 커다란 임팩트를 주었다. 이 사고방식의 중점은 전술한 개방형 시스템의 해석에 있다. 체스브로는 연구개발에서 사업화까지의 프로세스를 [그림 7.5]와 같이 제시하고, 프로세스의 다양한 단계에서 외부의 기술자원과 지식에 액세스하여 조직 내로 들여오거나, 반대로 조직 내의 기술자원과 지식을 조직 외부로 내보내거나 함으로써 혁신 프로세스를 가속하고 그 효율과 성과의 질을 향상시킬 수 있다는 조직관리의 개념을 제시하였다.

개방형 혁신의 개념은 IBM, 인텔, 루센트 등의 실제 기업에서 이루어진 조치를 관찰하여 모형화한 것이다. 체스브로는 이것을 '패러다임 전환'이라고 표현하며 혁신의 방식이 근본적으로 변화하고 있음을 강조하였다.

근래 들어 개방형 혁신에 관한 방대한 양의 연구가 이루어지고 있다. 경영 실무에서도 오픈 이노베이션을 촉진하기 위한 부서를 설치하는 기업이 나타나고 있으며, 그러한 움직임을 통해 대학 및 연구기관과 기업 간의 협력이 진전되고 있다.

한편으로 일본 기업과 대학은 다른 나라와 비교해 폐쇄적이라는 지적이 있다. 예를 들면 NIH증후군(Not Invented Here syndrome)이라고 불리는 편향적 사고가 일본 기업과 대학에 자리잡고 있음이 지적되고 있다. 이는 스스로가 개발한 기술 이외는 믿을 수 없다는 논리에 의해 외부 정보에 대한 접근이 감소함을 의미한다. 일본 기업은 지금까지 조직 내부에서 기술을 개발, 연마, 단련해왔다는 자부심이 있고, 실제로 그 높은 기술수준을 통해 고품질의 제품을 생산해 왔다.

그러나 환경이 변화하는 가운데 내부의 기술을 외부로 방출하고 외부의 기술을 도입하는 등 유연성 있는 조치를 연구개발 프로세스에 도입한 기업이 나타나고 있다. 이 기업들은 자신의 담당범위를 정하고 그 외의 프로세스는 외부에 위탁하며, 꼭 필요한 경우 M&A를 통해 프로세스를 조달함으로써 환경변화에 적응하며 연구개발의 속도와 질을 향상시키고 있다. 이러한 환경변화와 조직관리의 변화에 어떻게 적응해 나가는지가 일본 뿐만 아니라 많은 기업들에게 있어 기술경영적으로 중대한 과제 중 하나이다.

체스브로는 혁신 프로세스에 그치지 않고, 특히 기업의 가치창출 구조인 비즈니스 모델 또한 개방화하고 있다는 혁신시스템 이론을 제안하였다. 그러나 혁신시스템은 많은 관계자가 연관되므로 당연히 조직관리의 난이도는 상승한다. 이러한 조직관리를 어떻게 실현할 것인지가 현대적인 과제라고 할 수 있을 것이다.

7. 네트워크 조직에 의한 혁신 촉진

개방형 혁신과 관련이 깊으나 보다 광범위한 조직론의 패러다임으로서 네트워크 조직론이 있다. 네트워크 조직은 '다수의 개인, 집단, 조직이 특정한 공통목적을 달성하기 위하여 사회 네트워크를 매개로 하여 조직 내부 혹은 외부에 존재하는 경계를 넘어 수평적이고 유연하게 결합하며, 분권적 및 자율적으로 협동할 수 있는 조직 형태'로 정의된다(Wakabayashi, 2009).

이러한 조직 및 조직군에 대한 새로운 관점에 더하여 네트워크 조직의 분석기법으로서 소셜 네트워크 분석이 급속히 발전한 점 또한 조직론에 매우 큰 임팩트를 주고 있다. 네트워크는 점(node)을 선(line)으로 연결하여 묘사되는데, 점과 선에 의미를 부여하면 소프트웨어를 통해 대규모 네트워크를 묘사할 수 있다. 또한 그래프 이론이나 네트워크 지표를 사용하여 다양한 네트워크 구조의 분석 및 평가도 가능해진다. 이렇듯 조직간 관계를 분석하는 다양한 방법론이 개발되고 있어 조직론에 활용되고 있다.

네트워크 분석 이외에 현장조사 혹은 참여관찰법을 통해 실제 네트워크가 형성되는 과정을 관찰 및 분석하는 연구도 있다. 일본 기업의 계열사 간 거래에 관한 연구나 오타 구(도쿄) 및 실리콘 밸리(미국 캘리포니아 주)의 중소기업의 지리적 집적에 관한 연구 등이 그 예이다.

와카바야시는 네트워크 조직의 특징을 다섯 가지로 정리하였다. 첫째로 소셜 네트워크를 매개로 하여 계층 수가 적은 형태(평평한 조직, flat)로 수평적이며 느슨하게 결합하고 있다는 점이다. 둘째는 특정 목적을 공유하면서 공통의 정보, 규범, 거버넌스를 공유하고 있으며, 분권적이고 자율적인 협동관계를 가진다는 점이다. 셋째는 기존의 부문이나 조직의 장벽을 초월하여 조직 내부 및 외부의 인재, 정보, 경영자원을 동원할 수 있다는 점이다. 넷째로 조직 내부의 논리만 따르는 내성적인 의사결정이 아닌, 시장과 외부환경에 기초한 의사결정을 실시한다는 점이다. 다섯째는 자기조직화를 통해 유연하게 변화한다는 점이다.

네트워크 조직론은 현대적 조직의 특징을 잘 나타내고 있으며, 향후 이 분야의 연구의 발전이 크게 기대되고 있다. 또한 상술한 특징은 네트워크 조직이 우위성을 가짐을 시사한다. 즉 네트워크 조직은 환경변화에 대해 자율적으로 유연하게 대처하며, 자기혁신을 이룰 수 있는 잠재적 가능성이 높다는 것이다. 이러한 논점은 제14장에서도 계속 논의한다.

8. 정리

이 장에서는 조직관리라는 제목 하에 조직, 조직론, 조직관리 간의 관계를 규명하고, 조직관리에 대해 자세히 해설하였다. 특히 기술경영의 관점에서 조직론 체계에 따라 6가지 중요한 논점을 설정하여 해설하고 논의하였다.

이 장을 읽음으로써 독자가 조직론의 체계 및 논리를 어느 정도 체감하였다면 목적을 달성했다고 할 수 있다. 독자가 내발적인 호기심과 흥미를 가지고 광대한 조직론과 조직관리의 학습과 실천에 임하는 계기가 되었으면 한다.

참고문헌

1. Amabile, T. M., Conti, R., Coon, H., Lazenby, J. and Herron, M., Assessing the Work Environment for Creativity, Academy of Management Journal, 39(5), pp. 1154-1184, 1996.
2. Latham, G. P., Work Motivation: History, Theory, Research, and Practice, SAGE Publications, 2007.
3. Chesbrough, H. W., Open Innovation: The New Imperative for Creating and Profiting from Technology, Harvard Business Press, 2003.
4. Hirakimoto, H. and Watada, R., Creativity Management: Genealogical Study of Creativity, Hakuto Shobo, 2012.
5. Nonaka, I. and Takeuchi, H., The Knowledge-creating Company: How Japanese Companies Create the Dynamics of Innovation, Oxford University Press, 1995.
6. Wakabayashi, N., Network Organizations: New Vision from Social Network Perspective, Yuhikaku, 2009.

연습문제

- 소속된 조직의 구성원들이 동기를 향상시키고 창조적 능력을 발휘하여 조직을 활성화하기 위해서는 어떠한 조직관리를 실시함이 효과적이라고 생각하는가? 이 장에서 제시한 논점을 토대로 자신의 견해를 기술하시오.

연구개발관리

08

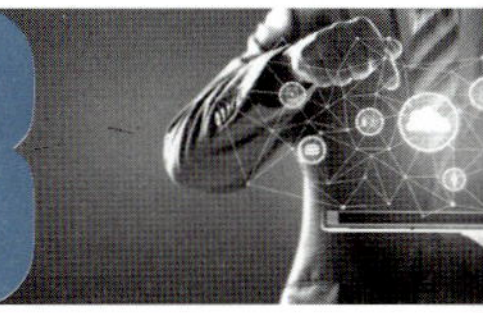

학습 포인트

연구개발은 기업 내에서 새로운 지식을 창조하는 지적활동이 이루어지는 조직으로, 효율성을 높이기 위한 특별한 노력을 필요로 한다. 또한 연구에서 상품화로 넘어가는 단계에서 죽음의 계곡을 극복하는 것도 중요한 과제이다. 근래에 들어 경제의 세계화가 진행되며 기업 연구개발의 세계화 또한 활발해졌다. 연구개발의 세계화와 관련된 이론과 선행연구에 대해 설명한 후, 필자 등이 실시한 일본기업의 중국에서의 연구개발 사례를 소개한다.

키워드

연구개발 관리, 죽음의 계곡, 연구개발의 세계화, 중국

1. 들어가며

제조업이나 하이테크 기업에 있어서 연구개발은 기업의 경쟁력에 영향을 미치는 원동력이 되는 지식을 창조하는 활동이다. 그것의 조직체제나 운영방법, 관리에는 세심한 주의가 필요하다. 진화경제학자인 컬럼비아 대학의 Nelson은 기업이 연구개발을 실시하는 이유를 기술을 개발 및 이전하기 위해 공식적으로 정보를 수집하는 활동이라고 하였다. Nelson은 기업이 기초연구를 실시함으로써 응용연구에서 탐색해야 하는 영역을 좁힐 수 있으며, 이로써 응용연구의 생산성이 향상됨을 보였다. 또한 기술의 경로의존성에 의해 하나의 기술개발은 다음 기술개발로 이어진다. 제2장에서 지식에 대해

서 논의했는데, 암묵지는 기업 고유의 것이며 보고서 등으로 기술할 수 없기에 사람을 중심으로 이전된다. 기업 내에서 연구개발을 실시하면 연구개발 성과는 연구자의 암묵지를 통해서 사업부로 이전된다. 다음 절에서는 연구개발관리의 과제를 해설한다.

2. 연구개발관리

연구개발예산의 배분

연구개발을 실시하는 기업에게 연구개발예산의 배정은 하나의 과제이다. [표 8.1]에 2011년 10대 기업의 연구개발비를 나타내었다. 10대 기업은 도요타, 파나소닉, 혼다, 소니, 닛산, 히타치, 도시바, 캐논, 다케다약품이다. 매출 대비 연구개발비의 비율을 보면 다케다가 20.7%로 예외적으로 높았으며, 다른 기업은 2.6%에서 8.8% 사이에서 분포하고 있다. 2015년에는 어떻게 변화했는지 살펴보면, 도요타, 혼다, 닛산, 소니,

표 8.1 2011년 상위 10개사의 연구개발비(일간공업신문 2011/7/20)

순위	기업	연구개발비(10억 엔)	매출 대비 비율	상승률(%)
1(1)	도요타	760	4.1	4.1
2(2)	파나소닉	550	6.7	13.8
3(3)	혼다	540	6.0	2.3
4(4)	소니	460	6.0	7.8
4(5)	닛산	460	4.9	15.2
6(6)	히타치	420	4.4	6.3
7(7)	도시바	350	5.0	9.5
8(8)	캐논	330	8.8	4.5
9(9)	다케다 약품	300	20.7	3.8
10(10)	NTT	270	2.6	0.0

(괄호 안은 2010년 순위를 표시하고 있음)

파나소닉은 순서는 바뀌었으나 2011년과 같이 상위 5개사에 들었고, 특히 상위 3개사가 모두 자동차 제조사이다. 이어서 덴소, 히타치, 다케다 약품이 뒤따른다. 덴소는 처음으로 10위 안에 들었다.

자동차 제조사 3개사의 연구개발 주제는 연료전지, 자율주행과 전기자동차이고, 전자기기 제조사는 반도체, 로봇, 스마트 하우스 관련 연구이다. 제15장에서 해설할 것인데 스마트 하우스는 향후 성장 가능성이 있는 분야이다. 덴소는 친환경 자동차나 고도의 운전기술, 자율주행 관련 기술개발을 실시하고 있다. 히타치의 연구 테마는 인공지능, 센서, 보안 등이며 IoT(Internet of Things)에 주목하고 있다.

Twiss는 연구개발투자액 결정 방식의 주요 방법에 대해서 다루며 그 장점과 단점에 대해서 기술하고 있다(Twiss, 1992).

① 타사와의 비교.
② 매출에 대한 고정 비율
③ 이익에 대한 고정 비율
④ 과거 배분액과 동등한 수준
⑤ 사내의 내부고객 거래

분야에 따라서도 매출 대비 연구개발비의 비율은 다르다. 이익 대비 고정 비율의 방법은 적절하지 않다고 Twiss는 충고하였다. 왜냐하면 이익이 감소했을 때 연구개발비 또한 축소하게 되는데, 연구개발에서 상품화까지의 시간차를 고려하면 실적이 회복될 무렵엔 연구개발의 성과, 즉 기술 시즈의 씨앗이 없어지게 된다.

내부고객 거래란 고객인 사내 사업부가 연구개발부문에 연구개발을 위탁하여 연구비를 직접 부담하는 구조를 말한다. 본사로부터 배정되는 예산과 내부고객 거래에 의한 예산의 합이 연구개발부문의 총 예산이 된다.

연구개발 주제의 선택

연구개발소에서는 기업의 단기, 중기, 장기적 시야에 근거한 전략이 필요하며 많은 제안 중에서 연구개발 프로젝트를 선택해야만 한다. 먼저 프로젝트의 타당성, 의의 등에 대해 예비평가를 실시한 후에 더욱 심도있는 평가를 실시한다. 예를 들어 신제품의 경우에는 사용자에게 공헌하는 점을 규명한 후에 예비평가에 착수한다. 예비평가에서는 ①연구개발 단계에서부터 상품화, 사용자가 제품을 폐기하는 시점까지의 모든 프로세스에 대하여 환경 측면의 과제를 포함하여 종합적으로 분석한다. ②제품개발, 생산, 마케팅, 유통도 고려하여 신제품이 기업의 마케팅, 유통 등 시스템과 호환성(compatibility)이 있는지 검토한다. ③자사가 필요로 하는 기술역량을 모두 갖추고 있는지 검토한다. ④개발하려는 제품이나 기술이 기술 시스템의 일부인 경우, 시스템과의 호환성을 검토할 것을 Twiss(1992)는 제안하고 있다.

또한 Twiss는 정성적인 체크리스트 접근법을 제안하였다. 이에 따르면 연구 관리자는 각 항목에 대해서 검토하고 1~100까지의 점수를 부여한 다음 종합 점수에 따라 프로젝트의 우선순위를 결정할 수 있다. 체크리스트는 다음과 같다.

① 기업 목적과의 정합성
② 기업 성장에 대한 영향
③ 연구자의 능력 및 전문성
④ 연구개발 프로그램의 전체적 균형
⑤ 다른 연구개발 프로그램과의 상호작용
⑥ 경쟁자의 연구개발 프로그램
⑦ 경쟁자의 반응
⑧ 잠재적 시장의 크기
⑨ 다른 제품의 매출에 대한 영향
⑩ 혁신을 통한 스핀오프 가능성
⑪ 개발, 생산, 마케팅 비용
⑫ 투자 규모와 타이밍
⑬ 특허 출원 가능성

③의 경우, 새로운 주제의 연구개발을 실시할 때 그 연구에 착수할 수 있는 연구자가 사내에 몇 명이나 존재하는지는 중요한 포인트가 된다. 기업 내의 자원은 한정되어

있으므로 새로운 연구개발을 시작할 때 자원배분을 포함하여 다른 프로그램과 조율하여야 한다. ④연구개발 프로그램의 전체적 균형은 단, 중, 장기적 시야에 근거한 각각의 균형을 말한다. ⑦은 만일 새로운 테마로 연구개발을 실시할 경우 경쟁자가 어떻게 반응할 지를 뜻한다. ⑨는 연구개발을 진행하여 신제품이 시장에 출시될 경우, 자사의 다른 제품의 매출에 어느 정도의 영향을 주는지를 나타낸다. 즉 신제품이 기존제품의 매출을 감소시킬 가능성도 있는 것이다.

연구개발 조직체제

제3장에서 다룬 광전자공학 분야의 기술력 축적의 사례연구에서도 드러났듯이, 기술력 축적에는 최고경영자의 전략과 지원이 매우 중요하며, 장기적 시야를 바탕으로 한 전략을 필요로 한다. 성과를 거둘 때까지 10년, 20년이 필요하거나 투자액이 큰 경우도 있으므로 최고경영자의 의사결정에서는 리스크와 투자액, 필요기간을 고려할 것이 요구된다. Rosenbloom and Cusumano(1987)가 VTR(video tape recorder)산업의 탄생에 대해서 조사한 바에 따르면, 도시바의 기술자는 1959년이라는 이른 시기에 헬리컬(helical) 스캐너를 이용하여 VTR 발명에 성공하였다. 그러나 도시바의 최고경영진은 그 연구의 가능성을 올바르게 평가하지 못하고 프로젝트 추진을 위한 자원을 배분하지 않았다. 그 결과 후발주자인 소니, JVC, 마쓰시타 등에게 주도권을 넘겨주게 되었다. 반면 이 3개사의 경영자는 VTR 발명 초기에 기술이 언제 이익을 창출할지 아직은 불확실할 때, 미래에 큰 시장으로 성장할 것을 믿고 기술발전을 위해 투자할 것을 결단하였다.

Pavitt은 연구소의 설치 장소 및 사내에서의 위상에 대해서 논의하였다(Tidd, Bessant, Pavitt, 1997). 연구개발조직은 섹터혁신시스템과도 관계가 있으며, 기초연구인지의 여부, 산업의 성숙도, 제품수명주기 등을 고려하면서 연구개발조직의 조직설계가 이루어져야 함을 주장하였다. 연구개발부문과 마케팅, 생산 부문 등 다른 부문과의 상호작용의 정도 또한 고려할 필요가 있다. 자동차나 항공기의 경우에는 연구개발과 설계, 생산 부문 간에는 상호작용이 빈번하나, 의약품의 경우에는 자주 일어나지 않는다. 따라서 의약품의 경우에는 사업부와 떨어진 곳에 있는 고립된 연구소가 적합하지만, 자동차의 경우에는 설계 부문이나 생산 부문과 가까운 곳에 설치하는 것이 바람직하다고 Pavitt는 논하였다.

본사 수준에서 연구소를 설치하는 경우에는 장기적인 시야에 근거한 지식창조와 새로운 기술 옵션을 획득하기 위한 연구개발을 실시할 것을 주장하였다.

한편 사업부 수준에서 설치하는 경우라면 중기적 시야에 바탕을 두고 연구개발을 진행하여 사업부 간의 시너지 효과를 획득할 수 있으며, 주로 제품개발의 진행에 적합하다.

죽음의 계곡

연구개발에 투입되는 자원을 줄이거나 얻는 성과를 늘림으로써 효율성을 향상시킬 수 있다. 기업들은 투입자원을 줄이기 위해 프로젝트를 선택하는 방법의 개발에 주력하기도 하였다(Osawa, Murakami, 2002).

또한 연구개발에서 상품화하기까지의 프로세스에 죽음의 계곡(Valley of death)이 존재함이 선행연구에서 지적되었다(Evans, 2002)(죽음의 계곡에 관한 대표적인 학술논문으로는 Auerswald and Branscomb(2001) 등이 있다–역자주.). 여기서는 Osawa, Miyazaki(2006)가 실시한 일본 모 대기업의 복수 사업부의 데이터를 바탕으로 한 죽음의 계곡에 관한 실증연구를 소개한다. [그림 8.1]과 같이 연구개발에 이어 기술이관 및 상품화 단계를 거쳐 제

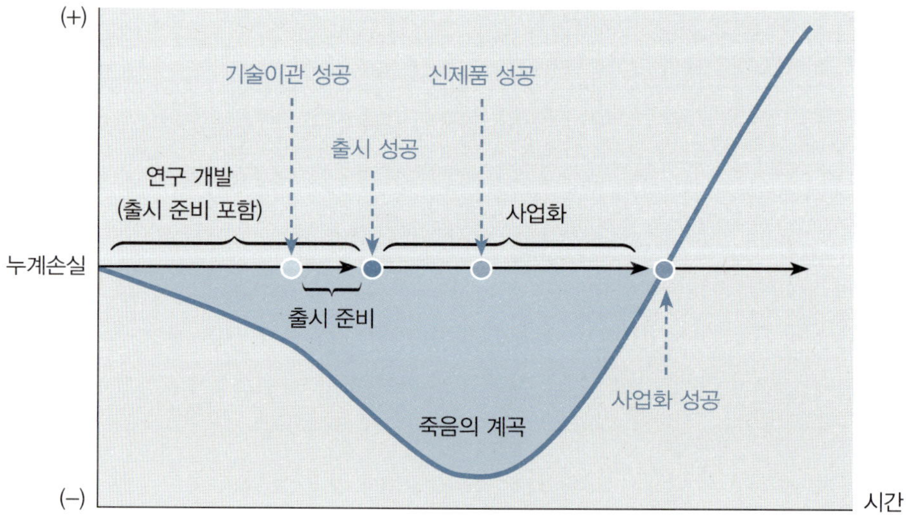

그림 8.1 죽음의 계곡
(Osawa and Miyazaki 2006)을 토대로 필자 작성)

품이 실제로 시장에 출시되게 되면 제품으로 성공이라 할 수 있으며, 그 이후에 죽음의 계곡을 극복함으로써 사업으로서도 성공하게 된다. 그림에서 세로축은 누적손익, 가로축은 시간을 나타낸다. 기업의 최고경영자나 CTO에게 있어 신제품 개발에 어느 정도의 시간과 예산을 배분하면 좋을지를 판단하는 것은 특히 대형 프로젝트의 경우 중요한 과제이다. 대형 프로젝트에서 시간과 예산이 예정한 바를 초과하는 문제는 흔히 일어난다. 이 연구에서는 대형 프로젝트를 진행할 때 예산과 시간의 상한을 정하는 효율적 방법에 대하여 조사대상 기업에서 진행된 17개의 프로젝트를 바탕으로 성공 및 실패의 패턴을 분석함으로써, 죽음의 계곡을 극복하지 못한 요인에 대해서 검증하였다. 프로젝트가 속하는 시장은 정보통신, 전자, 자동차, 공업자재, 에너지 분야이며, 연구에서부터 상품화까지의 기간은 짧은 것은 3년, 긴 것은 20년이었다. 시장에 따라 기간은 달랐는데 재료 분야의 연구에 특히 긴 기간이 소요되는 것으로 밝혀졌다. 누적손익의 시계열 변화를 관찰한 결과 4가지 패턴이 관찰되었는데, 이를 [그림 8.2]에 나타내었다.

패턴 ①은 매년 단 한 번도 이익이 나지 않아 취소된 프로젝트이고, ②는 짧은 기간(1개 년도) 이익을 냈으나 그 이후에는 이익이 발생하지 않은 것, ③은 몇 년간 이익을

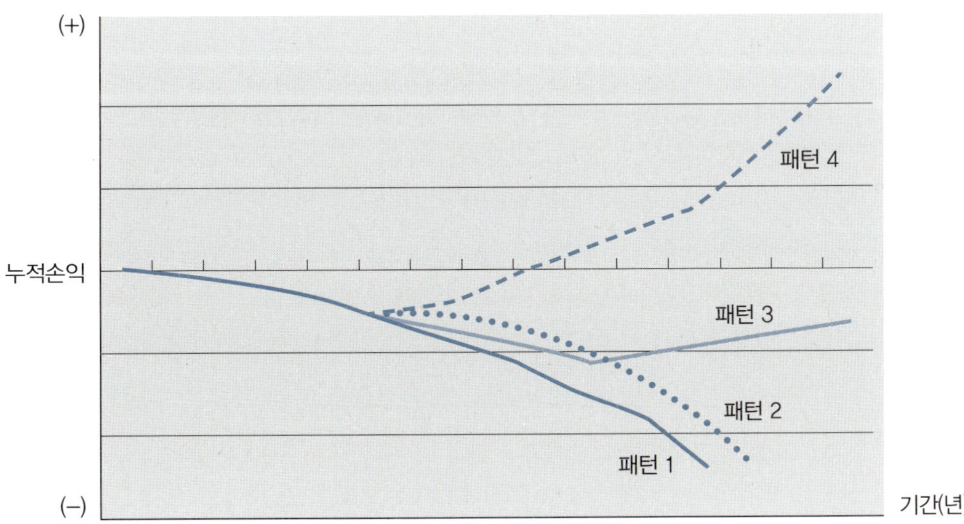

그림 8.2 누적손익의 4가지 패턴
(Osawa and Miyazaki 2006)을 토대로 필자 작성)

냈으나 누적으로는 이익이 비용을 넘지 못한 것, ④은 누적 이익이 비용을 초과하여 사업적으로 성공한 패턴이다. 실패한 8개의 프로젝트를 분석한 결과, 5개의 프로젝트에서는 비용절감에 실패했거나 목표한 성능을 달성할 수 없었던 것 등의 기술적 요인이 실패사유이었다. 나머지 3개 프로젝트는 시장과 관련된 이유로 실패하였다. 시장이 크게 성장했음에도 불구하고 대응하지 못했던 것이다. 본 연구의 결과는 기업의 연구개발 관리자를 위한 가이드라인을 작성할 때 참고할 만하다고 생각된다.

기타 과제

Allen(1977)은 연구현장에서 중요한 역할을 수행하는 기술 문지기(technological gatekeeper)의 특징을 다음과 같이 제시하였다. 이들은 다른 연구자보다 더 많은 과학기술 분야 학술지를 구독하여 외부로부터 정보를 입수한다. 또한 외부의 과학자 및 기술자와 교류하여 귀중한 정보를 사내에 도입함으로써 기술 문지기 역할을 수행한다.

Von Hippel(1988)이 제시한 선도사용자(lead user)는 사용자들이 미래에 당면하게 될 수요를 일반 사용자보다 상대적으로 먼저 인식하고 있는 사용자를 말한다. 이들은 수개월에서 수 년 더 빠르게 잠재적 수요를 인식하며, 인식한 과제를 해결함으로써 이익을 얻게 된다고 Von Hippel은 지적하였다.

3. 연구개발의 세계화

연구개발 세계화의 과정

최근 교통과 정보통신기술, 인터넷 등의 발전에 의해 세계가 축소되고 기업은 시간 및 공간의 영역을 넘어서서 활동하게 되었으며, 세계화가 급속히 진행되고 있다. 일본기업의 해외 연구비 비율 상승이 관찰되고 미국과 유럽 외에 아시아 각국의 연구개발이 활발해지고 있다. 세계화를 촉진하는 요인은 다음과 같이 정리할 수 있다. 규제가 완화됨에 따라 자금조달을 세계적으로 전개할 수 있게 되어 해외투자가 용이해졌다. 또한 세계화된 시장에 진출함으로써 규모의 경제 등을 통한 이점을 취할 수 있다. 기술이 중요한 경쟁요인이 되었기 때문에 특히 하이테크 기업은 글로벌 경쟁을 전개할 필요가 있다. 그리고 고도의 IT기술 발달이 세계화를 용이하게 하였다. 즉 세계화가 중요해진 요인과 세계화를 촉진하는 요인이 상호작용을 일으키면서 복잡하게 결합하여 세계화가 진전하고 있다.

제2장에서 기술주도형 및 수요견인형 기술혁신 모형을 소개하였다. 기술주도형 혁신은 기초연구에서 출발하여 응용연구, 제품개발, 생산을 거쳐 시장으로 나아간다. 일반적으로 일본기업의 세계화 과정은 이 프로세스와는 정반대의 흐름으로 진행된다. [그림 8.1]과 같이 ①첫 단계로 시장 정보를 수집하기 위해 현지에 거점을 설치한다. ②다음으로 현지에서 생산 및 AS를 실시한다. ③현지에서 제품의 개량 또한 실시한다. ④현지에서 제품개발을 추진한다. ⑤마지막으로 연구소를 설치하여 연구를 실시한다.

Ohmae(1985)은 4단계 모형을 주장하였다. ①모든 활동을 본국에서 실시하면서 현지의 유통업자를 통해 제품을 수출한다. ②해외에 영업과 마케팅을 전개할 거점을 만든다. ③현지 고객 대응을 위해 해외에 연구개발, 엔지니어링, 파이낸스 등의 기능을 포함한 거점을 설립한다. ④세계적으로 활동을 통합한다. 즉 모든 활동을 본국과 현지에서 진행하여 세계적 관점에서 제품을 개발, 생산한다.

세계화 부정론

세계화의 실태에 대하여 Pavitt과 Patel(1991)은 미국 특허를 사용한 실증연구를 실시하였는데, 기업 경쟁력에 영향을 주는 기술개발에 관해서는 세계화가 그다지 진행되지 않았음을 밝혔다. Pavitt 등은 세계화의 진행속도가 나라에 따라 크게 다름을 지적하였다. 예를 들어 네덜란드 같이 작은 국가의 경우 세계화가 진행되고 있으나 미국이나 일본 같은 국가에서는 기업에게 있어 가장 중요한 첨단기술의 개발은 해외가 아닌 국내에서 대부분 이루어지고 있다는 흥미로운 결론에 이르렀다. 세계적 대기업은 생산의 약 20~30%를 해외에서 실시하지만 주요 연구개발은 약 10% 정도만 해외에서 진행한다. 일본, 미국, 독일 기업은 80% 이상의 첨단기술 개발을 본국에서 실시한다. 미국 특허는 1)일본에 있는 해외기업 연구소가 특허를 출원한 경우(예를 들어 일본 IBM 연구소)와 2)일본기업의 해외 연구소(예를 들면 영국 NEC연구소)가 특허를 신청하는 2가지 경우로 나눌 수 있다. 전자는 일본 국내의 연구개발이 어느 정도 세계화되어 있는지를 나타내고, 후자는 일본기업 연구개발의 세계화가 어느 정도 진전되어 있는지를 나타낸다. 이러한 미국 특허를 본국 특허와 비교해 보면, 영국의 경우 영국기업의 해외 연구소가 출원한 미국 특허의 수가 전체의 20% 이상이고 영국 내 외국기업 연구소의 미국 특허 출원 또한 20% 이상으로, 연구개발의 세계화가 비교적 진행되어 있음을 볼 수 있다. 일본의 경우 일본기업의 해외 연구소에 의한 미국 특허 신청은 1% 정도이고 일본에 있는 해외기업 연구소의 미국 특허 신청율도 1% 미만임을 보면, 선진국 가운데 연구개발의 세계화가 더딤을 알 수 있다.

연구개발의 세계화를 촉진하는 요인

기업이 본국이 아닌 해외에서 연구개발을 하는 이유에는 기술주도형 요인과 수요견인형 요인의 2가지가 존재한다.

기술주도형 요인은 ①혁신적 아이디어를 창조하고 ②해외의 우수한 과학자 및 기술자와 상호작용하며 ③과학기술 네트워크의 일원이 될 수 있고 첨단 과학기술 지식을 입수할 수 있다는 점이다. 반면 수요형 요인으로는 ①해외시장에 알맞게 제품을 현지화하고 ②해외 생산거점을 이용 가능한 점 등이 꼽힌다.

Florida(1996)는 전기, 의약품 및 바이오, 재료 및 화학, 자동차의 4개 산업을 대상으로 외국기업이 미국에서 실시하는 연구개발의 규모, 활동, 조직, 퍼포먼스에 대한 실증연구를 실시한 결과, 전기 분야에서는 기술주도형과 수요견인형 요인이 모두 중요하다는 점과 의약품 및 바이오 분야에서는 기술주도형 요인이 중요하다는 점을 지적하였다. Yamada and Miyazaki(1998)는 일본의 전자기업 8개사와 의약품기업 7개사를 대상으로 논문 데이터와 설문조사에 기초하여 실증적으로 분석하였다. 연구개발 세계화의 목적, 세계화의 형태(자사 내 또는 타 기관과의 협동연구), 연구개발 거점을 보유한 해외 국가, 연구개발 기능, 연구분야, 해외 연구개발을 시작한 연도, 추후 계획 등에 관한 정보를 입수하여 분석하였다. 그 결과 의약품 분야는 연구개발의 세계화가 지리적으로 미국, 독일, 영국 등에 한정되어 있고, 1990년까지도 세계화 비율이 5% 정도였으며 1990년대 이후에 상승한 것으로 밝혀졌다. 전자 분야에서는 1980년대부터 기업 연구개발의 세계화가 활성화되기 시작한 것에 비해 의약품 연구개발은 10년 정도 지연된 것이다. 전자 분야에서는 세계화 촉진 요인으로 기술주도형 요인이 많았고, 구체적으로는 첨단 지식을 얻을 수 있는 점, 해외의 일류 연구기관과 협력할 수 있는 점,

과학기술 네트워크를 구축할 수 있는 점 등이 꼽혔다. 흥미롭게도 Florida의 결론과는 달리 필자 등의 연구에서는 의약품 분야에서 제품의 현지화 등 수요견인형 요인이 거론되었다. 해외에서 실시한 연구의 형태는 전자 분야에서는 자사 내의 응용연구와 타 기관과의 공동연구가 많았고, 의약품 분야에서는 자사 내의 임상연구와 타 기관과의 협력을 통한 기초연구가 많았다.

4. 일본기업의 중국에서의 연구개발 세계화의 실증분석

배경

필자는 과거 같은 연구실에 속했던 Hu Ying과 일본기업의 중국에서의 연구개발에 관한 연구를 수행한 바 있어 여기에 소개하고자 한다(Miyazaki, Ying 2009).

Kita(2002)에 따르면 일본기업의 중국에서의 연구개발은 1990년 이후 시작되었다. 1995~1998년에 23개사가 시작했으며, 1998년 이후에는 더욱 활발해져 2001년에 파나소닉과 도시바가 베이징에 거점을 설치하고 중국어 정보검색 기술이나 차세대 휴대전화 소프트웨어 개발 등의 연구개발을 수행하여 왔다. 또 2002년 초에 소니가 상하이에 음향 및 영상 기기용 소프트웨어 연구개발 거점을 설립하였다.

Kita(2002)에 따르면 중국 연구개발거점을 설치함으로써 시장 전략의 우위를 점하는 시장적 요인 외에도 우수 인재 확보의 측면에서 높은 기술 잠재력을 활용가능하게 될 가능성이 있다.

중국은 기술력을 축적하고 있으나 아직 선진국과 대등한 수준에는 도달하지 못하였다. 또한 지식재산권에 의한 혁신 보호가 취약하다. 반면 칭화대학교와 같은 세계적 일류대학을 보유하고 있다. 마이크로소프트, 인텔, IBM, 모토로라 등 미국기업은 이미 1990년대에 연구소를 설립하고 소프트웨어 관련 연구개발을 시작하였다. 중국에서 제품을 판매하기 위해 미국 본사의 기술, 설비, 제품을 중국에서 응용개발하고, 또한 중국시장용 제품을 개발하는 것을 목적으로 하고 있다.

필자와 Ying은 중국에서 연구개발을 실시하고 있는 기업 12개사를 대상으로 설문조사를 실시하여 중국에 연구개발거점을 설치한 이유, 지역 선택의 기준, 연구 형태, 산학협력의 여부, 연구의 기능, 중국인 연구자에 대한 평가, 중국에서 연구개발을 실시하는 장단점 등에 대하여 정보를 수집하고 통계적으로 분석하였다. 또한 설문조사 전에 예비조사로서 중국에 진출한 일본기업 4개사를 대상으로 상하이에서 인터뷰를 실시하였다.

이 연구의 목적은 일본기업이 중국에서 연구개발을 실시하는 의의와 목적, 형태를 이해한 후 기술주도형 및 수요견인형으로 분류를 시도하고, 중국 연구개발 수행의 과제에 대해 파악하는 것이었다. 대상 기업은 소니, Omron, NEC, 스미토모전공, 미쓰미 전기, 리코 소프트웨어, 히타치제작소, 도시바, Oki, 후지쓰 전기시스템, 닛산, 호리바 제작소이다.

결과

본 연구에서 일본기업의 중국 연구개발이 점점 활발해지고 있으며, 이전에는 시장에 대응하기 위한 응용개발 등 시장견인형의 연구개발이 주류였던 반면 현재는 시장견인형에 더하여 기술주도형으로 변화하고 있음이 밝혀졌다.

클러스터 분석을 실시한 결과 기업들이 2개 그룹으로 나뉘었다.

- 그룹 1: 소니, 스미토모 전공, 미쓰미 전기, 리코, Oki 전기, 닛산
- 그룹 2: Omron, NEC, 히타치, 도시바, 후지 전기

그룹 1은 시장견인형 연구개발을 수행하는 기업이고 그룹 2는 기술주도형 연구개발을 수행하는 기업이다.

중국에서 연구개발을 실시하는 이유는 ①잠재적 시장 규모, ②잠재적 시장 성장성, ③우수한 연구자 및 기술자를 확보할 수 있는 점, ④현지의 일류대학과 공동연구를 실시하는 점, ⑤비용 요인 등이 꼽혔다. 흥미롭게도 일본인 연구자와는 다른 사고방식이나 감성으로 연구를 수행할 수 있다는 점도 지적되었다. 게다가 중국인과 일본인 연구자 간의 상호작용이 일본인 연구자의 창의력에도 자극으로 작용함이 밝혀졌다.

여러 가지 이점이 거론된 반면에 중국 연구개발의 문제점도 조사되었다. 중국인 연구자는 노력파이며 우수하지만 쉽게 이직하는 경향이 있다. 또 지식재산 보호의 문제점, 즉 중국의 지식재산법령이 완벽하지 않기 때문에 기술이나 노하우 등의 보호가 어

려움이 지적되었다.

어떠한 연구개발을 중국에서 진행하고 있는지에 대해서는, 중국시장용 개발연구, 일본시장용 개발연구, 중국시장 현지화를 위한 응용연구 및 시제품, 일본시장 및 미국시장용 기초연구의 순으로 많았다. 중국에서의 연구개발을 스스로 평가한 결과는 11개사 중 9곳이 성공적이라 판단하였다. 다수의 기업이 개발연구 성과의 일부가 이미 제품화되어 있다고 답하였다.

일본기업의 중국 연구개발 요약

중국에서의 연구개발활동은 언어장벽, 문화나 사고의 차이를 극복해야만 하고, 또한 인재의 유동성이 높은 점이나 지식재산 보호 문제 등의 과제가 있음에도 불구하고, 기본적으로 성공적임이 밝혀졌다. 일본기업의 중국에서의 연구개발은 기존의 시장견인형 연구개발에서 한층 더 나아가 중국인 연구자의 능력을 활용한 기술주도형 연구개발로 전환하고 있다고 말할 수 있다. 상하이에 거점을 보유하고 있는 Omron의 인터뷰에서는 '향후 더욱 성장할 중국시장에서 사업을 영위하기 위해서는 시즈, 니즈, 상품의 과제를 중국에서 체감하면서 그 감각을 반영한 R&D 공조를 실시함이 중요하며, 일본과 중국 연구자 간의 협동이 성과창출의 속도를 향상시킬 것'이라는 의견이 나왔다(Ying, 2009).

5. 정리

이 장에서는 '연구개발관리'라는 제목 하에 연구개발의 매니지먼트와 조직체제, 연구개발의 죽음의 계곡, 연구개발의 세계화를 해설하였다. 그 다음으로 중국에서의 일본기업의 연구개발에 대하여 실시한 실증연구를 소개하고, 중국에서의 연구개발이 새로운 단계에 진입했음을 지적하였다.

독자가 세계적인 시야를 바탕으로 기업 연구개발의 관리를 학습 및 실천하기를 기대한다.

대담 연구개발 평가법 개발과 최고경영자를 향한 제언

야마나카산업 주식회사 이사 오오사와 요시타카

일본기업은 1990년대에 버블경제가 붕괴하면서 연구개발에 자원 투입을 늘리기가 어려워졌다. 이 때 스미토모전공에서는 연구개발 자원배분의 최적화를 목적으로 하는 연구 프로젝트 평가방법을 새로이 개발하여 효과를 거두었다. 과거 자료의 내용도 참고하여 평가항목은 정성(2개 항목)과 정량(3개 항목)의 균형을 고려한 5항목으로 하였다. 정성적 항목은 프로젝트의 장래성을 파악할 수 있으나 회사에 대한 기여 면에서는 설득력이 떨어진다. 한편 정량적 항목만으로는 회사가 목표로 하는 방향성이 보이지 않게 될 가능성이 크다. 또한 프로젝트 리더가 회사에 대한 기여, 즉 연구성과의 아웃풋 향상을 의식하도록 하기 위해서, 데이터를 입력하면 즉시 계산 및 출력할 수 있게 하여 몇 번이라도 시뮬레이션을 할 수 있도록 하였다. 이 평가방법을 실천한 결과, 리더가 자율적으로 프로젝트 중지를 제안하거나 유망한 프로젝트를 발견, 또한 자원 효율화 의식의 개선 등이 일어났다. 그리하여 이 방법은 다른 13개 기업에서도 도입되었다.

기업의 최고경영자나 CTO는 프로젝트의 성공확률을 높여야 한다. 이를 위해서는 실패한 프로젝트가 어느 단계에서 실패했는지를, 또한 그 이유를 철저히 분석해야 한다. 또 프로젝트를 진행함에 있어 기술과 시장이라는 2개의 불확실성에 유의해야 한다. 기술의 불확실성에 관해서는 적절한 기술을 선택하는 기술평가 인재의 육성이 중요하다. 또한 청색 LED와 같이 예상치 못한 유력 기술의 출현에 대비하여, 대학과의 공동연구 등의 조치를 통해 리스크를 분산시켜 두는 것도 중요하다. 시장의 불확실성, 예를 들면 IT 버블 붕괴 등에 대해서는 미리 리스크를 최소한으로 억제하는 예방책이 필요하다. 시장동향을 신속히 탐지하는 안테나 기능을 강화하거나, 핵심기술을 제외한 나머지는 연합(얼라이언스) 혹은 외부 위탁을 통해 자사의 자원투입을 제한하는 것이 바람직하다.

참고 문헌

1. Ohmae K., Triad Power: The Coming Shape of Global Competition, NewYork: Free Press, 1985.
2. Rosseger, G., The Economics of Innovation, Butterworth Heinemann, 1996.
3. Miyazaki, K., Building Competences in the Firm, Lessons from Japanese and European Opto-electronics, Macmillan, 1995.
4. Katz E., Levin, M. L. and Hamilton, H., Traditions of Research on the Diffusion of Innovation, American Sociological Review. 28(2), 1963.
5. Kodama F., Paradigm of High-tech technology, Chuo Koron, 1991.
6. Tidd, J., Bessant, J. and Pavitt, K., Managing Innovation, Integrating Technological, Market and Organizational Change, John Wiley, 1997
7. Rosenbloom R. and Cusumano M, Technological Pioneering and Competitive Advantage: The Birth of the VCR Industry, California Management Review, 29(4), 1987, pp. 51-76.
8. Osawa, Y. and Murakami, M. Development and Application of a New Methodology of Evaluating Industrial R&D Projects, R&D Management, 32(1), pp. 79-85.
9. Osawa, Y. and Miyazaki, K. An Empirical Analysis of the Valley of Death: Large Scale R&D Project Performance in a Japanese Diversified Company, Asian Journal of Technology Innovation, 14, 2, pp. 93~115, 2006.

10 OECD 1992 Technology and the Economy The Key Relationships

11. Hu, Y., R&D Strategy of Japanese firms in China, Tokyo Institute of Technology Project Report, 2008.
12. Miyazaki, K. and Hu, Y., An Empirical Study of the R&D Globalization of Japanese Firms towards China, PICMET, Portland, USA, 2009(CD Proceeding)
13. Twiss, B., Managing Technological Innovation, Pitman Publishing, London
14. Florida R., The Globalization of R&D: Results of a Survey of Foreign Affiliated R&D Laboratories in the USA, Research Policy, 26(1), pp. 85-103. 1997
15. Kita, M., R&D Investment and Management in China, JICA Research Institute Journal, 9, pp. 99-123, 2002.

16. 山田晃央, 宮崎久美子, 90年代の日本企業における研究開発のグローバル化の分析－電気機器と医薬品のケース, 研究技術計画, 14, 4, pp. 253-265, 1999.

17. Abernathy, W. and Utterback J., Patterns of Industrial Innovation, Technology Review, 80, 7, pp. 40-47, 1978

18. Pavitt K. and Patel P., Technological Strategies of the World's Largest Companies, Science and Public Policy, pp. 363-368, 1991.

19. Evans, The Advanced Technology Program: Reform with a Purpose, US Department of Commerce, Feb. 2002

연습문제

- 연구개발부서에서 창의력을 향상시키기 위해서는 어떠한 점을 고려하여야 하는지, 3~4가지 기술하라.

지식재산관리(1) 09

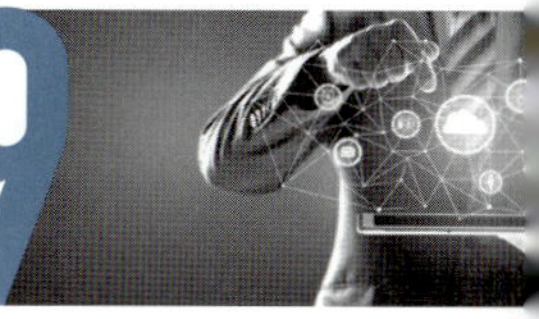

학습 포인트

9장에서는 기술경영의 한 영역인 지식재산관리의 기초가 되는 지식재산권 제도에 대해 개괄한다. 이 장은 기본적으로 지식재산을 보호하는 법률 분야를 다루는데, 지식재산의 관리를 위해서는 지식재산 제도에 대한 최소한의 이해가 필요하기 때문이다. 지식재산권의 종류, 각 보호 대상에 대한 제도의 개요, 출원 상황의 파악, 그리고 특허제도에 초점을 두고 제도의 목적 및 특허권 취득 절차의 개요를 해설한다.

키워드

지식재산의 종류, 지식재산권 제도의 개요, 출원 권리화 관련 국내외 동향, 특허제도, 특허권 취득 절차

1. 들어가며

혁신에 의해 창출된 지식재산을 전략적으로 보호 및 활용하는 것이 산업의 지속적 발전 및 국제경쟁력 향상을 위해 필요하다. 지식재산을 전략적으로 보호, 활용할 수 있는 법률상의 권리가 지식재산권 관련법에 규정되어 있으며, 지식재산관리는 기술경영의 한 영역으로서 자리매김하고 있다. 산업계나 연구기관에서 활약하는 인재가 지식재산

---

* 일본에서는 일반적으로 지적재산(권)이라는 용어를 사용하고 본 도서의 원문 또한 그러하나, 우리나라에서는 2011년 지식재산기본법 시행령에서 지적재산과 지식재산 두 용어가 혼용되던 것을 지식재산으로 통일하여 사용할 것을 결정한 바 있어 지식재산(권)으로 표기함

관련 과제에 직면했을 때 적확한 판단을 하기 위해서는 지식재산관리의 기본을 알아 놓을 필요가 있다. 그러한 취지에서 9장에서는 우선 지식재산관리의 기본사항을 개괄한다. 지식재산은 법률로 보호되는 대상이므로 기술경영 학습자에게는 다소 먼 존재인 법률의 기초를 습득해 둘 필요가 있다. 지식재산권의 보호는 그 대상에 따라 각각 다른 법률로 규정되어 있다.

2. 지식재산의 보호체계

지식재산의 종류와 관련법

지식재산은 '인간의 창조적 활동에 의해 창출되는 것', 또는 '사업활동에 이용되는 상품 및 서비스를 표시하는 것, 영업비밀 등 기타 사업활동에 유용한 기술상 · 영업상의 정보'를 말한다. 일본에서는 지식재산기본법에 구체적으로 규정되어 있는데, '발명, 고안, 식물의 신품종, 의장(디자인), 저작물, 기타 인간의 창조적 활동에 의해 창출되는 것(발견 또는 증명된 자연의 법칙 및 현상 중 산업상 이용 가능성이 있는 것을 포함)' 또는 '상표, 상호 등 기타 사업활동에 이용되는 상품 및 서비스를 표시하는 것, 영업비밀 등 기타 사업활동에 유용한 기술상 · 영업상의 정보'이다.

이들 지식재산이 정해진 내용 및 절차적 요건을 충족하는 경우에는 지식재산 관련법령에 의해 지식재산권이 발생한다. 지식재산권이란 지식재산에 대해 법령으로 정해진 권리, 또는 법률상 보호되는 이익과 관련된 권리이다. 지식재산권으로 보호되는 대상은 '인간의 창조적 활동에 의해 창출되는 것(이하 '지적창작물'이라 한다)'과, '사업활동에 이용되는 상품 및 서비스를 표시하는 것, 영업비밀 등 기타 사업활동에 유용한 기술상 · 영업상의 정보(이하 '영업상의 표지'라 한다)'로 크게 나뉜다. '지적창작물에 관한 권리'로는 특허권, 실용신안권, 의장권(디자인권), 저작권 등이 있다. 이들은 각각 특허법, 실용신안법, 의장법, 저작권법 등에 근거해 권리가 발생하며, 지적창작물을 보호함과 동시에 창작의욕을 촉진하는 것을 목표로 한다. '영업상의 표지에 대한 권리'로는 상표권 및 상호 등이 있다. 이들은 각각 상표법, 상법 및 회사법에 근거해 권리가 발생하며, 표지의 보호 및 사용자의 신용 유지 등을 목표로 한다.

창작의욕 촉진

지적 창작물에 대한 권리

권리 (법)	내용
특허권 (특허법)	• 발명을 보호 • 출원으로부터 20년 (일부 25년으로 연장)
실용신안권 (실용신안법)	• 제품 형태 등의 고안을 보호 • 출원으로부터 10년
의장권 (의장법)	• 제품 디자인을 보호 • 등록으로부터 20년
저작권 (저작권법)	• 문예, 학술, 미술, 음악, 프로그램 등 정신적 작품을 보호 • 사후 50년(법인은 공표 후 50년, 영화는 공표 후 70년)*
회로배치 이용권 (반도체 집적회로의 회로 배치에 관한 법률)	• 반도체 집적회로의 회로 배치 이용을 보호 • 등록으로부터 10년
육성자권 (종묘법)	• 식물의 신품종의 보호 • 등록으로부터 25년 (수목 30년)
영업 비밀 (부정경쟁방지법)	• 노하우나 고객리스트의 도용 등 부정경쟁행위를 규제

신용 유지

영업상의 표지에 대한 권리

권리 (법)	내용
상표권 (상표법)	• 상품 · 서비스에 사용하는 마크를 보호 • 등록으로부터 10년(갱신 가능)
상호 (상법)	• 상호를 보호
상품 표시, 상품 형태 (부정경쟁방지법)	(이하의 부정경쟁행위를 규제) • 혼동 야기 행위 • 저명 표시 도용 행위 • 형태 모방 행위 (판매로부터 3년) • 도메인명 부정 취득 등 • 오인 야기 행위

산업재산권 = 특허청 소관

• 지식재산권 중 특허권, 실용실안권, 의장권, 상표권을 산업재산권이라고 한다.

(출처: 일본특허청 홈페이지 지식재산권에 대하여(참고문헌 1))

그림 9.1 지식재산의 종류

'지식재산권' 중 특허권, 실용신안권, 의장권, 상표권의 4가지 권리는 '산업재산권'으로 총칭되며 일본 특허청의 소관이다. 이들 권리는 특허청에 출원해 등록함으로써 일

* 우리나라에서는 2011년 한미FTA 비준에 따른 저작권법 개정에 따라 저작권 보호기간이 70년으로 연장되었다.

정 기간 동안 독점적으로 실시(사용)할 수 있는 권리이다. '산업재산권'에 해당하는 특허권, 실용신안권, 의장권, 상표권은 기업활동에 있어 특히 중요한 권리다. 여기에서 특허권, 실용신안권, 의장권, 상표권의 개요에 대해 간단히 설명하기로 한다.

'특허권'은 발명을 보호하는 권리다. '발명'이란 '자연법칙을 이용한 기술적 사상의 창작으로서 고도(高度)한 것'을 말한다.(일본 특허법 제2조 제1항) 즉, 특허권에 따른 보호 대상은 기술에 관한 창작으로, '물건', '방법', '제조방법'에 관한 발명이며, 특허권의 존속기간은 특허 출원 후 20년으로 규정되어 있다.(특허법 제67조 제1항) 특허권자는 업(業)으로서 특허발명을 실시할 권리를 독점한다.(특허법 제68조) 즉, 특허권을 취득한 자는 특허발명을 독점 배타적으로 실시한다. 예를 들어 특허발명에 관련된 제품의 제조판매를 독점 배타적으로 실시할 수 있다. 특허권은 기업 활동에서 가장 중요한 지식재산 중 하나라 할 수 있으며, 특허권 취득 및 활용은 주로 제조업에 종사하는 기업에 의해 활발히 이루어진다.

'실용신안권'은 고안을 보호하는 권리이다. '고안'이란 자연법칙을 이용한 기술적 사상의 창작을 말한다(일본 실용신안법 제2조 제1항). '고안'은 '발명'과 같은 개념이지만, '고도(高度)'라는 요건이 충족되지 않는 소발명(小發明)을 포함한 개념으로, 실용신안법에 따라 보호된다. '고안'은 '물품의 형상 · 구조 또는 조합에 관한 고안'으로 한정된다(실용신안법 제1조).

실용신안권의 존속기간은 실용신안 등록출원일 후 10년으로 규정되어 있다(실용신안법 제15조). 실용신안권자는 업(業)으로서 등록실용신안을 실시할 권리를 독점하나(실용신안법 제16조) 실용신안권이 실질적으로 심사를 거치지 않고 설정등록되기 때문에(실용신안법 제14조) 권리행사에는 일정한 조건이 필요하다(실용신안법 제29조 2). 실용신안권의 취득 및 활용은 특허권과 비교하면 출원건수가 적으며, 대기업에서는 거의 활용되지 않고 일부 중소기업 및 개인발명가 등이 출원하는 정도에 그친다.

'의장권(디자인권)'은 의장(디자인)을 보호하는 권리다. '의장'이란 물품의 형상, 모양이나 색채 또는 이들의 결합이며, 시각을 통해 미감을 일으키는 것을 말한다(일본 의장법 제2조 제1항). 의장권의 보호대상은 물품의 미적 외관이며, 의장권의 존속기간은 설정등록으로부터 20년이다(의장법 제21조 제1항). 의장권자는 업(業)으로서 등록 의장 및 이와 유사한 의장을 실시할 권리를 독점한다.(의장법 제23조) 즉, 의장권을 취득한

(출처: 일본특허청 홈페이지 지식재산권에 대해(참고문헌 7))

그림 9.2 지식재산권이란

자는 등록 의장과 동일하거나 유사한 의장을 독점 배타적으로 실시한다. 예를 들면 등록 의장과 동일하거나 유사한 의장(디자인)의 제품의 제조 판매를 독점 배타적으로 실시할 수 있다. 의장권의 취득 및 활용은 주로 제조업에 종사하는 기업에 의해 활발하게 이루어지고 있다. 최근 스마트폰 등의 보급에 따라 통신단말기기 등의 화면상의 디자인도 보호대상이 되고 있으며, 의장권의 취득 및 활용에 힘을 쏟는 기업이 증가하고 있다.

'상표권'은 상표를 보호하는 권리이다. '상표'란 문자, 도형, 기호, 입체적 형상이나 색채, 또는 이들의 결합이나, 소리 등 법령에서 정하는 것으로, 업(業)으로서 상품을 제조 및 판매하는 자가 그 상품 등에 대해 사용하는 것을 말한다(일본 상표법 제2조). '상표'는 예를 들면 상품명, 서비스명, 브랜드명이나 기업명, 로고이며, 상표법은 상표권자의 업무상 신용유지와 수요자의 이익보호를 법의 목적으로 한다. 상표권의 존속기간은 설정등록으로부터 10년이지만, 갱신신청에 의해 10년마다 갱신할 수 있다(상표법 제19조). 상표권자는 지정 상품 또는 지정 서비스에 대해 등록상표를 사용할 권리를 독점한다(상표법 제25조). 즉 상표권을 취득한 자는 등록상표인 상품명이나 서비스명을 지정 상품 또는 서비스에 포함되는 상품이나 서비스에 사용할 수 있다. 상표권은

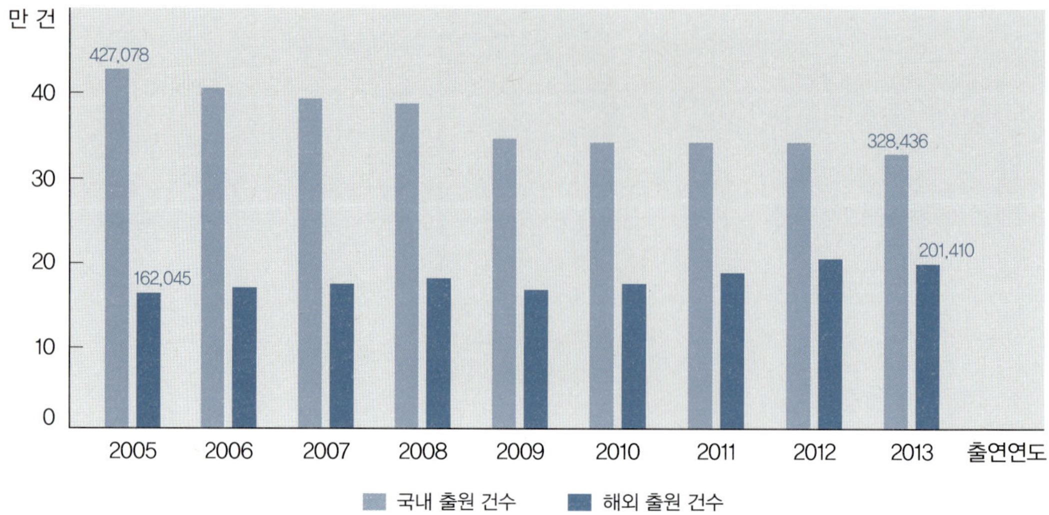

(출처: 특허행정 연차보고서 2015년판(참고문헌 8))

그림 9.3 일본의 국내 · 해외 특허 출원 건수 추이

기업활동에서 가장 중요한 지식재산 중 하나이며, 상표권 취득 및 활용은 사업을 운영하는 법인 등에 의해 다양한 분야에서 활발히 이루어지고 있다.

지식재산권을 둘러싼 국내외 동향

특허권, 실용신안권, 의장권 및 상표권을 취득하기 위해서는 각각 특허출원, 실용신안등록출원, 의장등록출원 및 상표등록출원을 할 필요가 있다. 각각의 출원건수를 관찰함으로써 지식재산 관련 활동의 일면을 파악할 수 있다. 여기서는 특허출원, 실용신안등록출원, 의장등록출원 및 상표등록출원 각각의 국내외 출원건수 추이를 살펴보기로 한다.

우선 일본 국내의 특허출원 건수는 2005년~2013년 간 매해 43만건~32만건 정도의 추이를 보인다. 전체적으로 감소하는 추세에 있으며, 특히 금융위기가 발생한 2009년 국내 특허출원 건수가 크게 감소한 뒤 이후로도 감소세가 지속되고 있다.

그러나 감소하고 있기는 하지만 1년에 32만 건이라는 많은 수의 일본 내 특허출원이 매년 이루어지고 있다. 후술하겠지만 세계적으로도 일본 국내 특허출원 건수는 매우 많은 편으로, 일본기업의 기술개발 및 특허권 취득 활동이 굉장히 활발하다는 것

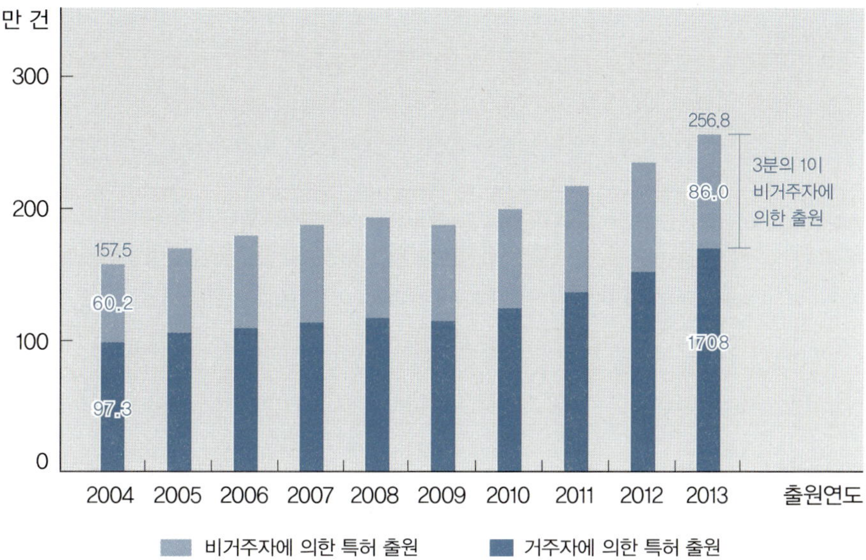

(출처: 특허행정 연차보고서 2015년판(참고문헌 8))

그림 9.3 일본의 국내 · 해외 특허 출원 건수 추이

을 알 수 있다.

다음으로 일본에서의 해외 특허출원 건수는 2004년~2013년 간 매해 14만 건~20만 건 정도의 추이를 보이고 있다. 해외 특허출원 건수는 전체적으로 증가하고 있으며 금융위기가 발생한 2009년에 일시적으로 감소했지만 그 이후로는 증가세가 이어지고 있다. 일본기업의 글로벌화가 진행되는 가운데 해외 특허권 취득의 중요성이 증가하고 있는 것을 알 수 있다. 앞으로도 이러한 경향은 계속될 것으로 보인다.

전세계 특허출원 건수를 보면 2004년~2013년 사이 매해 157만건~257만건 정도이다. 10년간 100만건이나 증가했는데 이는 급격한 증가세라 할 수 있다. 세계적으로 특허권의 중요성이 커지고 있음을 알 수 있다. 또한 전세계 특허출원 건수의 3분의 1이 비거주자가 출원한 것이라는 점에서, 자국 외에서의 특허출원건수 또한 많다는 것을 알 수 있다. 기업활동의 글로벌화가 진행되는 가운데 자국에서만 특허를 출원하는 것으로는 충분하지 않고 필요에 따라 해외 국가에서의 특허출원이 필수적 선택이 되고 있다는 것을 알 수 있다.

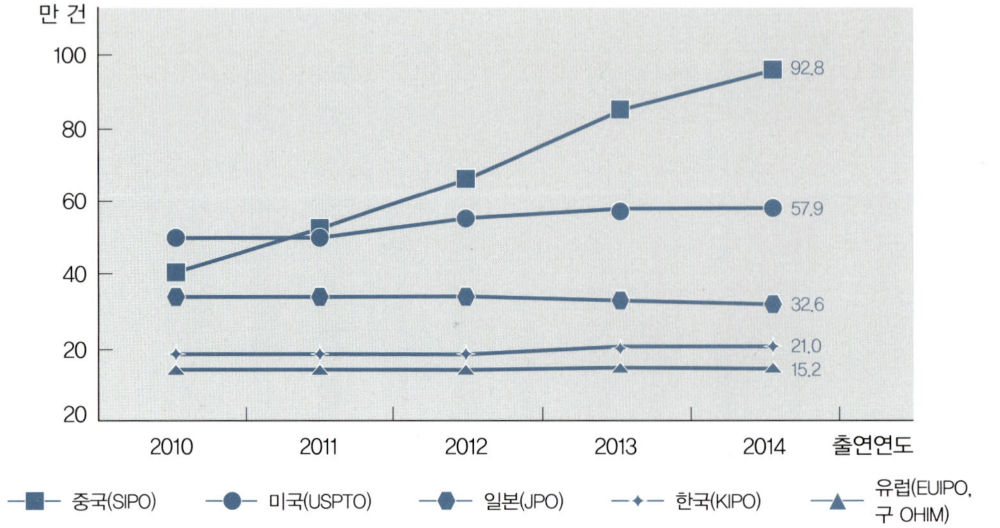

(출처: 특허행정 연차보고서 2015년판(참고문헌 8))

그림 9.5 5대 특허청의 특허출원건수 추이

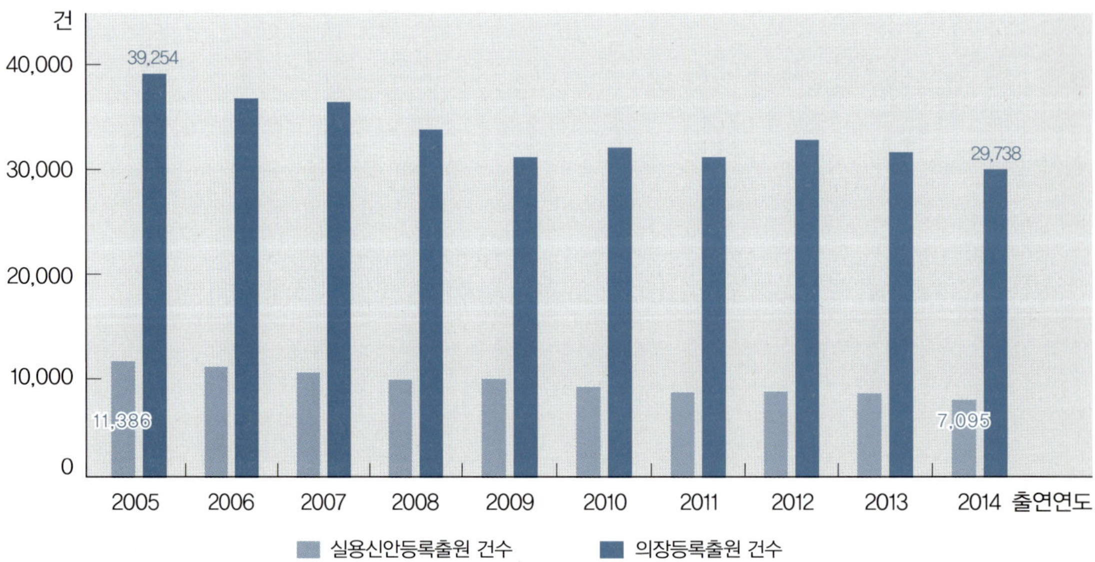

(출처: 특허행정 연차보고서 2015년판(참고문헌 8))

그림 9.6 실용신안등록출원 건수 및 의장등록출원 건수 추이

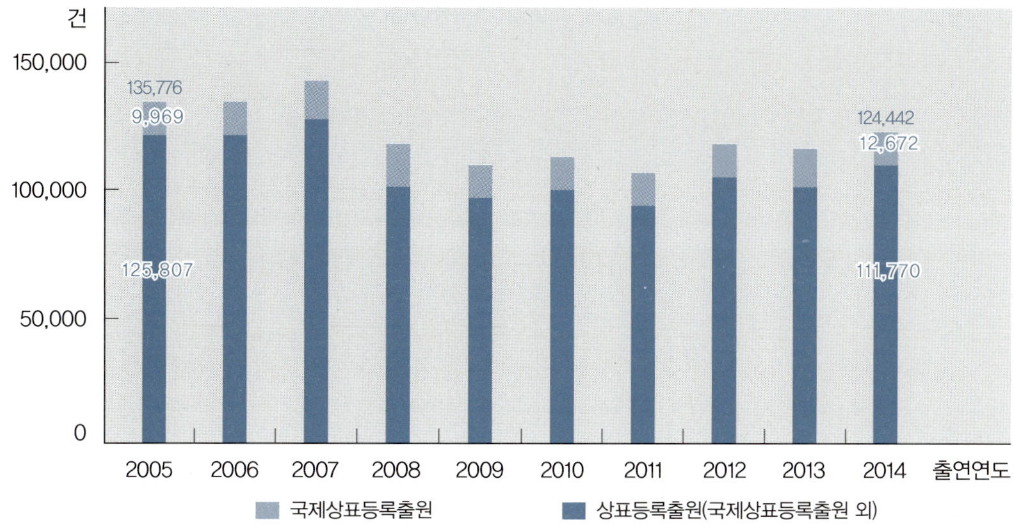

(출처: 특허행정 연차보고서 2015년판(참고문헌 8))

그림 9.7 상표등록출원 건수 및 국제상표등록출원 건수 추이

전세계 특허출원은 중국, 미국, 일본, 한국, 유럽을 중심으로 이루어지고 있다. 이들 국가의 특허청은 5대 특허청이라 불리는데, 이들 5대 특허청의 2010년~2014년간 출원건수 추이를 보면 2011년부터 중국이 1위를 점하고 있고, 이후에도 급격하게 건수가 늘어나고 있다. 2014년에는 연간 92.8만 건을 기록하여 다른 국가들과 차이를 벌리고 있다. 미국은 57.9만 건으로 뒤를 잇는다. 미국에서는 안정적으로 50만건 이상의 특허출원이 이루어지고 있으며 지속적으로 증가하고 있다. 그리고 일본이 32.6만 건으로 전세계 3위의 출원 건수를 지니고 있다. 한국이 21만 건, 유럽이 15.2만 건으로 뒤를 잇는다. 한국과 유럽 모두 약간의 증가세를 보이고 있다.

이와 같이 전세계적으로는 특허출원 건수가 증가세를 보이고 있으나 일본만 감소하는 경향이 있는데, 이는 양에서 질로의 전환, 해외출원 증가 등 방향전환이 모색되고 있다고도 볼 수 있다.

실용신안등록출원 건수는 2005년~2014년 매해 1.1만 건~7천 건 정도의 추이를 보이고 있다. 실용신안등록출원 건수는 똑같이 기술개발 성과에서 비롯하는 특허출원 건수에 비해 약 40분의 1 이하이며 감소 경향도 더욱 뚜렷하다. 실용신안등록제도의 이용률이 낮으며, 기업활동에서 실용신안권의 취득이 활발하게 행해지지 않고 있다는 것을 알 수 있다.

일본 국내에서의 의장등록출원 건수는 2005년~2014년간 매해 4만 건~3만 건 정도의 추이를 보이고 있으며 건수는 전체적으로 감소하고 있다.

주요 국가의 의장등록출원 건수를 보면 2005년~2014년 사이 매해 중국에서의 의장등록출원 건수가 독보적으로 증가하고 있다. 최근 다른 주요국의 의장등록출원이 수만 건인 반면 중국의 의장등록출원은 60만 건 정도로, 의장 또한 중국에서 출원되는 건수가 많다. 일본의 의장등록출원 건수도 적지는 않지만, 주요국가의 건수에 비해 많다고는 말할 수 없다.

일본 내에서의 상표등록출원 건수는 2005년~2014년 사이 연간 10만~13만 건 정도이다. 후술하겠지만, 전세계적으로도 일본 국내에서의 상표등록출원 건수가 많다는 것을 알 수 있다.

주요국 및 기관의 상표등록출원 건수를 보면 최근 들어 중국에서의 상표등록출원 건수가 독보적으로 증가하고 있다. 최근 다른 주요국의 상표등록출원이 수만 건~35만 건 수준인 데 비해 중국의 상표등록출원은 180만 건 이상(2013년)으로, 상표 또한 중국의 출원건수가 많다는 것을 알 수 있다. 일본의 상표등록출원 건수 또한 세계적으로 많은 편이라고 할 수 있다.

3. 특허제도와 특허권 취득까지의 흐름

발명을 보호하는 특허제도는 산업계, 특히 제조업 기업이 스스로의 연구개발 성과를 보호하고 경쟁기업에 대한 경쟁우위를 확보하기 위한 수단으로서 중요하다. 또한 기술경영 학습자는 장래 커리어에서 특허권 관련 문제에 직면하는 경우가 많을 것이므로, 다른 지식재산권보다 더욱 제도의 개요와 활용 절차를 접해두는 의미가 클 것이다.

특허제도의 활용

특허권은 기업활동에서 가장 중요한 지식재산권 중 하나이다. 특허권은 연구개발 성과를 보호하고, 신규 상품이나 서비스를 보호하기 위한 중요한 권리이다. 제조업 기업은 특허권을 취득하는 활동과 취득한 특허권을 활용하는 활동을 병행하며, 또한 특허정보를 사용하여 제10장에서 상세히 서술할 경쟁사 동향 분석과 오픈/클로즈 전략 등 사업 및 경영과 밀접한 활동을 추진한다. 특허에 관한 활동은 고액의 투자를 필요로 하는 연구개발 활동과 밀접하여 경영에 미치는 영향이 크고, 또한 담당하는 인원수도 많은 대규모의 활동이라 할 수 있다. 자사의 연구개발 성과를 적절히 보호하기 위해 일련의 특허 절차를 개관하여 이해해 두는 것은 유익한 일일 것이다. 그리하여 아래에서는 특허제도의 개요와 특허권 취득까지의 흐름에 대해 개설하려 한다.

특허제도의 개요

특허제도의 '목적'은 발명의 보호 및 이용을 도모함으로써, 발명을 장려하고 산업발전에 이바지하는 것이다(일본 특허법 제1조). '발명'이란 자연법칙을 이용한 기술적 사상의 창작으로서 고도(高度)한 것을 말한다(특허법 제2조 제1항). 즉, 특허권에 의한 보호대상은 기술에 관한 창작이며, '물건' · '방법' · '제조방법'에 관한 발명이다. 발명의 '보호'란, 특허권이 부여됨으로써 얻을 수 있는 보호이다. 특허권자는 업(業)으로서 특허발명을 실시할 권리를 독점한다(특허법 제68조). 즉 특허권자는 특허발명을 독점 배타적으로 실시하며, 예를 들어 특허발명과 관련된 제품의 제조판매를 독점 배타적으로 실시할 수 있으며, 특허권자는 특허발명을 타인이 실시하는 것을 배제할 수 있다. 구체적으로 특허권자는 특허권을 근거로 금지청구(특허법 제100조)나 손해배상청구(민법 제709조, 특허법 제102조)를 할 수 있다.

특허권의 존속기간은 특허출원일로부터 20년으로 규정되어 있다(특허법 제67조 제1항). 발명의 '이용'에는 발명의 '공개에 뒤따르는 이용'과 발명의 '실시에 의한 이용'이 있다.

발명의 '공개에 뒤따르는 이용'이란, 공개된 특허정보를 선행기술문헌으로 연구개발에 이용하는 것을 말한다. 특허출원의 내용(특허명세서 및 도면 등)은 출원으로부터 18개월 후 공보에 의해 공개되며, 특허가 승인 및 등록된 이후에 특허공보에 재차 공개된다(특허법 제64조, 제66조 제3항). 공개공보나 특허공보에 의해 공개된 발명은 선행기술로 이용되며, 이를 통해 개량발명 등의 창작이 촉진된다.

발명의 '실시에 의한 이용'은 우선 특허권자에 의한 특허발명의 독점 배타적인 실시가 있다. 특허권자는 자신의 특허발명과 관련한 제품 등의 제조판매를 독점적으로 실시함으로써 금전적인 이익을 얻을 수 있다. 한편 특허발명의 실시를 제3자에게 허락하는 형태의 이용도 가능하다(특허법 제77조, 제78조). 또한 특허권 소멸 후에는 자유기술이 되어 누구든 특허발명을 자유롭게 실시할 수 있다. 이와 같이 '실시에 의한 이용'에 의해 특허권자가 이익을 얻을 수 있으므로 발명 창출의 인센티브가 발생하는 한편, 사회에서는 특허발명이 이용된 제품이 제조 및 판매되어 산업발달에 기여한다.

특허권 취득까지의 흐름

특허권은 특허발명 실시를 독점 배타적으로 실시할 수 있는 매우 강한 권리이다. 특허권 취득을 위해서 특허출원은 절차적인 요건(이하 '절차적 요건'이라 한다) 및 발명에 관한 실체적인 요건(이하 '특허 요건'이라 한다)을 충족할 필요가 있다. 아래에서는 특허권 취득까지의 흐름에 대해 설명한다.

먼저 특허권을 취득하기 위해서는 특허출원을 해야 한다(특허법 제36조). 특허출원을 할 수 있는 것은 발명자 또는 발명자로부터 특허를 받을 권리를 양도받은 자 등이다(특허법 제29조, 제33조). 특허출원은 특허출원인과 발명자가 기재된 출원서를 특허청장관에게 제출함으로써 이루어진다. 출원서에는 특허명세서, 특허청구 범위, 필요한 도면 및 요약서가 첨부되어야 한다(특허법 제36조의 2). 통상 특허출원은 출원서나 특허명세서 등의 전자 데이터를 온라인(전자출원)으로 특허청에 송신함으로써 이루어진다.

특허명세서에는 발명의 명칭과 발명에 대한 상세설명 등이 기재된다. 발명에 대한 상세설명은 발명이 속하는 기술분야에서 통상적인 지식을 가진 자(이하 '당업자'라고 한다)가 실시할 수 있을 정도로 명확하고 충분하게 기재되어야 한다(특허 법 제36조 제4항 제1호). 발명에 대한 상세설명은 물건의 예를 들자면 그 물건을 제조하여 사용할 수 있을 정도로 상세히 기재되어 있어야 한다. 특허명세서는 특허청구 범위에 기재된 발명의 내용에 대해 설명하는 것으로 서면주의에 따라 기술적 사상의 창작인 발명을 문서로 설명하는 것이어야 한다.

특허청구 범위에는 특허 출원인이 특허권 취득을 희망하는 발명을 기재한다. 특허청구 범위에는 복수의 청구항으로 구분하여 발명을 기재하며, 각 청구항에 특허출원인이 특허를 받고자 하는 발명을 특정하기 위하여 필요하다고 인정되는 사항 전체를 기재해야 한다(특허법 36조 제5항). 특허청구 범위는 특허등록 후 특허권의 범위를 특정하는 권리서로 기능하는 중요한 것이다. 특허청구 범위가 확정되면 특허명세서에는 기술정보로서의 역할에 더해 권리정보로서의 역할이 추가된다. 실무상으로는 권리범위를 정하는 특허청구 범위의 내용이 가장 중요하다.

도면은 특허명세서를 보완하는 것으로 발명에 관한 기술적인 설명에 이용된다. 특허명세서 및 특허청구 범위는 문자로 기재되므로 발명의 구성을 이해하기 어려운 경우가 있다. 예를 들어 발명이 물건의 구조에 관한 것일 경우 문자 설명보다 도면을 보는 것이 발명을 쉽고 명확하게 이해하게 해준다. 실무상으로는 화학 등 일부 분야를 제외하고 대부분의 경우 도면은 특허명세서와 함께 출원서에 첨부된다.

요약서에는 발명의 개요를 기재한다.

특허출원은 대부분 대리인인 변리사를 통해 이루어진다. 출원서에 첨부되는 특허명세서나 특허청구 범위는 보통 특허출원인이 제시한 자료와 도면에 근거하여 변리사가 작성하며 특허출원인 기업의 지식재산부서 직원이 사업 추진 시 수정하여 완성한다.

특허출원인은 특허출원으로부터 1년 이내에 일본 내에서 우선권을 주장하는 출원(이하 '국내우선권출원'이라 한다)을 할 수 있으며, 외국에서는 파리 우선권을 주장하는 출원(이하 '파리우선권출원'이라 한다)이나 국제특허출원(이하 'PCT 국제출원'이라 한다)을 할 수 있다(일본 특허법 제41조, 파리조약 4조). 특허출원인은 국내우선권출원을 함으로써 국내에서 관련된 출원을 모아 포괄적이고 누락이 없는 특허를 만들 수 있다. 또한 파리우선권출원을 함으로써 외국에서 한 출원에 대해서도 일본에서의 특허출원일과 같은 날 출원된 것으로 심사받을 수 있는 메리트를 얻게 된다. 실무상 동일한 발명에 대해 복수의 국가에 특허출원 등을 실시하는 경우, 번역 등의 준비와 각국마다 다른 절차가 필요하다. 이렇듯 특허출원을 동시에 실시하는 것은 출원인에게 부담이 크지만 파리우선권출원을 함으로써 부담을 경감할 수 있다. 또한 PCT 국제출원은 일본어로 출원하는 것이 가능하며, 하나의 출원으로 약 150개국에 동시에 출원한 것과 같은 효과를 볼 수 있는 국제출원제도이다. 특허출원인의 부담을 보다 경감할 수 있는 제도로서 최근에는 PCT 국제출원 이용이 늘어나고 있다.

특허가 출원되면 원칙적으로 1년 6개월이 경과한 후 출원서에 기재된 특허출원인과 발명자에 관한 서지사항 및 출원서에 첨부된 특허명세서, 특허청구 범위, 도면 및 요약서가 공개된다(출원공개, 특허법 제64조 제1항). 이것은 특허권은 발명공개의 대가로 부여된다는 인식에 따른 것이다. 구체적으로는 위에 서술한 사항이 기재된 공개공보가 대중에게 공개된다. 공개공보에 기재된 발명은 기술문헌으로 이용할 수 있으며, 새로운 발명 창작에 이용된다.

특허출원인은 실체심사의 개시를 청구하기 위해 특허출원으로부터 3년 이내에 출원심사청구를 한다(특허법 제48조의 3). 특허출원으로부터 3년 이내에 출원심사청구를 하지 않을 경우, 특허출원을 취하한 것으로 간주된다. 출원심사청구가 이루어지면 특허청 심사관이 실체심사를 개시한다(특허법 제48조의 2).

심사관은 특허출원이 특허 요건을 충족시키는지 여부를 심사한다(특허법 제49조). 특허 요건으로는 발명의 신규성(특허법 제29조 제1항)과 진보성(특허법 제29조 제2항), 선(先)출원(특허법 제39조), 명세서의 기재요건(특허법 제36조) 등이 있다. 특허권은 독점 배타성을 부여하는 강한 권리이므로 산업발전에 기여할 수 있는 특허출원만 특허를 받는다. 출원인이 상기 요건을 충족한다고 생각하는 발명을 선택하여 특허를 출원하면 심사관은 특허출원을 심사하고 소정의 거절 이유를 발견하지 못하였을 때에는 특허결정을 해야 한다(특허법 제51조). 또한 심사관은 특허출원을 심사하여 특허출원이 소정의 거절 사유에 해당하는 때에는 그 특허출원에 대해 먼저 특허출원인에게 거절이유를 통지한다(특허법 제50조).

심사관은 특허출원이 거절이유에 해당한다고 생각할 때에도 갑자기 거절결정을 하지 않고 거절이유를 특허출원인에게 통지한다. 이에 대해 출원인은 의견서나 보정서를 제출하여 출원과 관련된 발명이 특허 요건을 충족하고 있음을 설명한다. 의견서에서는 심사관이 제시한 거절이유, 예를 들어 '선행기술 A와 선행기술 B를 조합하면 특허출원에 관한 발명은 당업자라면 쉽게 생각해낼 수 있다'라는 이유에 대하여 '선행기술 A와 선행기술 B를 조합하여도 특허출원에 관한 발명이 되지는 않는다'는 등의 의견을 서술한다. 보정서에서는 심사관의 거절이유를 회피하기 위해 특허청구 범위에 규정된 발명의 범위를 축소하는 등 보정을 실시한다. 심사관은 의견서와 보정서에 의한 대응으로도 거절이유가 해소되지 않았다고 생각하는 경우 거절을 결정하며(특허법 제49조), 일정 기간 후 거절결정이 확정된다. 이에 대해 특허출원인은 거절결정이 타당하지 않다고 생각할 경우 거절결정불복심판을 청구할 수 있다(특허법 제121조). 거절결정불복심판의 심리 결과 거절결정이 취소되고 특허심결 등이 이뤄지면 특허출원이 통과된다.

특허결정 등을 받은 출원인이 설정등록료를 특허청에 납부함으로써 특허권이 설정되고(특허법 제107조, 제108조), 이로써 특허권이 발생한다(특허법 제66조 제1항). 특허권이 설정된 경우 특허번호 및 등록일 외에 공개공보와 마찬가지로 특허명세서와 특허청구 범위 등이 특허공보에 게재된다. 또한 매년 특허료를 납부함으로써 출원으로부터 20년을 한도로 특허권이 유지된다.

4. 정리

기술경영의 영역 중 하나인 지식재산관리를 이해하기 위하여 우선 지식재산권 제도의 개요를 해설하였다. 지식재산권 제도가 어떠한 목적으로 정비되어 있는지, 보호대상이 되는 지식재산의 종류 및 각각의 보호제도를 파악할 수 있었을 것이라 생각한다. 나아가 제도 개요를 이해함으로써 일본 및 전세계에서 지식재산권 취득활동이 어느 정도 규모로 진행되고 있는지에 관해 이해할 수 있었을 것이다. 기술경영 학습자에게 있어 가장 중요한 특허제도의 구조 및 특허권 취득을 위한 구체적 절차에 대해서도 기술하였다. 법률제도 학습 시 전체를 조감하여 이해한 뒤 각론을 학습해 나가는 것이 제도의 균형잡힌 이해 및 리걸마인드 구축에 효과적일 것이다. 이 장에서는 지식재산제도의 개략적인 설명에 그쳤으나, 독자들이 흥미를 가진 부분을 한층 더 심도 있게 탐구함으로써 제도의 완벽한 이해에 다가갈 것을 기대한다.

참고문헌

1. 일본 특허청 홈페이지 '지식재산권에 대하여'
   https://wwwjpo.gojp/seido/s_gaiyou/chizaiO2.htm(accessed 2015-09-21)
2. 일본 지식재산기본법
   https://www.kantei.gojp/jp/singi/titeki2/hourei/kihon.pdf(accessed 2015-l2-12)
3. 일본 특허법
   http://law.e-gov.gojp/htmldata/S34/S34HO121.html(accessed 2015-12-12)
4. 일본 실용신안법
   http://law.e-gov.go.jp/htmldata/S34/S34HOl23.html(accessed 2015-12-12)
5. 일본 의장법
   http://law.e-gov.gojp/htmldata/S34/S34HO125.html(accessed 2015-12-12)
6. 일본 상표법
   http://law.e-gov.go.jp/htmldata/S34/S34HO127.html(accessed 2015-12-12)
7. 일본 특허청 홈페이지 '지식재산권에 대하여'
   https://www.jpo.go.jp/seido/s_gaiyou/chizai01.htm(accessed 2015-09-21)
8. 일본 특허행정 연차보고서 2015년판
   http://www.jpo.go.jp/shiryou/toushin/nenji/nenpou2015_index.htm(accessed 2015-09-21)

연습문제

- 지식재산권 제도의 개요를 스스로 알기 쉽게 정리해보자. 그리고, 실제로 기업이 제공하는 제품 및 서비스를 선택하여 그 특징을 정리한 후, 해당 기업의 경쟁력을 확보하기 위해서는 어떤 지식재산권을 취득할 필요가 있는지 검토해 보자.

지식재산관리(2) 10

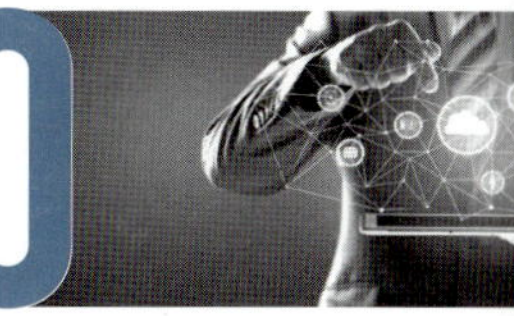

학습 포인트

10장에서는 기업이 사업활동에서 경쟁우위 및 실적을 창출하는 일련의 활동에 특허 포트폴리오가 어떤 역할을 하는지 이해함과 동시에, 특허정보의 활용과 오픈&클로즈 전략의 전개 등을 통해 지식재산관리를 기업경영에 유용하게 활용하는 센스를 연마하기 바란다. 특히 부문 간 연계의 필요성과 지식재산전략의 수립에 초점을 맞추어 해설한다.

키워드

사업활동과 특허, 특허정보의 활용, 특허 포트폴리오, 오픈&클로즈 전략, 부문간 연계, 지식재산전략 수립

1. 들어가며

9장에서는 지식재산권 제도의 개요를 해설한 반면, 10장에서는 기업활동에서 실제로 특허를 활용하기 위해서 특허가 사업활동에서 가지는 위치를 이해하는 것을 목표로 한다. 이를 위해 사업을 뒷받침하는 특허 포트폴리오 구축 방법, 오픈&클로즈의 전략적 지식재산관리, 지식재산부문과 타 부문의 연계에 의한 지식재산 활동의 고도화, 지식재산전략의 책정 등 지식재산제도의 이해에 뒤이은 실무적 관점의 해설을 하기로 한다.

2. 특허제도를 활용한 기업의 경쟁전략

기업에서의 특허의 위치

최근 기업활동에서 지식재산의 중요성이 증가하고 있다. 고액의 비용을 들여 연구개발한 발명을 보호하기 위한 특허, 사업활동에서 중요한 브랜드나 상품명을 보호하기 위한 상표, 제품의 디자인을 보호하는 의장 등 기업활동의 각 부분에서 지식재산의 적절한 보호와 활용이 지금껏 보다 더 중요해지고 있다.

특히 특허는 타사가 같은 기술을 사용할 경우 사업에 영향이 크기 때문에 많은 기업에서 상당한 규모의 조직과 비용을 들여 특허권의 취득 및 활용에 관한 활동을 실시하고 있다. 업종이나 사업의 규모에 따라 다르지만 수 명에서 수십 명, 많은 기업에서는 수백 명의 직원이 특허 관련 활동을 하고 있으므로, 상당히 큰 규모의 활동이라 할 수 있다.

특허에 관련된 활동 중 대표적인 것은 권리화 업무와 라이선싱 업무이다. 권리화 업무는 발명을 발굴하고 특허를 출원하여 사업에 도움이 되는 특허권을 취득하는 업무

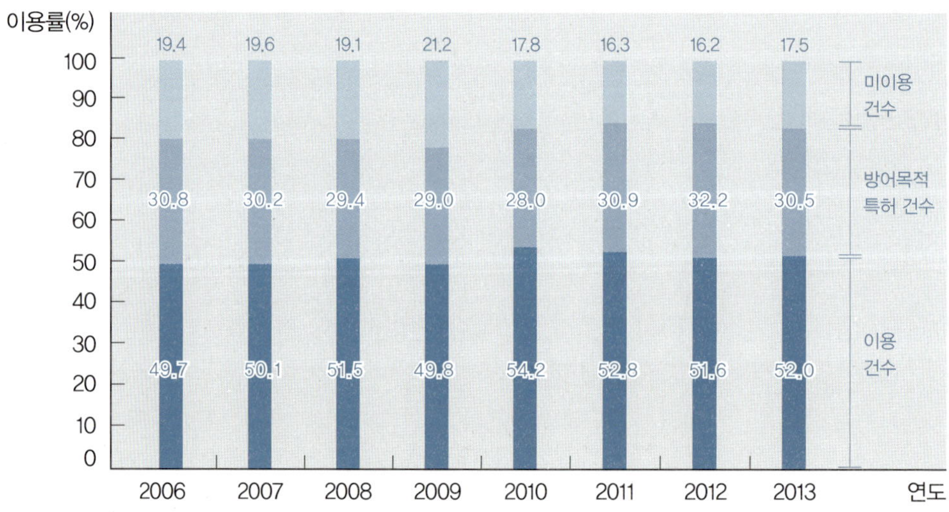

(출처: 특허행정 연차보고서 2015년판(참고문헌 1))

그림 10.1 특허권 이용률의 추이

로서, 특허에 관한 업무 중 가장 기본적이고 중요한 업무이다. 라이선싱 업무란 자사의 특허권과 관련된 특허발명의 실시를 허락하여 라이선스 사용료로 수입을 얻는 업무 등을 말한다. 특허권의 실시를 허락함으로써 자사 실시에 의한 이익에 더하여 허락을 얻은 곳으로부터 실시에 대한 라이선스 이용료를 얻을 수 있으므로 수익확보 면에서 중요한 업무이다.

특허권의 이용률(자사 실시 및 실시를 허락한 특허권의 비율)은 2006년~2013년 사이에 매년 약 50%의 수치를 보였다. 또한 방어적 목적의 특허권이 약 30%의 비중을 차지하는데, 특허권 취득의 목적에는 자사 실시나 라이선싱 외에도 방어(억제, 견제)의 목적 또한 큰 부분을 차지한다는 것을 알 수 있다.

특허정보의 이용

공개공보와 특허공보에는 특허출원인 등의 서지정보와 특허명세서, 특허청구 범위, 도면 및 요약서 등 발명에 관한 정보(앞으로 총칭하여 '특허정보'라 한다)가 게재되어 있다. 기업은 자사의 특허정보를 해석함으로써 자사 사업분야의 기술 동향을 파악할 수 있다. 또한 경쟁사의 특허정보를 해석함으로써 경쟁사의 연구개발 및 사업 방향성을 이해할 수 있다. 특허정보는 특허청의 데이터베이스 등으로부터 입수할 수 있는데, 상용 데이터베이스에서 대량의 특허정보를 일괄 취득하여 특허맵을 작성함으로써 시각적으로 특허 출원이나 등록 상황 등을 파악할 수도 있다. 이는 기술동향의 파악이나 경쟁사의 연구개발 방향성 예측에 도움이 된다.

전략적 특허 포트폴리오 구축

특허 포트폴리오 구축이란 자사 사업에 최적화된 특허군 관리와 특허망 구축을 말한다. 특허 포트폴리오 구축은 자사가 보유한 특허권이 사업을 전개하는 과정에서 최적화되도록 특허출원, 나아가 연구개발의 방향성을 관리하는 수법이다. 포트폴리오 구축 시에는 자사의 특허권 상황과 경쟁사의 특허권 상황을 정확하게 파악하여, 자사 사업에 유리한 특허권의 취득을 목표로 한다. 여기에서 자사 및 타사의 특허권 상황은 위에 언급한 특허맵 등에 의해 시각적으로 파악 및 관리된다. 포트폴리오 구축에서도 특허정보의 활용이 중요한 요소이다.

전략적 특허 포트폴리오 구축의 예를 들자면, 자사가 보유한 핵심기술 분야에 대해서는 타사를 빠짐없이 배제하는 특허권의 취득을 목표로 한다. 주변 분야에 대해서는 타사 특허를 배제할지 회피할지를 결정하고, 그 방향성에 따른 특허권의 취득을 목표로 한다. 신규 분야에 대해서는 이미 사업을 전개하고 있는 기업의 특허 출원 및 취득 상황을 분석하여 신규로 참가할 수 있을지, 참가가 곤란할지, 어느 영역을 겨냥하면 좋을지 등을 특허맵 등을 통해 분석하여, 사업전략 입안에 도움을 줌과 동시에 사업전략에 따른 특허권 취득을 목표로 한다. 전략적 특허 포트폴리오 구축에서는 연구개발의 결과를 권리화한다는 시점뿐만 아니라, 타사와의 경쟁에서 우위를 점하기 위해 필요한 특허권 집합을 설정하고 그 특허권을 취득하기 위해 연구개발활동 및 특허출원활동을 추진한다는 시점 또한 중요하다. 전략적 특허 포트폴리오 구축은 사업전략이나 경영전략의 입안 및 실시에 크게 기여하는 지식재산활동 중 하나이다.

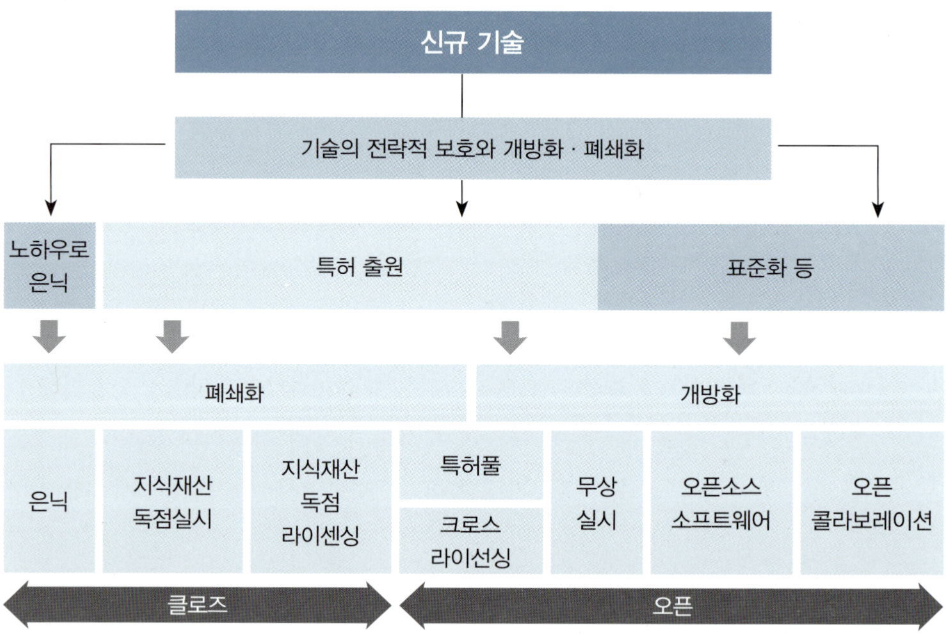

(출처: 특허행정 연차보고서 2015년판(참고문헌 1))

그림 10.2 오픈&클로즈 전략의 개념도

오픈&클로즈 전략

오픈&클로즈 전략이란, 특허의 개방화(오픈화)와 폐쇄화(클로즈화)를 조합한 전략이다. 개방화란 타사에 자사기술의 사용을 허용하는 것을 말하며, 예를 들어 실시허락(라이선싱)이나 표준화전략 등을 추진하는 활동이다. 폐쇄화는 반대로 독자기술을 은닉하는 것을 말하며, 특허권을 취득하여 타사 실시를 배제하거나 특허를 출원하지 않고 노하우로서 완전히 은닉하는 활동이다.

최근 기업활동은 특허권 취득에 의해 타사 실시를 배제하는 클로즈화에서 라이선싱 활동 및 표준화 추진과 같은 오픈화로 전략이 변화하고 있다. 그러나 과도한 표준화에 의해 기술 차별화가 어려워져 결과적으로 경쟁력이 저하되는 사례도 많이 발생한 바 있어, 단순히 개방화할 것이 아니라 노하우 은닉 등 폐쇄화도 조합하는 오픈&클로즈 전략이 주목받고 있다. 독자기술에 의한 차별화를 도모하면서, 표준화 활동이나 라이선스 활동을 균형있게 추진하는 것이 중요해지고 있다.

3. 미래의 지식재산 관리

지식재산부문과 기업 내 다른 부문과의 연계

지식재산부문의 전사(全社)적 성질

한편 경영목표의 실현을 위해 기업 내 각 부문이 담당하고 있는 업무 중에는 해당 부문이 스스로 목표 수행을 할 수 있는 업무와, 타부문과의 연락, 상담, 협동이 없으면 수행할 수 없는 업무가 존재한다. 최고경영자가 제시하는 경영목표에 대하여 각 부문이 세로 일직선으로 독립되어 존재하는 것이 아니라, 기업 내 다른 부문의 전략 및 구체적인 업무와 연관되면서 활동을 수행한다. 국제표준화를 예로 들자면, 국제표준 형성에 참여하는 주체는 지식재산부가 아니라 품질보증부, 상품기획부 등의 부문이며, 이와 관련된 복수의 부문이 각각의 관점에서 협동하여 기업이익 추구를 위해 활동하고 있다. 물론 지식재산부가 자사가 보유한 지식재산권 혹은 경쟁사가 보유한 지식재산권을 근거로 표준화 논의에 참가하는 것은 매우 중요한 일이다. 요컨대 기업 내 여러 부문과 횡적으로 연계하면서 지식재산부의 목표달성, 나아가서는 전사(全社)의 경영목표 실현에 공헌해야 한다. 다양한 부문이 전사적 목표라는 하나의 방향을 향해 서로 협력하는 것이 요구되는 것이다. 제조 관리자와 영업 관리자의 관계를 예로 들면, 제조 관리자는 자신이 관리하는 설비를 토대로 회사가 지금 당장 실행할 수 있는 것을 주장하는 데 반해, 영업 관리자는 고객의 목소리를 대표하여 지금은 할 수 없더라도 신속하게 고객의 요구에 응할 것을 주장한다. 이러한 갈등은 일상다반사로 일어난다. 그러나 서로 연계하고 협동해야지만 전사적인 경영목표에 효율적으로 공헌할 수 있는 것이다. 기업의 설립 초기에는 모든 기능을 사장이 겸임하기도 하지만 기업규모가 확대됨에 따라 각 기능이 분화되어 부문을 구성해 나간다. 회사의 성장과 함께 부문별 조직체가 형성되어 부문 간 경쟁원리가 작용하는 한편, 부문 사이의 연계가 부족해지는 어려움이 발생한다. 지식재산부는 지식재산 권리화를 큰 축으로 활동하는데, 그 활동은 관계법령에 규정된 절차에 따른 업무이므로 법률과 밀접한 업무로 구성되는 등 타 부문과의 연계가 어려운 요인이 다수 존재한다. 현실의 기업에서 지식재산부와 타 부문과의 연계가 어떻게 이루어지는지는 흥미로운 부분이다. 최근 지식재산부문은 출원부터 권리화까지의 업무 이외에도 표준화, 모조품 대책, 해외진출, 기업인수합병, 라이선싱, 지식재산 교육, 지식재산정보 활용, 얼라이언스 관련 등 매우 다양한 활동을 추진하고 있다.

부문 간 연계의 조사

필자는 전기, 기계, 의약 등 일본 대기업 26개사에 대하여, 약 40항목의 업무를 정의하고 각 업무를 수행 시 기업 내 다른 부문과 어떤 연계를 하고 있는지 조사해 보았다. 연계란 '특정 업무수행에서 지식재산부의 판단 외에 필요한 타 부문과의 연계 · 상담 · 협의 등'으로 정의하고, 업무별로 기업내 타 부문(16개 부문을 설정함)과의 연계 수준을 조사하였다(田中義敏 2007).

조사 결과 보유권리 점검, 출원전략 수립, 선행기술 조사, 출원 평가 및 가부 결정, 사내 기술소스 발굴, 거절이유통지에 대한 대응, 명세서 최종 확인 등의 업무는 타 부문과 그다지 깊게 연계하고 있지 않음을 알 수 있었다. 이러한 업무는 이른바 출원 및 권리화에 관련된 업무인데, 미래의 시장변화를 노리고 성장할 사업영역에 집중적으로 투자한다는 점에서는 마케팅, 영업 등과의 연계가 의의가 있겠지만, 아무래도 지식재산부문의 전권사항으로 파악하고 있는 듯하다. 기술표준화에 적극적으로 참가할 것이 요구되고 있으나 지식재산부문은 기술표준 관련 업무에 참가하고 있지 않거나, 참가하고 있더라도 타 부문과 전혀 협력하고 있지 않았다. 또한 지식재산전략 수립에 있어서도 타 부문과의 연계가 별로 행해지지 않는 것으로 보였다. 기업의 외부환경인 경쟁사의 상황, 시장의 변화, 글로벌 경쟁 등을 충분히 분석 및 파악하고, 내부자원으로 보유하고 있는 기술, 인적자원, 비즈니스 프로세스 등을 토대로 한 전략 수립이 필요하므로, 기업 내 타 부문과의 연계는 빼놓을 수 없다. 지식재산부문은 수립된 지식재산전략을 실행하는 활동을 하므로 각 업무에서 타 부문과의 연계가 요구된다. 지식재산의 실무적인 업무, 예를 들어 출원의 평가와 가부 결정, 출원서류의 작성, 거절이유통지에 대한 대응, 특허청구의 범위 및 명세서의 보정 등의 업무에 있어서도 미래 비즈니스의 방향성을 감안한 검토가 필요하므로, 지식재산부문의 전권사항이 되어서는 안된다고 생각한다.

또한 위 조사의 결과에서 연계도가 높은 업무를 보면, 기업 인수합병시의 지식재산 평가, 기술유출 방지대책, 해외 라이선싱, licensing in 및 licensing out, 타 기업과의 공동개발 등 지식재산부 단독으로는 수행할 수 없는 업무들이 거론된다. 연계를 전혀 찾아볼 수 없는 업무로는 지식재산권 침해사건, 기술표준화에 관한 지식재산 활동, 지식재산 보고서의 작성 등의 사항을 들 수 있는데, 이들은 향후 연계의 대상으로 인식할 필요가 있다. 또한 연계도 데이터를 이용하여 지식재산부문과 타 부문과의 연계가 기업실적과 얼마나 관련이 있는지 분석해 보았다. 그 결과 지식재산부문이 경영기획부문, IT부문과 연계하는 것이 매출 증가율과 상관관계가 있다는 것을 알 수 있다. 지식재산부가 기업 내 타 부문과 연계를 강화하여 경영목표 실현에 크게 공헌하는 상황을 만들어내는 것이 한층 더 요구된다. 여기에서는 조사결과의 상세한 내용까지 언급하지는 않겠으나, 연계도를 벤치마킹해 보는 것도 참고가 될 것이라 생각한다.

위 내용은 필자의 조사연구 결과를 바탕으로 하고 있으나, Gibbs and DeMatteis(2003) 및 Manton(2006)에서도 지식재산부문의 업무를 기업 전체를 횡적으로 관통하는 업무라 분석하고 있으며, 기업 내 모든 부문과 관계를 맺고 지식재산부문의 유기적 연계를 구축하는 한편, 이를 위한 전사적 조직을 설치하여 지식재산관리 전략을 논의할 필요성이 있다고 주장한다. 지식재산부문이 타 부문과의 연계를 활성화하는 것이 일본기업의 커다란 과제라고 인식되어야 할 것이다.

부문 간 연계 미비로 인한 미이용 특허의 발생

특허 중 약 50%가 권리로써 이용되지 않고 미이용 상태로 보유되고 있다. 이른바 미이용 특허의 존재에 관해서 위에서 서술한 연계도 조사와 함께 필자가 대기업 10개사에 대해 인터뷰를 진행했으므로 그 결과도 일부 소개하고자 한다. 대부분의 기업이 출원 시점에서 특허 요건의 기술적 평가는 실시하지만, 사업성 평가까지는 실시하지 않고 있다. 특허 요건을 갖추고 있는지 여부와 미래의 사업성은 전혀 다른 판단기준이며, 이러한 점이 미이용 특허의 발생에 크게 영향을 미치고 있다. 지식재산부문 내의 전문적 실무와 기업경영 사이에 괴리가 존재하고 있는 것이다다. 또한 미이용 특허를 특허 유통 데이터베이스인 patent.com(http://www.patents.com/) 등으로 활용하려 하지만 대부분 라이선싱 실적은 나오지 않는다. 특허 유통 촉진사업도 미이용 특허에 관해서는 효율적으로 기능하고 있지 않은 것 같다. 애초에 기업 스스로도 이용하지 않는 특허를 제3자에게 라이선싱 또는 매각하려고 해도 제3자 또한 이용할 만한 가치를 찾아내지 못하는 것은 아닐까. 미이용 특허가 발생하는 시기는 제품의 모델 변경, 또는 국제표준의 방향성이 자사 보유 특허와 다른 방향으로 구축되는 시점 등으로, 이들 시점에 철저한 특허 점검(특허 유지의 필요성 재확인 작업)을 실시하지 않으면 이후 계속해서 해당 특허를 미이용한 채 보유하게 된다. 기업 내에서 개발직 직원에게 부과하는 출원 할당량 또한 미이용 특허를 양산하고 있다는 의견이 있다. 이러한 미이용 특허를 둘러싼 문제에 대해서도 지식재산부와 기업 내 다른 부문과의 연계 유무가 크게 영향을 미치고 있을 것이다. 지식재산 강국인 일본이 미이용 특허 문제를 끌어안고 있는 것은 심각한 문제는 아닐까?

특허청의 조사 확대

2010년에 필자의 부문 간 연계에 관한 조사연구를 일본 특허청이 규모를 확대하여 계승하였다(財団法人知的財産研究所, 2011). 확대된 조사연구 위원회의 위원장을 맡아 지식재산부와 기업 내 타 부문과의 연계에 관한 조사연구를 진행한 것을 기쁘게 생각하고 있다. 1071개사에 설문지를 발송하여 414개사에서 답변을 받았다. 그러나 조사 결과에 대해서는 일희일비하고 있을 수 없다. 진전된 사항으로는 지식재산부, 사업부, 개발부 삼위일체 경영의 실천 상황에 대해, 우리회사는 '잘 되고 있다'고 대답한 기업이 9%, '다소 되고 있다'고 대답한 기업이 35%, '잘 되지 않고 있다' 및 '안 되고 있다'고 대답한 기업이 53%라는 결과였다. 약 10%가 잘 되고 있다는 확신을 가지고 답한 것은 좋은 일이라고 생각한다. 또한 삼위일체 경영이 잘 되고 있는 기업일수록 이사회 내 담당임원, 연구개발부문, 제조부문, 해외사업부문, 경영기획부문과의 연계를 개선한 것으로 보인다. 그러나 그 외 부문과의 연계는 거의 없다는 결과 또한 나왔다. 또한 이번 조사에서는 10년 전과 비교한 인식의 차이에도 주목했는데, 인식이 다소 강해지기도 했지만 크게 달라진 것은 없었다. 지식재산부문 활동이 타 부문과 연계를 강화하여 전사적 목표에 명확하게 공헌하고 있다는 의식을 형성하기 위해서는 아직 노력이 필요한 것으로 보인다.

지식재산전략의 수립

부문 간 연계를 실시할 때 기업의 외부환경 및 보유한 내부자원의 분석을 충분히 실시한 후, 어떤 업무를 어느 부문과 어떻게 연계해 나갈 것인지 확실히 검토하는 것이 중요하다. 단순히 타 기업의 지식재산전략을 모방해 도입한다면 그것이 자사가 놓인 외부환경 속에서 내부자원의 강점을 발휘하기 좋은 전략인지 아닌지는 알 수 없다. 전략수립의 기초로 되돌아가 지식재산전략을 재차 작성해 볼 필요가 있다.

지식재산전략은 적절하게 작성되었는가

지식재산전략이 올바르게 책정되어 있는지 생각해보려 한다. 지식재산 창조 사이클은 국가정책으로서는 매우 중요하나, 기업은 사이클을 구축하는 것만으로는 전략의 형태를 갖추지 못한다. 전략이란 타사가 생각하지 못한 것을 방침으로 내세워 적을 속이고 자사를 유리한 입장에 서게 하는 것이므로, 기업내에서 이 지식재산 창조 사이클의 구축이 자사의 전략이라고 하는 것만으로는 적을 속이기 위한 독자적인 지식재산전략을 수립했다고 할 수는 없는 것이다. 전략수립의 기본은 기업이 놓인 외부환경의 분석을 통해 조직 밖에 존재하는 기회와 위협을 추출하고, 한편으로 기업의 내부자원을 분석하여 자사의 강점과 약점을 명확히 하여, 강점을 살려 기회를 어떻게 잡을지, 강점을 통해 외부에 존재하는 위협을 어떻게 떨쳐낼지, 목표로 하는 기업이념과 비전을 향해 취해야 할 방침을 전략으로 정의하는 것이다. 전사 수준의 경영전략이 책정되면, 그

전략의 수행과 목표 달성을 위해 각 부문의 전략을 수립해야 하며, 지식재산전략도 경영전략의 실행과 목표 달성을 위해 책정되어야 한다. 전략수립에 관해서는 경영학 분야에서 연구성과가 축적되어 있으므로 이들을 어떻게 활용해 나갈지가 문제가 된다. 덧붙이자면 지식재산전략은 전사 수준에서 하나로 정리하여 정의할 수 없다. 예를 들어 기업이 A, B, C 3개의 제품군을 전개하고 있다고 하자. 제품군 A는 오랫동안 주력제품이었으나 시장에 널리 퍼져 제품수명주기의 성숙기에 진입하였다. 제품군 B는 이제 막 시장이 확대될 기세를 보이는 성장기의 제품군이다. 제품군 C는 연구개발 성과가 시장에 막 투입된 제품군이다. 이러한 제품군을 종합하여 지식재산전략을 수립하는 것이 가능할까? 제품의 특징, 현재의 시장, 미래의 성장 예측, 경쟁자의 출현 상황 등, 각 제품군마다 놓여있는 외부환경은 다르다. 한편 각 제품군과 관련된 자사의 내부 자원에 대해서도 강점과 약점을 어떻게 정의할지 또한 제품군마다 다르므로, 지식재산전략을 제품군별, 사업부별로 수립해야만 한다.

전략수립의 기본

여기서는 전략수립의 프로세스를 따라가 보기로 한다. 우선 외부 환경분석으로는 기업이 처해 있는 외부환경을 정치(Politics), 경제(Economy), 사회(Society), 기술(Technology)의 관점에서 분석하는 PEST 분석이 유용하다. 또한 Porter의 5가지 힘 분석은 기업이 속한 업계의 경쟁환경, 신규진입자의 위협, 대체제품의 출현 위협, 공급자의 위협, 고객의 위협 등 5개 요소로 업계를 둘러싼 외부환경을 분석한다. 한편 내부자원 분석으로는 기업 내 사업의 흐름에서 프로세스별로 강점과 약점을 추출하는 포터의 가치사슬 분석이 유용하다. 또한 Barney가 제창한 VRIO 분석도 유용한데, 이것은 기업이 보유한 가치(Value), 희소성(Rarity), 모방불가능성(Imitability), 조직화 능력(Organization)을 분석하는 것이다. 이러한 도구들을 통해 외부에 존재하는 기회와 위협, 내부에 보유한 강점과 약점이 추출된다. 외부환경과 내부자원 분석 결과를 통합하는 과정으로 3C 분석이나 SWOT 분석을 적용하여 전략수립 단계로 들어간다. 전략수립에 들어가기 전에 다시 한번 사업영역을 재정의하는 것도 유익하다. Porter의 세가지 본원적 경쟁전략, Kotler의 경쟁지위별 전략, Ansoff의 다각화전략, BCG의 제품수명주기전략, Hamel and Prahalad의 핵심역량 등 전략수립의 기본적인 개념을 파악한 후에, 지식재산 분야 특유의 전략을 선택해 채용하게 된다.

지식재산전략

지식재산분야 특유의 전략 메뉴로는 출원 전략, 라이선싱 전략, 소송 전략, 표준화 전략, 특허풀 참가, 특허괴물 대책, 모조품 대책, 사내 지식재산 교육, 지식재산 평가에 근거한 제휴 전략 등이 있다. 기업은 과연 위에 서술한 전략수립의 기본을 파악한 후에 제품군별, 사업부별 지식재산전략의 수립에 임하고 있는 것일까? 아무리 여러 기업과 지식재산전략에 관련하여 인터뷰를 해보아도 제품군별, 사업부별로 독자적인 지식재산전략을 수립하기보다는 지적 창조 사이클의 구축을 위해 지식재산전략을 수행하고 있다는 대답만 돌아오는 것을 보면, 근본적인 지식재산전략 수립은 이제부터 시작인 기업이 많을지도 모른다. 이러한 배경을 감안하여 업계에서 강연할 때에는 '경영전략 수립의 기본으로 회귀한 지식재산전략 수립의 추천'이라고 제목을 붙여 이야기하고 있다. 기업이 독자적인 지식재산전략을 수립하여 일본 국내뿐만 아니라 해외 경쟁사와의 경쟁에서도 승리했으면 한다(田中義敏, 2009).

기본성과 개량성을 구별하는 법체계의 모색

신흥국의 특허출원 증가

중국에서 지식재산권의 출원건수가 급증하고 있는데, 일본에서는 30년 걸려서 증가한 만큼을 중국에서는 13년 만에 증가하였다. 근래에는 특허, 실용신안, 의장의 출원 합계가 연간 200만 건 정도라고 한다. 중국에서의 출원은 향후 거대시장에서의 독점적 권한으로서 큰 영향을 미치게 될 것이다. 새로운 위협은 중국기업이 미국, 일본에서 출원건수를 늘릴 시기가 오고 있다는 것이다. 미국은 세계 2위의 연간 특허출원건수 약 50만 건을 자랑하며, 일본도 연간 32만 건 정도의 특허가 출원된다. 한편 유럽의 경우에는 연간 14만 건 정도이다. 미국과 일본의 대량 출원에 비해 유럽은 왜 출원건수가 적은 것일까? 이런 소박한 의문으로부터 필자들은 일본과 유럽의 특허 출원을 비교해 보았다(Tanaka and Wang, 2011). 그 결과 유럽기업의 특허출원은 기본성이 높은 발명인 원천특허가 많은 반면, 일본기업의 출원 중에는 기존기술의 개량특허가 다수 존재하였다. 원천특허(기본성이 높은 특허)와 개량특허(개량성이 높은 특허)를 각각 선행기술의 인용이 없는 특허와 선행기술이 인용되어 기존기술의 일부가 개량된 특허로 정의하고 통계를 내보면, 유럽기업의 특허 출원은 인용이 있는 출원이 30~40% 정도인 반면, 일본기업의 특허 출원은 80~90%의 출원에 인용사례가 있었다.

특허 요건 기준의 재검토와 특허권의 효력

세계의 선진기술을 따라잡은 일본은 바로 지금 원천특허 출원의 비율을 높여야 한다. 개량출원에서 무조건 탈피하자고 하는 것이 아니라, 원천특허와 개량특허의 균형을 생각해야 한다는 것이 필자의 주장이다. 신흥국은 앞으로 추월을 위해 엄청난 양의 개량특허 출원 공세에 나설 것이다. 또한 기업이 원천특허 출원을 목표함과 동시에, 국가적으로 특허 요건의 기준을 상향할 필요가 있다. 특히 진보성의 판단에 있어서 지금까지와 같은 심사기준을 계속 유지한다면, 향후 신흥국에서 출원하는 다량의 개량특허 출원에 특허권을 주게 되어 해외기업에 의한 일본시장의 독점 상황이 발생할 우려가 있다. 원천특허와 개량특허가 법률상으로는 같은 권리의 효력을 갖는 것도 문제가 되는 시점일 수 있다. 원천특허에는 강력한 권리효력을 부여하고, 개량특허에는 예를 들어 부당이득반환청구권에 한정된 권리효력을 부여하는 특허법의 근본적인 개정이 필요한 것은 아닐까?

4. 정리

일본기업의 미래 지식재산전략을 전망할 때 우선 필요한 것이 지식재산부문의 활동을 전사적 경영목표의 실현을 향한 것으로 재구축하는 것이다. 그러한 전략수립을 위해 각 사업별로 독자적인 지식재산전략 수립의 기본으로 돌아가 검토할 필요가 있다. 전략수립 및 실행을 위해서는 조직 전체를 횡적으로 관통하는 조직을 설치할 필요가 있다. 지식재산부문이 타 부문과의 연계성을 높여 각 부문의 전략을 공유함과 동시에, 지식재산부의 업무를 타 부문과 협동하여 추진할 필요가 있다. 개방형 혁신을 추진함에 있어 독점권을 유지하는 부분과 타 기업과 협동을 추진하는 부분을 명확하게 구별하는 오픈&클로즈 전략으로 임할 필요가 있다. 국제표준 참가에 뒤쳐져서는 안되지만, 그

렇다고 지식재산권의 가치를 축소하는 방향으로 빠지지 않도록 주의하는 것도 필요하다. 기본성이 높은 원천특허와 개량성이 높은 개량특허의 차이를 의식하고 국제적인 기업경쟁력 향상을 목표로 해야 하며, 이러한 기업의 노력에 더하여 국가는 신흥국의 추격에 대하여 특허법의 근본적인 제도 개정도 검토해주기를 바란다. 원천특허 및 개량특허 관련 제도 개정은 가능한지, 기본성과 개량성의 판단기준을 어떻게 정리할지, 그리고 심사청구 제도의 개정 등, 신시대의 지식재산전략을 전망하면서 수많이 남아있는 과제에 도전하는 것이 필요하다고 생각한다.

참고문헌

1. 일본 특허행정 연차보고서 2015년판
http://www.jpo.go, jp/shiryou/toushin/nenji/nenpou2015_index.htm(Accessed 2015-09-21)
2. 田中義敏, 新時代における我が国の知的財産戦略の評価と展望：企業内における知的財産部門の活動等からみた企業の知的財産戦略, 法律のひろば, 64(12), 2011.
3. 田中義敏, 知的財産戦略策定の基本一知的財産戦略の崖を乗り越える一, 知財管理, 63(4), pp. 549-562, 2013.
4. 田中義敏(監修), 企業経営に連携する知的財産部門の構築, 発明協会, 2007.
5. 財団法人知的財産研究所, 企業等の知的財産戦略の推進に関する調査研究報告書(平成22年度特許庁産業財産権制度問題調査研究報告書), 2011.
6. Tanaka, Y., Collaboration between IP department and other departments promote IP utilisation, International Journal of Intellectual Property Management, Vol.6, No.12, pp. 111-128, 2013.
7. Gibbs, A. and DeMatteis, B., Essentials of Patent, John Wiley & Sons, 2003.
8. Manton, S., Integrated Intellectual Asset Management: A Guide to Exploiting and Protecting Your Organization's Intellectual Assets, Gower Publishing, Ltd., 2006.
9. 田中義敏, 知財価値を高めるための知財戦略一戦略策定の基本に立ち返った知財戦略の策定を, Tokugion, No. 255, pp. 45-59, 2009.
10. Tanaka, Y. and Wang, D. G., Granted patents have the same level of inventive step? A new approach to distinguish patent protection based on the level of inventive step, International Journal of Intellectual Property Management, Vol.4, No.4, pp. 270-282, 2011.

연습문제

- 친숙한 또는 흥미를 갖고 있는 중소기업을 선택하여, 해당 중소기업을 둘러싼 외부환경 및 보유한 내부자원을 분석해 보고, 지식재산전략의 메뉴 중 적절한 전략을 선택하여 지식재산전략을 수립해 보자.

분야별 기술경영(1) 11

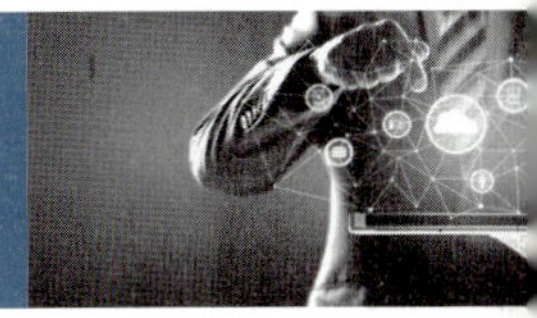

학습 포인트

이 장에서는 각 산업분야의 혁신시스템에 대해 이론적, 실증적 양 측면에서 해설한다. 먼저, Pavitt의 5개 기술궤적에 대해 소개한 후, Malerba의 섹터(산업영역) 혁신시스템의 개념을 설명한다. 또한 섹터혁신시스템을 이해하기에 적절한 기술경제 모형을 개관한다. 후반에는 테크노이코노믹 네트워크 개념을 바탕으로 필자 등이 검증한 로봇산업의 사례를 들어 혁신궤적이 전환되어 온 현상에 대해 배운다.

키워드

혁신시스템, 섹터, 로봇, 혁신궤적, 테크노이코노믹 네트워크 이론, 진화

1. 들어가며

혁신은 경제성장과 국민 생활수준에 큰 영향을 미친다. 혁신이 어떻게 미시적, 메소, 거시적 수준에서 촉진되는지는 중요한 과제이다. 먼저 Pavitt 등이 혁신이 발생하는 기원, 빈도, 장소와 그에 관련된 기술전략 등의 특징을 5 가지 패턴으로 분류한 것을 소개하고, 섹터혁신에 대해 이론적, 실증적인 측면에서 설명한다. Malerba의 섹터혁신 이론에 대해 해설한 후, 분야별 혁신시스템을 이해하는 데 적합한 프레임워크인 기술경제네트워크 이론을 설명한다. 후반에서는 로봇산업의 시장, 과학, 기술 등 측면에서의 진화에 대한 필자에 의한 실증연구를 제시하고 혁신궤적이 전환되는 현상 및 그에 대응하는 경영과제와 정책에 대해 다룬다.

2. Pavitt의 5개 혁신궤적

서섹스 대학의 SPRU(Science Policy Research Unit, 과학정책연구소)에서 실시한 실증 연구를 통해 Pavitt 등은 부문별로 기술궤적, 기술기회와 위협이 다르다는 것을 제시하였다(Pavitt, Robson, Townsend 1989). 기회는 혁신이 일어나는 빈도와 제품혁신의 비율에 관련되어 있고, 위협은 외부로부터 구입한 기술이나 제품의 비율, 유사성이 있는 다른 분야에서 신규진입이 발생할 가능성과 관련이 있다. 예를 들어 캐논이 만약 텔레비전 사업에 진입한다면 파나소닉에게는 새로운 위협이 된다. Pavitt은 나아가 산업 섹터를 기업의 규모, 제품군, 혁신의 목적, 혁신의 근원, 혁신이 일어나는 장소에 따라 다음의 5가지 유형으로 나누었다.

과학기반 유형

과학기반 유형은 화학, 전자 분야처럼 사내 연구개발이 활발하게 이루어지고 물리학과 화학, 생물학 등 기초연구의 성과에 의존하여 기술을 개발하는 분야이다. 다른 제품군과 시장으로 수평적으로 진출할 수 있는 기술기회가 존재하며, 반대로 다른 과학기반 기업이 수평적으로 다각화해 위협이 될 수 있다. 기술전략의 과제는 혁신을 창출할 수 있는 기초연구 상황을 모니터링하고 기술력을 기반으로 관련제품을 개발하며 마케팅 및 생산 등의 보완적 자산을 충실히 하고, 신기술이나 새로운 시장의 출현에 따라 조직개혁을 신속하게 실시하는 것이다.

공급자주도 유형

신기술은 공급자인 장비 제조업체, 재료 및 소프트웨어 개발사 등이 개발한다. 따라서 기술기회는 빈약하고 주로 공정기술에 관련된 기회가 존재한다. 공급자가 시장에 진입할 위협이 존재한다. 농업, 식품 및 전통적인 제조업 등을 들 수 있다. 외부 기술을 바탕으로 경쟁력 강화를 도모하는 기술전략이 효과적이다.

규모집약적 유형

대규모 생산설비를 필요로 하는 섹터로 광업, 철강, 전력산업 등을 들 수 있다. 신기술은 주로 디자인공학 부문과 특별한 투입물의 공급자가 다양한 분야의 지식과 첨단기술에 의존하면서 개발한다. 다수의 서로 다른 프로세스 및 시장과 관련되기 때문에 기술적 위협은 적다. 복잡한 시스템에 어떻게 혁신을 가져올 것인지, 또한 모범사례를 어떻게 확산시킬 것인지가 기술전략의 중요한 과제이다.

전문공급자(specialized supplier) 유형

전문공급자 유형 섹터는 측정장비, 소프트웨어, 플라스틱, 기계 등의 분야이며, 주로 제품혁신이 일어난다. 신기술은 디자인 부서, 생산기술 부서 또는 클라이언트 시스템 개발부서에서 개발된다. 고객이 첨단기술을 개발할 경우 위협 가능성이 있다. 고객의 첨단 수요를 끊임없이 분석하고 새로운 기술을 통합해 나가야 한다.

IT 집중적 유형

Pavitt은 처음에는 4가지 유형을 제안했다가 나중에 IT 집중적 유형을 추가하였다.

대표적인 분야는 금융업, 여행사, 인쇄업 등의 섹터이며, IT 및 정보통신 기술에 의존한다. 정보를 어떻게 기업의 전략적 자원으로 활용하느냐가 열쇠가 된다.

또한 복잡한 정보처리 시스템의 설계 및 운영을 효율적으로 수행하고 관련 제품을 개발하여 사업을 전개할 필요가 있다.

3. 섹터혁신시스템

이탈리아 학자 Franco Malerba의 섹터혁신시스템 프레임워크 이론을 소개한다. 과거의 산업수준 연구에서는 산업의 수직적통합과 다각화, 집중화, 기업의 신규진입 등에 주목했다. 그에 비해 섹터혁신시스템(sectoral systems of innovation, SSI)(산업혁신시스템으로 번역되기도 함–역자주)은 역동적인 모델이며, 기업이 아닌 기관의 역할과 에이전트(agent) 사이의 상호작용, 지식 보급과 학습 효과, 섹터의 발전 및 변화에 주목한 모형이다(Malerba 2002). SSI는 신제품 창출과 제품개발에 관련된 시장과, 에이전트 간의 시장 및 비시장 상호작용이라고 정의된다. SSI에서는 섹터에 따라 지식기반이나 학습과정이 다르고, 그것이 혁신

활동 및 기업행동과 조직에 영향을 미친다. 여기서 말하는 에이전트는 기업과 비영리기관(대학 및 공공연구기관, 정부, 금융기관 등) 및 개인을 가리킨다. 또한 섹터에 따라서 요소기술과 투입요소, 수요, 보완적 관계가 다르다. 상호보완관계와 상호의존성이 섹터혁신시스템의 경계를 결정한다. SSI의 특징은 섹터 영역이 고정되어 있지 않고 역동적으로 변화한다는 것이다. 또한 기업 간의 관계 및 상호작용도 섹터에 따라서 다르며, 규정, 표준, 노동시장 등의 제도도 그러하다.

섹터의 지식기반이란 혁신을 창출하는 과학 및 기술 분야를 가리키며, 기반이 기업 내에 존재하지 않을 경우, 기반 획득의 난이도 또한 섹터에 따라 다르다고 Malerba는 지적하였다. 섹터에 따라 기술적 기회가 다르다는 것은 앞 단락에서 설명하였다. 또한 지식이 축적되는 정도와 축적되어 가는 과정은 기술과 지식의 보급에 의해 일어나고, 섹터에 따른 차이가 관찰된다.

Malerba는 동일 국가 내에서의 부문 간 혁신패턴의 차이가 같은 섹터 내의 국가 간 혁신패턴의 차이보다도 크다고 지적하였다(Malerba 2002).

4. 기술경제네트워크 이론

SSI의 핵심요소는 행위자 간 연결 및 기술성능과 지식과의 관련성이다. SSI 이론에서 혁신은 단독 행위자가 일으키는 것이 아니라, 행위자 간의 상호작용을 통해 지식창조와 혁신이 일어나는 메커니즘에 초점을 맞춘다. 행위자 간 지식의 흐름을 관찰하고 병목현상이 일어나는 곳을 파악하여 혁신시스템의 문제를 파악할 수 있다. 앞 장에서 다룬 선형모형과는 달리 SSI는 다양한 피드백 루프를 거쳐 이루어지는 동태적, 체계적인 모형이다.

여기서는 프랑스의 과학기술 사회 분야 학자인 Michel Callon(1991)이 제시한 Techno-Economic Network(TEN) 이론을 소개한다. TEN은 생산기술 및 제품개발, 보급에 종사하는 다양한 행위자(기업, 대학, 국립연구소 및 사용자)들의 네트워크이며, 과학, 기술, 시장 등의 축(pole)이 존재한다. 과학축에서는 과학지식 창조가 일어나고 관련 행위자는 대학, 국립연구소와 기업의 기초연구소이다. 기술축은 기업의 개발현장

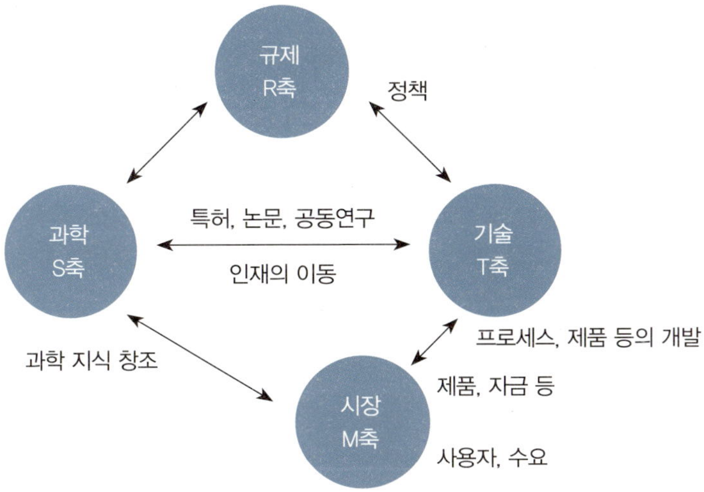

그림 11.1 TEN(기술경제네트워크) 모델
(Callon and Bell(1991)을 바탕으로 필자 작성)

혹은 대학에서의 기술개발이다. 시장축은 수요와 시장을 대상으로 한다. TEN에서는 각 축에서 다양한 중개자(intermediary)가 네트워크의 행위자 사이를 순환한다. 예를 들면 금융과 시장축에서는 자금이 중개자이고, 과학지식 창조가 이루어지는 과학축에서는 논문과 과학자 등이 중개자이다. TEN은 섹터혁신시스템의 규명과 과학기술정책 연구에 사용하는데 적합한 모델이다. SSI라는 복잡한 혁신시스템의 모든 것을 직접 관찰하는 것이 아니라 다양한 축들을 순환하는 중개자를 분석함으로써 간접적으로 혁신시스템의 특징을 파악할 수 있게 된다. 또한 각 축에서 거시, 메조, 미시 수준의 분석이 가능해진다. 다시 말해 TEN 모델은 국가, 산업, 기업, 기업 내 부서(연구소 등) 수준 등 다양한 수준에서 사용할 수 있는 유연한 동태적 모델이다.

실제로 이 모형을 응용해 로봇산업의 혁신궤적 진화를 살펴보자(그림11-1).

5. 로봇산업의 혁신궤적 진화

혁신궤적

로봇산업은 일본이 경쟁력을 가지고 있는 산업이다. 섹터혁신시스템의 사례로서 로봇 혁신시스템을 선정하여, 시스템이 어떻게 발전하고 혁신궤적에 변화가 일어났는지 대해 설명한다. 혁신궤적은 발명에서부터 제품화와 상용화에 이르는 혁신에 관한 일련의 활동을 말하며, 기술궤적과는 다르다. 로봇산업 진화의 배경으로 혁신궤적의 구조적인 변화가 드러난다(Kumaresan, Miyazaki, 2001). 필자 등은 혁신궤적을 종합적으로 평가하고, 상용화나 기술개발 등을 개별적으로 평가하지 않고 행위자 간의 상호작용을 폭넓은 관점에서 조사함으로서 로봇 혁신시스템을 분석하는 방법을 개발하였다(Kumaresan, Miyazaki 1999). 이 절에서는 6개의 척도인 기술, 시장, 제품, 행위자, 사회경제, 경쟁환경에 변화가 일어난 것을 보인 다음, 혁신궤적의 변화와 이와 관련된 매니지먼트 및 정책 과제를 논한다.

역사적 배경

1950년대에 미국인 George Devol이 최초로 산업용 로봇을 개발하였다. 또한 체코슬로바키아의 극작가 Karl Capek이 로봇이라는 용어를 만들었는데, 흥미롭게도 로봇은 체코어로 강요된 노동이라는 뜻이다. 1960년대에는 가와사키중공업이 일본 최초로 공업용 로봇을 미국에서 수입하였다. 그 후 로봇 분야가 성장할 것이라고 전망한 중공업과 전기 제조사가 이 분야에 뛰어들었다. 일본에서는 JIRA(일본로봇협회)가 산업용 로봇의 진흥을 목표로 설립되었다. 1973년 오일쇼크에 의해 물가와 임금이 상승함에 따라 로봇의 수요가 창출되었고, 자동차 산업이 발전함에 따라 초기 단계의 로봇산업이 발전하였다. JIRA에 따르면 1980년대 60% 이상의 로봇 사용자가 자동차 제조사였으며 10% 정도가 전자회사였다. 1980년대 중반에는 자동차산업용 용접로봇 대신 반도체 등 전자산업에서 사용되는 조립용 로봇이 주류가 되었다. 이후 다양한 분야에 로봇이 보급되었다. 일본은 초기 로봇의 주요 사용자였던 자동차산업이 특히 로봇의 도입에 열성적이었던 것과 그 외의 다양한 요인에 의해 로봇의 보급률이 세계적으로 높은 로봇 대국이 되었다. 그 뒤 모바일 로봇과 마이크로 로봇 등의 출현으로 패러다임 변

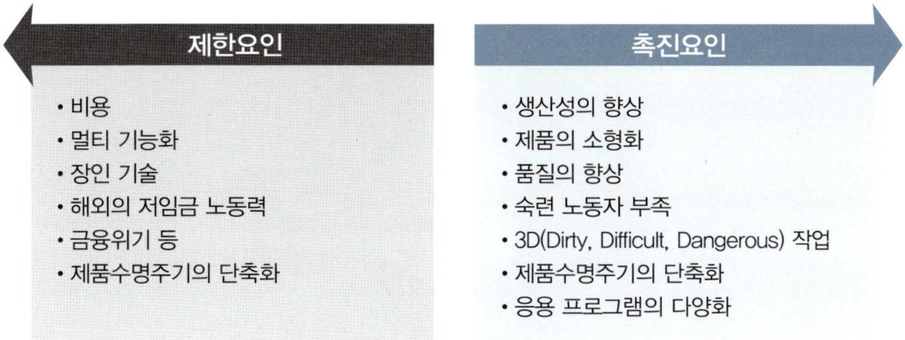

그림 11.2 로봇 산업의 촉진요인과 제한요인

화가 일어나고 있다.

기회와 도전

로봇산업의 발전에 따라 응용분야가 확대되면서, 다양한 기회와 도전이 부상하고 있다. [그림 11.2]는 성장요인과 성장의 방해요인을 나타낸다. 제품수명주기가 짧아지는 반면 제품 및 부품의 소형화가 진행되고 로봇의 역할도 변화하고 있다.

로봇 제조업체에게는 비용절감과 새로운 기술혁신이 요구된다. 생산성 향상, 소형화 등이 성장요인으로 간주될 수 있다. 또한 품질향상, 노동자 부족, 3D(Dirty, Difficult, Dangerous) 작업은 로봇산업 발전을 촉진시킨다. 반면 기술자 장인, 기능 복합화, 해외의 저임금 노동력, 금융위기 등은 로봇산업 성장을 방해하는 요인이다. 제품의 수명주기가 단축됨에 따라 로봇의 유연성 및 조작성의 향상이 요구되었는데, 이것은 성장요인과 성장방해요인 두가지 모두의 측면을 가지고 있다. 로봇이 도입된 생산현장에서도 로봇이 인간의 유연성을 따라가지 못해 다시 인간으로 회귀하는 경우도 볼 수 있다. 로봇의 응용처가 늘어나면서 로봇산업이 발전하였다.

혁신궤적의 전환

기술경제네크워크 이론을 기반으로 과학, 기술, 시장, 규제의 축에서 구조적인 변화가 일어나고 있는 것에 대해 논의하겠다. [그림 11.3]에 나타낸 것처럼 혁신시스템 분석

그림 11.3 혁신시스템에 일어나는 변화

에서는 과학, 기술, 시장의 축과 관련 제품군, 행위자 집단, 경쟁요인, 사회경제적 구조 등을 분석한다.

제품군

1970년대와 80년대에 산업용 로봇은 주로 3D작업을 자동화하기 위해 도입되었다. 유연성 있는 CIM(computer integrated manufacturing, 컴퓨터통합생산)과 로봇은 점진적 혁신을 일으키며 공진화(coevolution)를 일으켰다. 산업용 로봇의 기술적 특징에 영향을 미치는 요소는 정확성, 속도, 공간, 용량 등이다. 응용처에 따라 로봇의 특징도 달라지는데, 기술혁신을 통해 다양한 응용처의 생산성이 향상되었다. 산업용 로봇 분야에서는 먼저 암(arm) 타입의 로봇이 지배적 디자인(dominant design)이 되었다. 이후 응용처가 다각화함에 따라 로봇 제품군은 수평적으로 진화하였으며, 또한 점진적 및 비연속적인 혁신에 의해 수직적으로도 진화해 나갔다. 즉 수평적 진화로서 다른 응용처에 쓰이는 용접로봇이나 페인트 도장용 로봇이 출현하였다. 또한 제어 등에 관한 기술혁신을 통해 각 제품은 수직적으로도 발전하였고 나아가 응용처의 다양화로 이어졌다.

그러나 어느 시점에서부터 생산용 로봇 기술요소의 향상은 거의 보이지 않게 되었으며 기술적 성숙이 분명하게 되었다. 대신에 생산현장 이외의 장소에서 사용되는 로봇이 보급되기 시작했다. 건설현장에서 사용되는 로봇 제품은 1990년에는 39종류였던 것이 1997년에는 69종류로 늘어났다. 마찬가지로 원자력발전소에서 쓰이는 로봇은 20종류에서 28종류로 증가하였다. 이동형(모바일) 로봇은 생산현장용과는 다르게 진화하였다. 예를 들어 배관의 균열을 검사하는 로봇은 공장에서 물품을 운반하는 자동운전차량(auto guided vehicle)과 컨트롤러 및 센싱, 내비게이션 기술 등 똑같은 요소기술로 구성되어 있지만, 제품의 구조(아키텍처)는 전혀 다르다. 이동형 로봇의 발전 패턴은 여러 방향성을 보이며 커스터마이징도 많은 것으로 나타났다. 마이크로 로봇은 제품수명주기의 초기 단계에 있으며, 제품의 구조 또한 생산용 이동형 로봇과는 다르다. 이렇듯 로봇 제품군에서 혁신궤적의 변화가 일어나고 있음을 알 수 있다(Kumaresan, Miyazaki 2001).

기술축

다음으로 기술의 축에서 어떤 일이 벌어지고 있는지 알아보자. 기존에 로봇은 다양한 기술을 흡수하고 통합함으로써 만들어지는 것이라고 인식되었다. 그러나 과학 및 기술의 축을 분석한 결과 다양한 기술개발과 기술의 컨버전스(기술융합)에 의해 로봇이 발전하여 온 것으로 밝혀졌다. 또한 논문 데이터를 바탕으로 한 로봇 관련 요소기술의 성능분석에서 일본의 점유율(전세계 논문 수에 대한 일본의 점유율)이 모든 요소기술(제어공학, 소프트웨어 데이터 처리 등)에서 크게 성장한 것도 관찰되었다(Kumaresan, Miyazaki, 2001). 요소기술 중에서는 특히 소프트웨어와 인텔리전스(인공지능 등)가 중요해지고 있다. 생산용 로봇, 이동형 로봇, 마이크로 로봇 분야에서는 기계역학, 제어, 센서, 액추에이터(actuator), 복잡 내비게이션, 통신, 인텔리전스, 컴퓨터과학 등 다양한 첨단기술의 융합이 필요하다. 또한 응용처에 따라 추가적인 지식이 필요하기도 하다. 예를 들면 우주에서 사용되는 로봇은 기존의 요소기술에 더하여 천체역학에 대한 지식도 필요하다. 로봇 분야는 기술을 흡수하기만 하는 것이 아니라 공급하기도 하며, 로봇을 통해 서로 다른 분야끼리 결합하게 될 가능성도 있다.

시장축 및 정책축

시장 및 정책축의 변화에 대해 논하도록 한다. 이미 언급했듯이 생산용 로봇의 일본시장은 포화상태로서 신규도입보다는 교체수요와 수출이 성장하는 방향으로 변화하였으며 또한 생산용 로봇 제조업체의 수가 감소하였다. 다른 두 종류의 로봇의 목적은 생산성 향상을 목적으로 하지 않기 때문에 다른 확산패턴을 보인다.

영국의 기술정책학자 James Fleck는 영국, 스웨덴, 일본, 미국에서 로봇 보급에 영향을 미치는 정부 정책에 대한 비교연구를 실시하였다(Fleck, 1987). 일본 통상산업성이 주도한 1970년대의 로봇 관련 정책은 로봇의 보급을 촉진하기위한 것이었으나, 영국의 정책은 고도의 첨단기술 개발을 지원하는 것이며 보급에는 주력하지 않았다. 연구는 그 결과 영국에서 로봇의 보급이 제한적이었음을 지적하였다.

로봇이 건설업 등 생산현장 이외의 장소에 보급되기 시작하면서 리스(lease) 등 다른 정책이 도입되었다. 이동형 로봇 등이 생산현장 이외의 장소, 예를 들어 간호, 오락, 교육, 서비스 등의 분야에 보급되면서, 로봇이 인간과 가까워지고 우리의 삶 속에 들어오게 되어 새로운 정책이 필요하게 되었다.

행위자 집단

일본에서는 초기 단계에 기술축과 시장축이 강화되고 과학축은 상대적으로 약했으나, 로봇이 보급되어가면서 과학의 축이 강화되고 대학의 역할이 중요해졌다(Kumaresan, Miyazaki 1999). 정책 결정자들이 로봇의 중요성을 인식하고 보급에 힘을 쏟은 후 과학축 또한 지원함에 따라 과학, 기술, 시장의 축 연결에 성공하였고, 일본 로봇산업은 상당한 발전을 이루게 되었다. 기술축과 과학축에서는 비생산용 로봇 분야에서 신규 진입이 관찰되며, 생산용 로봇 제조사의 수는 감소하였다. 논문 데이터를 분석한 결과 과학축에서는 대학의 역할이 강화된 것으로 밝혀졌다. 일본 대학에서도 로봇이 교육과정의 중요한 도구가 되었으며, 학생들이 로봇 콘테스트 등을 통해 경쟁하며 로봇공학을 공부하게 되었다. 로봇공학 분야에서 세계적으로 권위있는 Joseph Engelberger 상의 1회 수상자가 일본인이었으며, SCARA 로봇을 개발한 야마나시 대학 교수 또한 이 상을 수상하였다. 미국인 Engelberger는 로봇의 아버지라고 불리는 사람으로 로봇의 사업화에 최초로 성공하였다.

로봇 사례연구를 통해 관찰된 기술경영의 과제

유선형 및 복잡형 혁신궤적

생산용 로봇 혁신궤적의 특징은 유선형(streamlined)이라 할 수 있다. 이것은 혁신시스템에 관계된 행위자가 혁신궤적의 방향에 대해 공통의 인식을 가지고 미래 방향을 쉽게 예측할 수 있다는 것이다. 이를 통해 과학, 기술, 시장의 축에서 분명한 목표를 제시하고 그를 향해 각 행위자가 적극적으로 몰두할 수 있게 된다. 불확실성이 작은 환경에서는 정부가 수요견인과 기술주도 정책 양쪽을 교묘하게 사용하면서 3개 축의 선순환을 일으킬 수 있었다. 그러나 로봇이 생산 이외의 장소에서 활용되며 보급되어 가는 과정에서 불확실성이 증가하고 과학, 기술, 시장축 사이의 선순환을 일으키는 것이 어렵게 되면서, 복잡형 혁신궤적으로 변화하였다(Kumarean, Miyazaki 2000). 앞서 언급했듯이 생산현장에서는 생산성 향상이라는 분명한 목표가 있었지만, 그 이외의 현장에서는 목표가 다르고 로봇의 구조 또한 다르기 때문에 지배적 디자인이 도출되기 어렵다. 과학, 기술, 시장의 축이 다양해지고 변화함에 따라 3축 간의 선순환을 일으키는 것이 어렵게 되고, 규제축에 위치한 정책 결정자는 역할을 재검토할 필요가 있다. 또한 휴머노이드 로봇 등의 출현으로 로봇이 인간에 비슷해지고 있으므로 새로운 규제가 요구된다.

개발현장, 행위자, 네트워크, 국가 수준에서의 기술경영 과제

혁신궤적 변화에 따른 개발현장, 행위자, 네트워크, 국가 수준에서의 기술경영 과제에 대해 검토한다.

개발현장의 과제는 무엇일까? 첨단기술의 융합이 필요한 개발현장에서는 요소기술 변화에 따라 역동적인 지식기반을 만드는 것이 열쇠가 된다. 요소기술 중 소프트웨어 및 정보기술이 중요해지고 있는 것으로 밝혀졌다. 기술자는 다양한 스킬을 갖추어야 하기 때문에 지속적인 학습과 기술습득이 필요하다. 연구개발현장에서 미래 잠재력을 고려하여 연구개발 주제를 선택하고, 다른 기관과의 협력도 선택지로 고려하며 연구개발을 기획해야 한다.

행위자 수준의 과제로는 생산용 로봇이 포화되고 이동형 로봇과 마이크로 로봇이 보급 단계에 있으며, 과학, 기술, 시장축에 격차가 존재하여 과학축의 성과를 효율적으로 시장축에 연결하는 것이 어려운 점이라고 할 수 있다(Kumarean, Miyazaki 2000).

각 축에서 행위자 간의 통합을 유연성 있게 추진함과 동시에 지식이전을 계획하는 것이 필요하다.

외부 연계의 관리 또한 도전적 과제이다. 정책 측면에서는 혁신궤적 변화에 대응하기 위한 정책과, 특히 신시장 창출을 위한 정책 마련이 필요하다.

국가적 차원에서도 혁신궤적 변화에 대한 특별한 대책이 요구된다. 개호, 의료, 교육, 서비스 등 분야에서 로봇이 대중화하기 위해서는 안전성 문제와 사회경제적 문제 등 많은 과제가 남아있다. 일본이 생산용 로봇 분야에서 경쟁력을 유지해온 것처럼 다른 분야에서도 로봇에 의해 새로운 프런티어를 개척한다면 신산업이 발전하고 생활수준이 향상될 것으로 기대된다. 또한 로봇이 사람에게 접근함에 따라 안전성과 사회적 과제 등을 검토하는 것이 요구된다.

6. 정리

이 장에서는 섹터혁신시스템의 개념을 논한 뒤 하나의 사례로 로봇분야 혁신에 대한 실증연구를 중점적으로 설명하였다. 기술경제네트워크 이론을 기반으로 혁신궤적 개념을 사용한 연구성과를 소개하고 과학, 기술, 시장 및 규제의 축에서 혁신궤적의 변화가 일어나고 있는 현상을 다룬 다음, 개발현장, 행위자, 네트워크, 그리고 국가적 수준에서의 과제에 대해 검토하였다. 진화하고 있는 로봇 분야에서는 과학, 기술, 시장 및 규제 측면에서 축들을 효과적으로 연결하고 선순환을 일으키는 것이 요구되고 있으며, 성공한다면 새로운 프론티어가 될 수 있다는 점을 지적하였다.

혁신은 복잡하고 불확실성을 수반하며 다양한 행위자 간의 상호작용과 협동에 의해 일어난다. 발명과 기초연구만이 혁신궤적의 근원이 되는 것이 아니라 다른 것, 예를 들어 제품, 행위자, 경쟁요인, 사회경제적 요인 등의 경우도 있기에 궤적은 역동적으로 변화한다. 이러한 구조적 요인을 작동하게 하는 것 역시 정부의 역할이다. 생산현장 이외의 니즈에서 비롯하는 로봇 혁신시스템은 복잡하기에 특별한 매니지먼트 및 정책 과제를 검토할 필요가 있다.

대담 혁신시스템과 윤리

도쿄공업대학 특임교수 Michael Norton

분야에 따라서는 자금 이외의 요인이나 소비자의 윤리적 문제의식을 통해 혁신시스템에 변화가 일어난다. 동물 애호가들은 실험에 사용되는 동물의 고통에 반감을 가진다. 바디샵은 동물친화적인 화장품 사업으로 출발하여 글로벌 기업으로 성장, 2006년에 로레알에 인수되었다.

대기업과 원자재 공급자, 특히 식료품 공급자와의 관계에서는 공정성이 주요한 주제이다. 커피, 과일 등 많은 식료품 품목에 윤리적 공정무역 라벨이 존재한다. 이것은 회사와 농가가 공정한 가격에 거래, 즉 막강한 구매력을 이용하여 강제로 저렴한 가격에 구입하지 않는다는 뜻이다.

유전자 조작은 식량공급에 심각한 영향을 주고 있다. 과학자들은 유전자 선별이 인간 개입을 전제로 하는 농업의 일상적인 요소이며, 유전자 변형이 과학적 접근이라고 주장하였다. 영국 시민들은 처음에는 혁신을 받아들여, 유전자 조작 토마토 소스가 히트를 기록하였고 유전자 비조작 식품의 판매량을 넘어서기도 하였다. 그러자 몬산토는 다양한 작물의 제초제에 유전자 변형 기술을 적용하기 시작했고, 농민들은 몬산토의 제초제를 사용하게 되었으며, 또한 작물을 먹어치우는 해충에게 작용하는 독소 유전자가 작물에 적용되었다. 그러나 이러한 혁신을 통해 소비자에게 잠재적인 위험이 생겼다. EU에서는 소비자가 공급자에게 식품에 라벨 부착을 요구했으나 몬산토는 라벨링을 거부하였다. 이는 건강 및 환경을 위한 작물 안전성과 라벨링 규칙, 소비자의 알 권리에 관한 소비자와 산업 간의 심각한 다툼으로 발전하였다. 유전자 조작 식품에 대한 저항은 이렇게 환경보호 문제에서 소비자 권리의 문제로 발전하게 된 것이다.

참고문헌

1. Pavitt, K., Sectoral Patterns of Technological Change, Towards a Taxonomy and a Theory, Research Policy, 13, 9, pp. 343-373, 1984.
2. Pavitt, K., Robson., M. and Townsend, J., Technological accumulation, diversification and organization in UK companies 1945-83, Management Science, 35, pp. 81-99, 1989.
3. Malerba, F., Sectoral Systems of lnnovation and Production, Research Policy, 31, 2, pp. 247-264, 2002.
4. Callon, M. and Bell, G., Techno Economic Networks and Science and Technology Policy, Working Paper for the Technology and Economy Programme, OECD, 1991.
5. Fleck, J., National Policies and Patterns of Robot Diffusion: United Kingdom, Japan, Sweden and the United States, Robotics, 3, pp. 7-22, 1987.
6. Kumarean, N. and Miyazaki, K., Management and Policy Concerns over Shifts in Innovation Traiectories: the Case of the Japanese Robotics Industry, Technology Analysis and Strategic Management, 13, 3, pp. 433-462, 2000.
7. Kumaresan, N. and Miyazaki, K., An lntegrated Network Approach to Systems of lnnovation – The Case of Robotics in Japan, Research Policy, 28, pp. 563-585, 1999.

연습문제

- 혁신궤적이 기술궤적과 어떻게 다른지 설명하시오.
- Pavitt의 5개 궤적 중에서 과학기반 유형의 예가 될 수 있는 산업을 들고, 그 산업의 기회와 위협을 논하시오. 공급자주도 유형 또한 예를 들어 보시오.

분야별 기술경영(2)

12

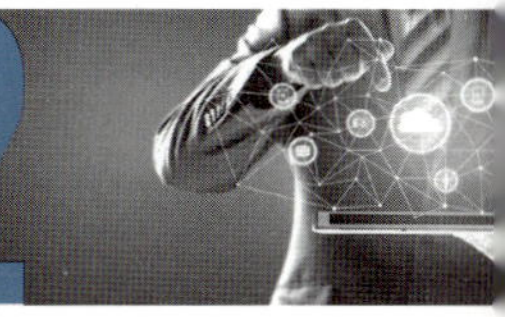

학습 포인트

의료(헬스케어)산업은 인류의 건강과 복지 향상을 목적으로 하며 민간과 공공 분야에 걸쳐 커다란 산업을 형성하고 있다. 이 장에서는 기술경영과 혁신경영의 관점에서 산업구조 및 산업동태를 포괄적으로 이해함으로써 의료산업의 개요를 이해하는 것을 목적으로 한다. 특히 요소기술이 제품과 서비스에 어떻게 활용되고 있는지 의료 관련 사업의 대표적 사례를 바탕으로 이해하는 것이 목적이다.

키워드

분야별, 섹터, 기술경영, 과제, 바이오기술

1. 의료산업의 전체상

이 절에서는 의료 · 헬스케어 산업 전체의 모습을 확인한다. 다음으로 일본의 의료(진단 및 치료)와 개호(돌봄) 시스템의 개요를 해설한 후, 오늘의 과제와 대응방안을 논의한다.

1.1 의료산업의 전체상

[그림 12.1]은 의료산업의 모습을 나타낸 것이다. 이를 이해하기 위해서는 '무엇을 제공하는가?'와 '어떻게 제공하는가?' 의 두 관점이 필요하다.

'무엇을 제공하는가?'는 제품 및 서비스의 분류를 가리킨다. 지금까지의 인식에서 의

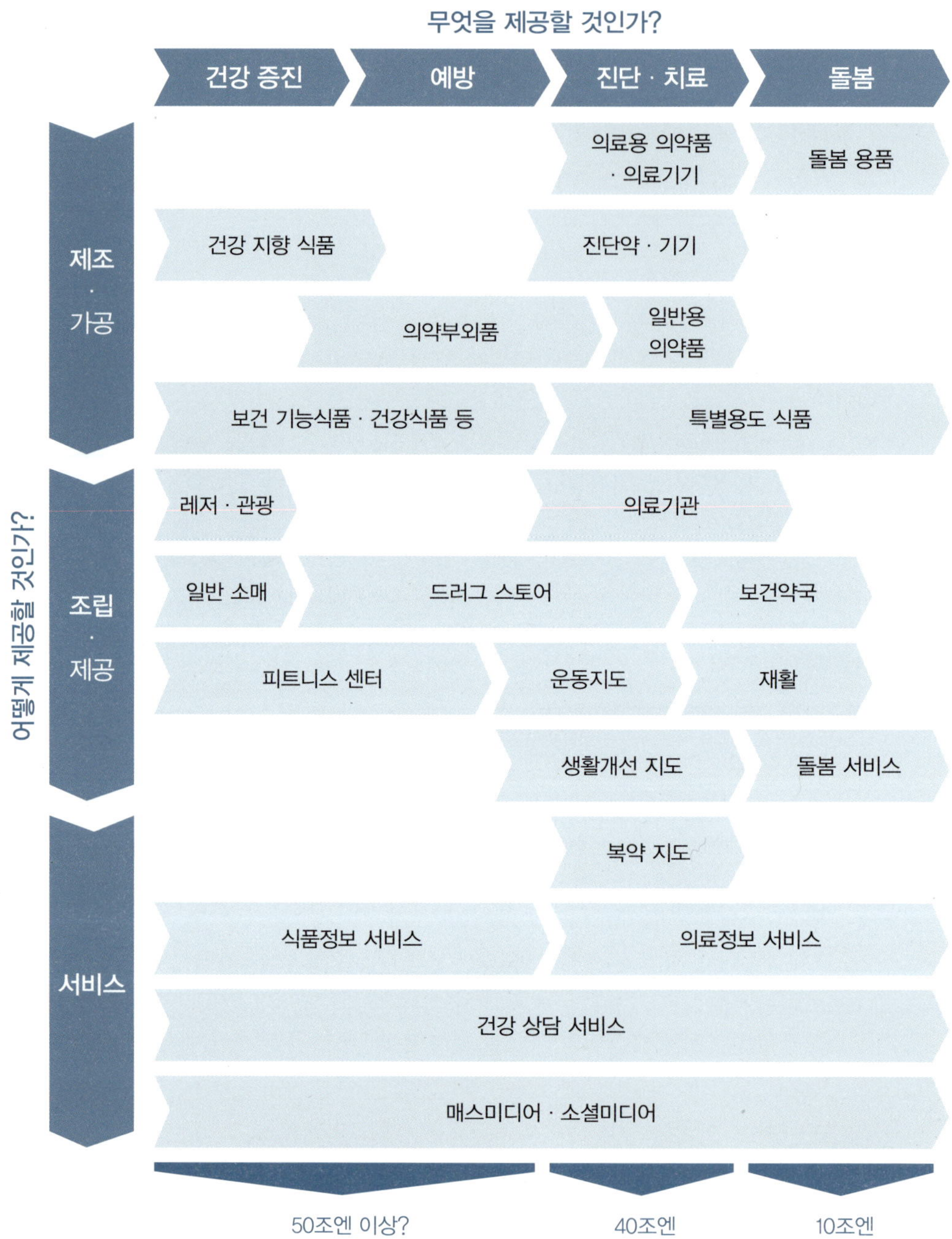

(출처: 참고문헌 1)

그림 12.1 의료 · 헬스케어 산업의 확대

료란 질병에 대응하는 것, 즉 진단과 치료가 중심이었다. 그러나 오늘날 고령화에 따라 돌봄의 필요성이 높아지고 있으며, 또한 국민 의료비 부담의 증가에 의해 질병에 이르기 전의 예방활동 및 일상적 건강증진이 요구되고 있다. 이렇게 보면 오늘날의 헬스케어 산업은 건강증진과 돌봄으로 확산하고 있다고 할 수 있다.

'어떻게 제공하는가?' 는 제품 및 서비스의 제공자를 말한다. [그림 12.1]의 '제조 · 가공'은 개별 제품 및 서비스의 생산자이다. 제약 및 의료기기, 의료공구, 소비자 헬스케어 제품 기업 등이 대표적이다. '조립 · 제공'은 제품과 서비스를 결합하여 환자나 소비자에게 제공한다. 의료기관, 약국 및 의료서비스 제공자가 대표적이지만, 드럭스토어와 피트니스클럽 등도 여기에 포함될 수 있다. '서비스'는 제공되는 제품 및 서비스의 취급을 지원한다. 식품이나 의료 · 의약품 관련 정보제공 서비스 등이 포함된다. 언론에 더하여 최근에는 소셜미디어가 주목받고 있다.

산업의 규모는 좁은 의미의 의료산업 즉 진단 및 치료에 관계된 것은 일본에서는 약 40조 엔, 돌봄은 약 10조 엔이다. 한편, 건강증진과 예방의료에 관한 산업은 동일하게 약 50조 엔 또는 그 이상이 된다고도 보인다(참고문헌 1). 일본에서 좁은 의미의 의료 및 돌봄 관련 산업은 국민 의료비에 의해 유지되고 있지만, 건강증진과 예방 산업은 다른 모든 제품과 서비스와 마찬가지로 일반적인 소비행동에 근거한다. 따라서 의료산업은 사회보장제도의 일부분인 측면과 성장산업 시장의 측면을 모두 가지고 있으며, 이 둘에서 산업구조 및 특성은 크게 다르다.

의료 및 돌봄(개호) 시스템의 개요 및 구성요소

앞에서 말한 좁은 의미의 의료(진단과 치료)와 돌봄은 독특한 시스템에 의해 지탱되고 있다(앞으로 '의료 · 돌봄 시스템' 이라고 부르도록 한다). 이 의료 · 돌봄 시스템의 전체상은 '5개의 P' 모형을 통해 설명할 수 있다[그림 12.2]. 5개의 P는 각각 다음과 같다.

- 정부당국(policy maker): 의료행정의 담당부처 및 지방자치단체 등을 포함한다.
- 환자(patient): 환자뿐만 아니라 건강한 사람도 포함될 수 있다.
- 의료기관 및 의료종사자(provider).
- 제약 등 기업(pharmaceutical company, 줄여서 pharmaco): 제약 이외의 기업,

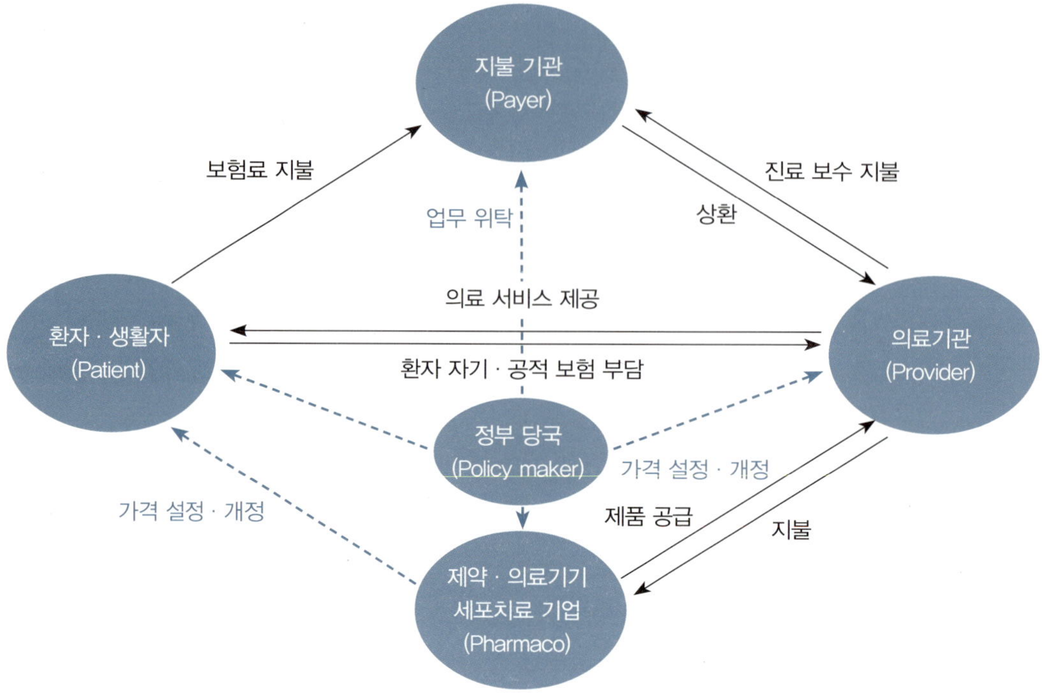

그림 12.2 의료 · 돌봄 시스템의 전체상(필자 작성)

예를 들면 의료기기와 IT 서비스의 제공업체들도 포함한다.

- 지불기관(payer): 건강보험조합 등의 공공기관과 생명보험, 손해보험 등 임의보험 제공기업도 포함한다.

의료 · 돌봄 시스템은 다른 산업시스템이나 사회시스템, 건강증진 및 예방의료 산업에서는 볼 수 없는 특징을 가진다. 그 중 한 가지로 시스템이 법률 등으로 정해지는 규제에 의해 관리되고 있는 것을 들 수 있다. 예를 들어 일본에서는 대부분의 의료 · 돌봄 서비스의 가격은 국가가 정하는 공정가격으로 결정되고 이것이 전국에서 일률적으로 적용되고 있다. 또한 일본의 모든 국민은 공적보험인 직장 건강보험조합이나 국민건강보험 중 어느 한 쪽에 가입하고 보험료를 납부할 것이 의무화되어 있다. 이에 따라 공적보험에 포함되는 의료 · 돌봄 서비스는 자기부담 비율이 보통 20%에서 30% 밖에 되지 않는다.

또 하나의 특징은 환자, 생활자와 의료기관, 기업의 관계성이다. 예를 들어 처방 없이 살 수 없는 의약품은 일본에서 제약회사가 환자에게 직접적으로 선전, 광고하는 것이 금지되어 있다. 또한 제약회사가 의료기관 및 의료종사자에게 실시하는 광고도 의약정보담당자(Medical Representative, MR)가 정해진 규칙에 따라서만 해야 한다. 그리고 의약품 처방내용의 결정권은 의료종사자에 있기 때문에 환자가 스스로 선택할 수 없다. 이들은 모두 일반적인 상거래와는 다른 의약품 고유의 규제이다. 또한 이는 의료기기 및 의료서비스 등에서도 마찬가지이다.

이러한 규제는 국가나 지역에 따라 다를 수 있다. 예를 들어 미국은 공정가격 지정 원칙이 없고, 전국민을 대상으로 한 공적보험 가입 의무도 없다. 또한 제약기업이 환자와 정상인에게 TV광고 등의 수단으로 광고하는 것이 허용되고 있다. 일본에서 환자는 자신이 원하는 의료기관을 자유롭게 선택할 수 있지만(프리 액세스), 영국에서는 거주하는 지역의 주치의에게 우선 진찰받는 것이 의무화되어 있으며 대학병원 등의 전문 의료기관에는 추천서가 없으면 갈 수 없다. 따라서 다른 나라의 제도와 관습을 참고하면서도 고유의 제도와 시스템을 생각해 나갈 필요가 있다.

오늘날의 과제와 대응

일본의 의료 · 돌봄 시스템은 제2차 세계대전 직후 구축되어 오늘에 이르기까지 국민 의료와 건강의 기반 역할을 해왔다. 이 시스템은 일본 특유의 것이며 우수한 사회보장 시스템으로 평가되고 있다. 그러나 사회 상황의 변화에 따라 오늘날에는 많은 구조적인 문제를 안고 있다.

중요한 문제 중 하나는 인구 고령화에 의한 국민 의료비의 현저한 증가이다. 이미 일본의 국민 의료비는 미국에 이은 세계 2위로 의료비 부담방식이 해결해야 할 과제가 되었다. 또한 장수화와 고령화의 진행에 따라 주된 치료대상이 감염 같은 급성 질환에서 생활습관병 같은 만성질환으로 옮겨 가고 있으며, 우울증 등의 중추신경계 질환이 진단과 치료의 대상이 되고 있는 점이 의료비 부담을 한층 더 심화하고 있다. 동시에 저출산도 진행되면서 국민 의료비의 1인당 부담액도 증가하고 있다.

또 하나의 중요한 과제는 의료기관 및 의료종사자의 상황이다. 고령화가 진행되고 의료 및 돌봄의 수요가 늘어남에 따라 병원에 근무하는 의사와 간병 도우미의 취업환경이 문제가 된 지 오래되었다. 의사 등 의료종사자의 배치에도 진료과 사이에 편차가 있어 일부 진료과에서는 심각한 인력난을 경험하고 있으며 현역 의사 등의 업무부담 증가로 이어지고 있다. 의료 · 돌봄 서비스의 지역 간 격차도 점차 확대되고 있어 질의 문제 뿐만이 아니라 소외지역에서는 필요한 최소한의 서비스도 받을 수 없다는 우려가 나오고 있다.

이러한 과제에 대한 대응으로는 3가지 접근법을 생각할 수 있다. 첫째 방법은 현재의 의료시스템의 부분적인 조정 및 전체최적화이다. 이 경우 큰 변화가 기존의 시스템을 더 악화시킬 위험이 있기 때문에 의료 · 돌봄 현장의 의견을 수렴하면서 점진적인 개선을 쌓아나갈 필요가 있다. 두 번째 방법은 혁신에 의한 개별최적화이다. 예를 들어 유방암의 경우 맘모그래피(유방촬영술)가 발명되어 조기발견과 대처가 가능해짐으로써 전체적인 생산성이 크게 향상되었다. 혁신은 강력한 효과를 가져오지만 그 획기성과 신규성이 오히려 비용증가를 초래할 가능성이 있다. 마지막 방법은 의료 · 돌봄 시스템과 외부의 연결이다. 특히 예방의료는 발병이나 악화를 미연에 방지한다는 의미에서 환자와 생활자의 이익에 부합하며, 대부분 환자와 생활자 자신의 의사에 따라 이루어지는 것이기 때문에 국민 의료비와 기존 의료자원의 부담이 경감되어 큰 기대를 받고 있다.

2. 의료 · 돌봄 분야의 전망

여기서는 의료산업을 구성하는 의약품, 의료기기, 그리고 장래가 기대되는 재생의료의 3개 분야의 현황과 과제, 향후 전망 등을 설명한다.

의약품

의약품은 예로부터 경험칙에 의거한 전통적인 산업이었는데, 1950년대 이후에 합성화학 및 약리학, 그리고 생명공학이 크게 발전하면서 생체 메커니즘을 기반으로 신약개발이 가능하게 되었으며, 유효성과 안전성을 과학적으로 평가하는 방법이 확립되면서 과학기술에 기반한 산업으로 변모하였다. 그리고 국민을 약해(의약품 부작용)로부터 지키기 위한 규정도 정비되어 오늘날의 임상개발(임상시험) 및 승인 제도가 정착하였다. 제약산업의 시장규모는 2011 년 전세계적으로 약 9,530억 달러, 일본은 약 9.3조 엔에 달하였다(참고문헌 2).

의약품산업의 근대화에 따라 연구개발비용이 증가 일로를 걷고 있다. 일설에 의하면 오늘날 하나의 신약이 탄생하기까지 8년에서 15년의 시간과 평균적으로 약 1,200억 엔의 비용이 든다고 한다(참고문헌 3). 이는 신약 후보의 유효성과 독성 등을 정확하게 예측하는 것이 어렵기 때문이다. 유전자 정보를 활용하는 게놈 신약개발이나 컴퓨터 공학을 이용한 IT 신약개발 등이 제창되었으나 아직 근본적인 개선을 이루지는 못하고 있다. 그 결과 연구비 10억 달러 당 신약개발 성공 건수는 1998년 1.6건이었으나 2011년에는 0.3건으로 하락하였으며 하락세가 계속 이어지고 있다([그림 12-3).

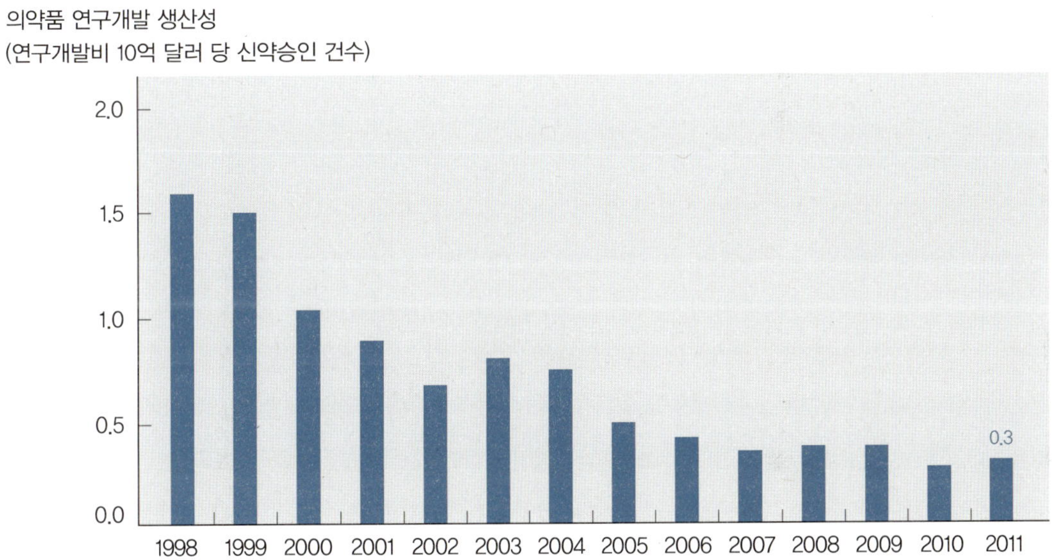

	1998	1999	2000	2001	2002	2003	2004	2005	2006	2007	2008	2009	2010	2011
연구개발비(yr–5)	24	27	31	35	38	43	50	54	61	69	79	88	96	108
승인 신약 수	39	40	33	32	26	35	38	28	29	26	31	34	26	35

주: 연구개발 생산성 = 연구개발비 10억 달러 당 신약 승인 건수: 연구개발투자로부터 신약 승인까지 5년의 시차를 가정(예: 2011년 승인된 신약은 2006년의 연구개발투자의 성과라고 가정하고, 2011년의 신약 승인 수 35를 2006년의 연구개발투자액으로 나눠서 산출). 분석 대상은 2011년 시점의 글로벌 상위 20사

(자료: 참고문헌 4)

그림 12.3 신약승인 건수에 기초한 연구개발 생산성의 추이

그 결과 제약기업 등 의약품 기업의 경영환경도 심각해지고 있다. 상술한 대로 의약품 연구개발의 생산성이 현저히 낮아진 점과, 기존에 약품이 판매되고 있는 질환에 대해서는 신약의 승인이 더 까다로운 점이 원인이다. 또한 신약이 개발되더라도 특허 보호기간이 종료되면 제네릭 의약품이 등장하여 매출이 급격히 감소한다. 제약기업은 이러한 어려운 연구개발상황 속에서 획기적인 신약을 정기적으로 창출해야만 한다.

이러한 상황에 대처하기 위해 서구의 제약 대기업은 대규모의 M&A(인수합병)을 반복하여 신약 후보물질의 획득과 경영기반 안정화를 도모하였다. 중견규모의 제약기업 중에는 하나 또는 극히 소수의 질환을 선택 및 집중함으로써 높은 연구개발 생산성을 달성하는 기업도 있다(특화 제약기업). 또한 미국 등지에서는 생물학적제제나 항체의약품 등 첨단 바이오기술을 구사하여 신약개발을 실시하는 이른바 바이오테크 기업이 대두하고 있다. 일본 제약업계도 경영노력을 다하고 있기는 하지만 국내 1위기업이 세계적으로는 12위에 그치고 있으며, 특화기업이나 바이오테크 기업의 육성도 충분하지 않아 향후 과제로 남아 있다(참고문헌 2).

의료기기

의료기기 산업은 제약산업과 쌍벽을 이루는 대표적인 산업으로 그 시장규모는 2012년 전세계 약 3,078억 달러, 일본 약 315억 달러에 이르고 있다(참고문헌 5). 의료기기도 의약품과 마찬가지로 기업의 연구개발 이후 규제에 따라 임상시험 및 승인 과정을 거친 뒤 판매된다. 한편 의료기기는 말 그대로 기기를 개발 및 제조하므로 제약산업에 비해 이른바 '모노즈쿠리(제품 제조)' 측면이 강하다고 할 수 있다. 지식재산권 보호에 관해서 의약품은 물질특허를 비롯한 몇몇 특허에 의해 권리가 보호되는 반면, 의료기기는 요소기술이 더 복잡하게 구성되어 있으며 개발 및 제조 노하우 같은 특허 이외의 수단에 의존하는 부분도 크다.

최근에는 의료기기와 정보통신기술(Information and Communication Technology, ICT)의 융합이 주목받고 있다. 특히 모바일 헬스로 총칭되는 의료기기의 시장규모는 급속히 확대하고 있으며 미국에서는 2011년 약 7.2억 달러에서 2012 년 약 13억 달러로 약 2배로 성장하였다. 전세계 모바일 헬스 시장규모는 2017년 약 230억 달러로 확대될 것이라는 예측도 있다(참고문헌 6). 이 분야의 최근 방향성으로는 기존의 진단 ·

치료 장비와 ICT의 융합, 의료종사자의 진단, 치료 및 처방 지원, 환자 복약지도 지원 등의 이용이 본격화하고 있다.

진단 · 치료의 모바일화 사례로 미국 WellDoc Communications Inc.의 BlueStar를 들 수 있다. BlueStar는 당뇨병을 비롯한 대사질환 관리를 위한 스마트폰 등 모바일 단말기용 어플리케이션이다. 기존의 치료제보다 비용 대비 효과가 높은 것으로 입증되어 어플리케이션으로는 처음으로 미국에서 의료기기 승인을 취득하였다. 또한 대형 민간 보험회사 2개사가 BlueStar 이용자에게 보험급여 지급을 인정하기로 결정하였다. 이는 BlueStar가 기존 치료법보다 우위성을 발휘하고 있는 데 따른 것이다.

재생의료와 줄기세포 기술

재생의료는 기능이 저하되어 있는 조직 및 기관의 세포를 다시 활성화시키거나 증식시키고, 세포를 교체하는 등의 방식으로 기능을 회복시키는 치료법을 말한다.

대표적으로 줄기세포를 이용한 재생의료가 있다. 줄기세포는 자신과 같은 기능을 가진 세포로 수 회 이상 분열할 수 있으며 다른 세포로 분화하는 능력 또한 가진 세포를 말한다.

줄기세포는 유래하는 동물종과 조직, 세포, 그리고 줄기세포로서의 특성에 따라서 체세포줄기세포, 배아줄기세포(ES세포), 유도만능줄기세포(iPS세포) 등으로 분류할 수 있다. 특히 인간 iPS세포는 일반 세포나 조직에서 재프로그래밍이라는 과정을 거쳐 얻어지는 줄기세포로 인간 ES세포와 비슷하게 다양한 분화능 및 높은 증식능을 가지는 점, 인간의 배아가 아닌 피부 등의 세포에서 생성할 수 있는 점 등으로 인해 큰 주목을 받고 있다.

재생의료를 산업으로서 조망할 경우, 핵심 사업영역 및 지원 사업영역으로 나누어 생각해야 한다는 견해가 있다. 핵심 사업영역은 재생의료에 직결되는 제품과 서비스를 담당하는 비즈니스를 말한다. 지원 사업영역은 주변영역이라고도 불리며 재생의료 제품과 서비스에 직결되지는 않지만 재생의료를 실시하는 데 필요한 인력 · 시설 · 설비 등의 제공을 담당하는 비즈니스를 말한다. 지원 사업영역은 광범위한 산업 저변을 형성할 수 있다는 점에서 핵심 사업영역과 마찬가지로 새로운 산업창조의 원천으로 주목받고 있다.

사업 영역	연구 시약 · 기기 (기초 · 탐색 연구)	신약 개발 지원 (독성 검사)	진단 (각각의 의료)	하이브리드 인공 장기	세포 치료 재생의료
실현 시기	현재	현재~5년 후	5~10년 후	5~10년 후	10~20년 후
사업 모델	• 연구용 세포 제품 • 연구용 기기 • 위탁 서비스	• 신약 모델 세포 • 개발용 디바이스 • 위탁 검사	• 위탁 검사 • 진단 서비스 • 진단용 세포 은행	• 인공 장기 • 부속 기기 • 각종 디바이스	• 의료용 세포 제품 • 의료 서비스 • 치료용 세포 은행
			주변 기술		
			줄기세포 기술 플랫폼		

(자료: 참고문헌 7)

그림 12.4 줄기세포 혁신의 전망과 기술 플랫폼

줄기세포 기술을 산업기반으로 볼 시에는 재생의료뿐만 아니라 다양한 분야로 전개를 기대할 수 있다([그림 12.4)(참고문헌 7). 그 중 하나는 신약개발으로서 줄기세포에서 만들어진 심근세포나 간세포, 신경세포 등을 이용하여 신약 후보물질을 찾아내거나 후보물질의 독성시험을 실시할 수 있을 것으로 생각된다. 또한 환자와 생활자의 줄기세포를 질병 진단에 이용할 수도 있다. 그런 의미에서 줄기세포 기술은 예를 들면 반도체 기술 등과 같이 광범위한 기술 플랫폼을 형성하고 있다고 할 수 있다.

이처럼 재생의료가 새로운 의료, 새로운 산업으로 주목받고 있지만 지금까지 일본에서 승인된 품목의 수는 다른 국가보다 적은 상황이다. 2012년 시점에서 유럽은 12개 품목, 미국 7개, 한국 5개에 비해 일본은 1개 품목에 머물고 있다. 이 상황을 개선하기 위해 2013년에 재생의료기본법, 2014년에는 재생의료 등 안전성 확보 방법과 의약품 의료기기 등 법이 시행되어 규제의 틀이 갖추어지고 있는 상황이다. 이러한 규제는 재생의료에 관련된 위험을 적절히 관리하면서 의료 및 산업 발전을 도모하기 위해 필요한 조치이며, 향후의 운영방식에 관심이 쏠리고 있다.

3. 건강증진, 예방의료 분야의 전망

여기서는 의료산업을 구성하는 예방의료 및 기능성식품의 현황을 설명한다. 또한 의료산업에서는 다른 산업의 참여가 활발한데, 일부 선진적인 사례를 다룬다.

예방의료

예방의료는 질환을 방지하거나 건강증진을 위한 의료 또는 그에 준하는 행위 전반을 가리킨다. 구체적으로는 생활습관의 개선과 예방접종 진료 등의 예방조치를 강구하여 질병에 걸리는 것을 방지하는 것(1차예방), 질병의 진행이나 중증화를 방지하는 것(2차예방), 질병의 회복과 재발방지를 도모하는 것(3차예방)의 3 단계가 있다.

예방의료는 치료 중심의 의료에 비해 새로운 개념이며, 환자 및 정상인에게 주는 이익이 크고 다양한 기술을 응용한 발전적 전개가 기대되고 있다. 특히 최근 사망의 주요 원인 중 하나인 암에 대해 다양한 예방의료 방안이 강구되고 있다. 그 중 하나는 과학적 근거에 기초한 예방법 개발인데, 암의 원인이 되는 유전자의 거동이나 문제를 조기에 파악하기 위한 저렴하고 정확한 유전자 검사(게놈 진단)이 중심적 역할을 한다. 다른 하나는 환경요인과 생활습관에 따른 위험을 파악하는 것으로, 이른바 웨어러블 단말(각주 8)을 이용한 생활정보의 수집 및 분석과 ICT를 활용한 모니터링 시스템의 개발이 이루어지고 있다. 또한 체내에 상주하는 바이러스 및 미생물을 파악하여 백신을 예방적으로 투여하거나 암의 원인이 될 수 있는 것을 포획하는 등의 대처를 강구하는 것을 생각할 수 있다. 이러한 기술과 제품, 서비스가 완성하고 보급되는 날에는 암 발병요인이 명확해지고 개인의 체질에 맞추어 생활습관을 개선하면 암 발병자가 크게 감소할 것으로 예상된다.

건강식품

여기서 말하는 건강식품은 기능성 표시가 있는 건강기능식품과 기능성 표시를 할 수 없는 일반식품으로 크게 나뉘어진다. 건강기능식품은 일본정부가 정한 승인 및 신고 제도에 따른 분류로서, 기존의 영양기능식품 및 특정보건용식품에 더하여 2015년에 기능성표시식품 제도가 신설되었다. 일반식품에는 영양보조식품, 건강보조식품 및 영양

조절식품 등이 포함되며, 이들을 총칭하여 '건강식품'으로 부르기도 한다.

건강기능식품 중 하나인 영양기능식품은 5종의 미네랄과 12가지 비타민 중 무엇인가를 포함하는 식품으로, 이 기준을 충족하면 '비타민 A는 피부와 점막의 건강유지를 돕는 영양소이다' 등의 표시가 가능하다. 특정보건용식품은 모든 식품이 승인될 수 있지만 품목별로 임상시험을 실시하고 그 결과를 바탕으로 정부 허가를 취득해야 한다. 기능성표시식품도 모든 식품이 지정될 수 있으며, 기업이 기존에 존재하는 과학적 근거를 바탕으로 기능성 평가를 실시가능한 점, 또한 허가제가 아니라 신고제인 점이 특정보건용식품과의 큰 차이점이다.

건강식품 시장은 1997년에 약 8,000억 엔이었는데 사회적 관심이 높아지고 보건기능식품 제도가 등장함에 따라 2007년에는 약 1조 8천억 엔으로 급증하였으며 이후에도 증가세를 보이고 있다(참고문헌 9). 2017년에는 2조 엔을 넘을 것이라는 예측도 있다. 한편 제품화 의사결정이 기업 등의 사업자에게 달려 있고 제품의 효과 또한 다분히 소비자의 주관적 평가에 맡겨지고 있어, 효과 및 효능의 과대주장과 안전성에 관한 우려 등의 문제점도 보이고 있다. 시장이 한층 더 확대될 것으로 예상되는 가운데 시장의 건전한 발전과 우량기업 육성이 향후의 과제이다.

타업종의 신규진입

의료산업의 저변이 확대됨에 따라 다양한 업종, 업계가 신규진입 기회를 얻고 있다. 특히 다른 산업분야에서 쌓은 사업기반과 제품 및 서비스의 강점을 발전시켜 의료산업으로 진입하는 사례도 많이 볼 수 있다.

하나의 사례로 어느 대형 택배기업은 고령자 안전확인 서비스 전개를 계획하고 있다. 이것은 전국을 커버하는 택배 서비스망을 의료서비스 플랫폼으로 활용하려는 시도이다. 이용자가 상점에 주문한 상품을 택배기사가 배송하는 서비스를 토대로, 택배기사가 방문시에 이상함을 느낀 경우는 해당 지자체에 정보를 공유하는 서비스를 추가한 것이다. 돌봄이나 장애인 지원, 육아지원 등의 전개도 기대할 수 있다.

또 다른 예로 피트니스클럽을 운영하는 어느 기업은 새로이 재활 및 운동특화형 돌봄 서비스의 제공을 개시하였다. 이 서비스는 보행 등의 운동기능이 필요하거나 유지해야 하는 생활자와 시간제약이나 운동메뉴 등 개개인의 요구에 맞는 재활 프로그램이

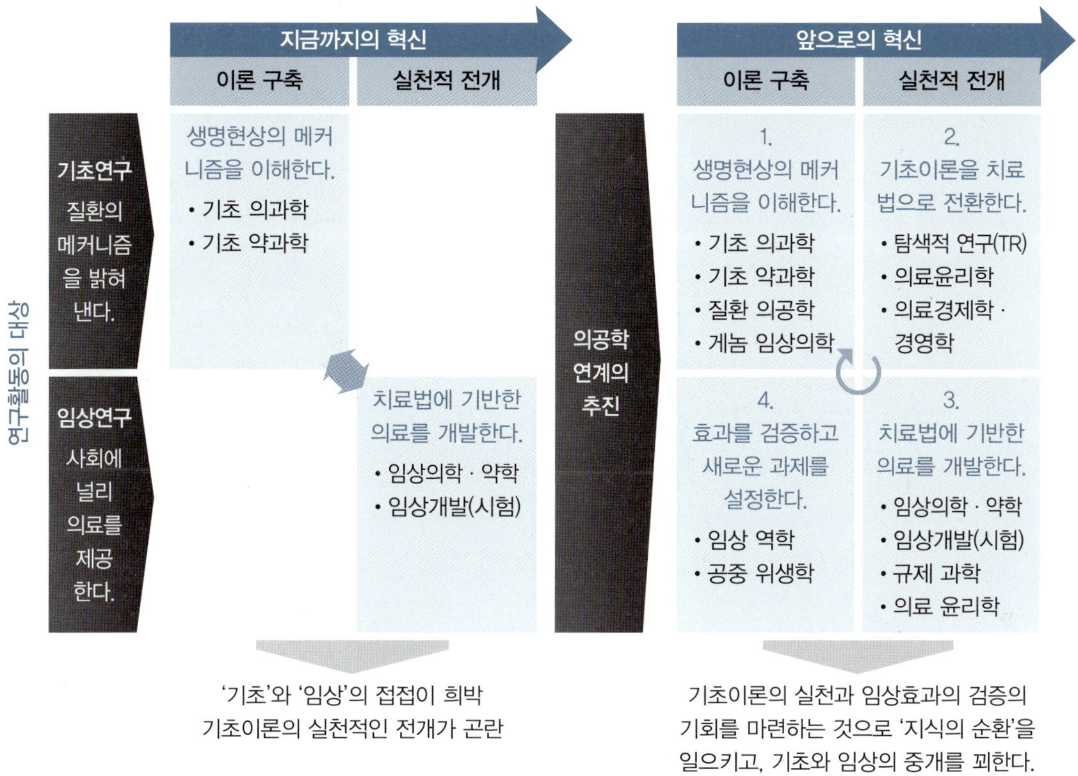

(출처: 참고문헌 1)

그림 12.5 의료 · 헬스케어산업 혁신진흥의 이상적인 모습

필요한 생활자를 대상으로 한다. 피트니스클럽 등 기업 소유의 시설 외에 지방자치단체에도 서비스를 제공하고 있다.

이러한 노력은 민간기업이 영리활동의 일환으로 제공한다는 측면 외에도, 민간기업의 뛰어난 제품 · 서비스와 그 기반을 활용하여 공공 서비스를 효율화한다는 신공공관리론의 측면을 동시에 가지고 있으며, 사회보장과 산업진흥을 동시에 추구하는 방향으로의 발전이 기대된다.

4. 의료산업의 혁신 진흥

마지막으로 의료산업의 혁신 진흥 방안에 대해 다루고자 한다.

과거의 의료 · 헬스케어 혁신은 기초연구를 통한 이론 구축과 임상연구를 통한 실천적 전개를 중심으로 하였다. 이러한 노력은 어느 정도 성과를 올린 반면, 기초와 임상의 접점이 희박해지기 쉬운 점과 실천적 전개의 유효성과 효율성이 검증되지 않고 있다는 점이 문제로 지적되고 있다. 앞으로는 기초이론을 제품 및 서비스로 전환하기 위한 '실천적 전개를 위한 기초연구'와 제품 및 서비스의 효과를 검증하고 새로운 과제를 설정하는 '이론구축을 위한 임상연구'의 필요성이 지적되고 있다[그림 12.5](참고문헌 1).

실천적 전개를 위한 기초연구를 실현하기 위해서는 기술경영 외에도 탐색연구(중개연구, translational research)와 의료윤리, 의료경제 등의 사고방식이 필요하다. 이론구축을 위한 임상연구에 대해서는 임상역학 및 공중보건의 관점에서 검증을 더욱 심화해야 할 것이다. 기초이론의 실천과 임상효과 검증의 기회를 마련함으로써 '지식의 순환'을 일으키고, 기초와 임상의 중개를 도모하는 것이 앞으로의 의료산업 혁신 진흥의 모습이라고 할 수 있다.

대담 현장으로부터의 의료 · 헬스케어 경영 개혁

교토대학 의학대학원 아오야마 도모키 부교수

지금까지의 정형외과학 및 재활의학 경험을 바탕으로 생각한 일본 의료시스템의 과제를 해결하는 방안은 다음과 같다.

첫째, 현행 의료시스템의 부분최적화를 도모하기 위해서는 진료부문 및 기타 다양한 직종 간에 모두가 공유하는 가치관을 조성해야 한다. 또한 각 직종의 기능을 정의하고 그것을 바탕으로 역할과 책임을 명확히 해야 한다. 예를 들어 줄기세포 이식과 같은 첨단의료의 실천에 있어서는 그 의미를 알기 쉽게 표시함과 동시에 의사와 직원 등 각 직종의 역할을 전체 목표 하에서 명확히 하는 것이 필수적이다.

둘째, 혁신에 의한 개별최적화를 위해서는 의약품과 공학 등 다양한 분야의 전문가 간의 협력이 필요하다. 그러기 위해서는 서로 다른 분야 간의 커뮤니케이션을 용이하게 하는 다양한 노력이 필수적이다. 앞으로는 정보통신기술(ICT)의 활용, 특히 다양한 의료정보의 통합, 분석 및 공유가 의료분야의 혁신을 견인할 것이다.

셋째, 의료 · 돌봄 시스템을 외부와 연결하는 방안으로 산학협력을 보다 적극적으로 실시해 나가야 한다. 예를 들어 iPS세포를 이용한 재생의료를 정말로 실현하기 위해서는 좁은 의미의 의료기술 발전만으로는 불충분하며, 세포를 제조하는 장비 및 시설의 개발, 이를 수술실까지 운송하기 위한 물류, 이식 장치의 개발, 그리고 이것들을 차질 없이 수행하기 위한 통합적인 시스템이 수반되어야 한다.

의료의 수준을 더 높여 나가기 위해서는 의사 및 각 전문직종의 기술수준이나 의약품 및 의료기기 등의 기술수준뿐만 아니라, 이를 운용하는 종합적인 능력을 높이는 것이 중요하다. 이러한 것들을 패키징하여 국제적으로 전개해 나가기 위한 경영능력이 요구된다.

참고문헌 및 각주

1. 仙石慎太郎, 第12講医工薬連携による大学研究事業化の展望, リーダーたちが語る医療経営イニシアティブ－破壊と創造で挑戦する(木村廣道監修), かんき出版, pp. 131-141, 2007.
2. 일본 후생노동성, 의약품산업 비전 2013 자료편, http://www.mhlw.go.jp/seisakunitsuite/bunya/kenkou_iryou/iryou/shinkou/dl/vision_2013b.pdf
3. 일본제약공업협회, 일본의 제약산업: 규모와 연구개발능력, http://www.jpma.or.jp/about/issue/gratis/guide/guide12/12guide_08.html
4. 矢吹博隆, 関篤史, 仙石慎太郎, 製薬企業研究開発モデルの変革(上・下), 国際医薬品情報(International Pharmaceutical Intelligence), 2013.
5. 일본의료기기산업연합회, 일본 의료기기산업계의 현황 · 과제 · 기대, http://jfmda.gr.jp/information/pdf/shiryou_20130222.pdf
6. 세계보건기구(WHO), mHealth: New horizons for health through mobile technologies, 2011, http://www.who.int/goe/publications/goe_mhealth_web.pdf
7. 横山周史, 仙石慎太郎, 万能細胞による新しいバイオ産業が始まった一わが国の課題と成功するための条件とは一, 産学官連携ジャーナル(Journal of Industry-Academia-Government Collaboration, 6(10), pp. 26-29, 2010.
8. 팔과 머리 등 신체에 착용하여 이용하는 단말의 총칭
9. 일본 건강산업신문 2011년 12월 22일치, http://www.kenko-media.com/health_idst/007330.html

연습문제

- 일본은 초고령화사회를 맞이하여 의료비가 증가함에 따라 재정압박과 환자부담 증가를 겪고 있다. 이에 대처하기 위한 방법을 3가지 제시하시오.

국가혁신시스템 | 13

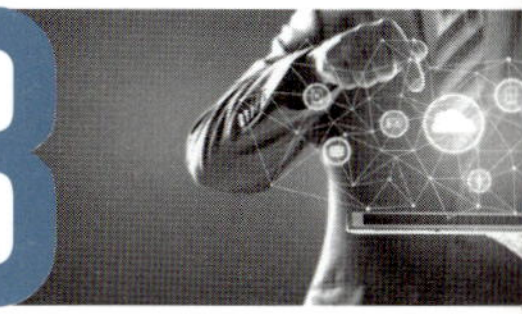

학습 포인트

국가혁신시스템이란 기술경영이 국가적인 경쟁 우위성에 영향을 미치는 혁신시스템이며, 산 · 관 · 학 등 다양한 주체의 연계를 통해 혁신이 발생하는 시스템을 가리킨다. 이 장에서는 혁신네트워크에 대해 설명하고, 국가혁신시스템에 영향을 미치는 요인에 대해 해설한 후, 주요국의 국가혁신시스템에 대해 다룬다.

키워드

국가혁신시스템, 국가혁신체계, 국가혁신체제, NIS, 미국, 산학협력, 도쿄공업대학

1. 서론

1980년대 이후 세계화가 진행되어, 국경 없는 경제 및 신경제의 중요성이 제기되고 있는 가운데, 한편으로는 각국의 산업 경쟁력이 서로 다른 특징을 보이며 각각 특유의 혁신시스템에 뿌리 깊게 의존하고 있는 것이 관찰된다. 스탠포드 대학의 D.Okimoto(1986)가 1980년대에 지적한 미일의 강점은 각각 일본은 '프로세스 혁신, 소형화, 점진적 혁신, 하드웨어, 상용 기술, 부품' 등이고, 미국은 '제품혁신, 급진적 혁신, 소프트웨어, 군용 기술, 시스템' 등이었다. Okimoto가 지적한 내용은 오늘날에도 거의 변하지 않은 것으로 보이는데, 그 이유를 고찰하기 위해서는 국가혁신시스템을 이해하는 것이 필수적이다. 각국은 그 나라의 자원, 자본, 인재, 전통적 기술, 제도 등을 기반으로 기술

표 13.1 미국 특허를 취득한 상위 20개 기업의 국적(1985~1990)

(Patel and Pavitt(1994)를 바탕으로 필자가 작성)

	유럽	일본	미국
산업용 화학	8	1	11
정밀화학	7	1	12
군수산업	6	0	14
자동차	4	11	5
전기기계	4	6	10
전기통신	4	6	10
기계	3	9	8
일렉트로닉스 자본재	3	8	9
재료	3	4	13
원자재 관련기술	3	1	16
일렉트로닉스 소비재	2	14	4

및 경제적 발전을 해 왔다고 할 수 있다. [표 13.1]은 Patel과 Pavitt(1994)이 미국 특허를 바탕으로 각 분야의 상위 20개 기업 중 미국, 유럽, 일본 기업이 차지하는 수에 대해서 분석한 결과이다.

상위 20개 기업 중 일본 기업은 자동차 분야가 11개, 전기 기계는 6개, 일반 기계는 9개, 통신은 6개사였다. 이에 비해 유럽 기업은 자동차가 4개, 산업용 화학 8개, 정밀화학 7개, 군수산업에서 6개를 차지하고 있어, 일본과는 다른 경쟁력을 발휘하고 있는 것이 분명히 드러난다. 상위 20개 기업 중 미국 기업은 석유화학 분야에서 11개, 정밀화학 분야에서 12개, 군수산업 14개, 전기 기계 10개, 통신 10개, 재료 13개, 자원 및 에너지 분야에서 16개를 차지하고 있어, 미국 기업은 7개 분야에서 상위 20대 기업 중 절반 이상을 차지하고 있는 것을 알 수 있다. 이 데이터로부터 일본 기업과 유럽 기업은 미국과 비교하면 다소 협소한 영역에서 경쟁력을 유지하고 있는 것을 알 수 있다. 또한 Patel과 Pavitt는 미국 특허를 사용한 산업 경쟁력 분석을 1963~1968년 및

1985~1990년 기간에 대하여 실시하여 두 기간을 비교했다. 그 결과 미국은 자동차, 가전 분야의 우위성이 낮아졌지만 군수, 에너지, 통신, 화학에 있어서는 경쟁력이 높아졌다. 반면 일본은 가전, 자동차에서 우위성이 높아졌지만, 군수, 화학, 자원 및 에너지에서는 우위성이 낮아졌다. 유럽은 정밀화학, 석유화학의 우위성이 비교적 높았지만 재료와 전자는 우위성이 낮았다. 이러한 산업별 결과는 상위 20개 기업의 분석 결과와 같은 경향을 보인다.

즉, 각국은 그 나라 특유의 우위성을 보이며 기술적 전문화가 일어나고 있는 것을 알 수 있다. 자동차나 전자산업에서 볼 수 있듯이 일본의 강점은 유럽의 약점이다. 반대로 유럽의 강점인 정밀화학, 산업용 화학 등은 일본의 약한 분야이다. 또한 Patel와 Pavitt는 각국의 산업별 우위성을 측정한 후 어떤 나라들이 서로 비슷한지 상관관계 분석을 실시하였는데, 독일과 스위스, 캐나다와 호주, 핀란드와 노르웨이 등 몇몇 국가 간에 높은 상관관계가 있는 것으로 나타났다. 캐나다와 호주는 풍부한 자원을 바탕으로 발전한 나라이며, 독일과 스위스는 전통적인 시계 제조술에서 볼 수 있듯이 고도의 정밀기계 기술을 갖추며 발전했다. 이들 나라는 자원, 기술, 인력, 교육 제도 등 여러 면에서 유사하게 발전해 온 것으로 보인다.

2. 국가혁신시스템

국가혁신시스템(NIS)의 정의는 여러 가지가 있다. Freeman은 NIS란 기술을 개발, 개량, 전파하는 공공 및 민간 기관의 네트워크로 정의하였다(Freeman, 1987). 덴마크의 과학기술정책 분야의 제일인자인 Lundvall에 따르면 NIS란 경제적으로 유용한 새로운 지식을 생산 및 전파하는 국가 내 네트워크 등의 관계라고 지적했다. Lundvall은 광의의 정의와 협의의 정의를 주창하였는데, 광의의 정의는 국가의 경제 조직과 제도에 영향을 미치는 학습 및 탐색 과정을 말하며, 협의의 정의는 탐색에 관련된 연구소 및 대학, 공공기관을 말한다. Nelson은 한 국가의 기술 경쟁력에 영향을 미치는 요인과 주체의 상호작용이라고 논하고 있다. Pavitt의 정의는 또한 조금 다르지만, 공통적인 내용은 NIS란 다양한 주체(액터)와 제도(인스티튜션) 등의 복잡한 상호 관계에 기반하고 있다는

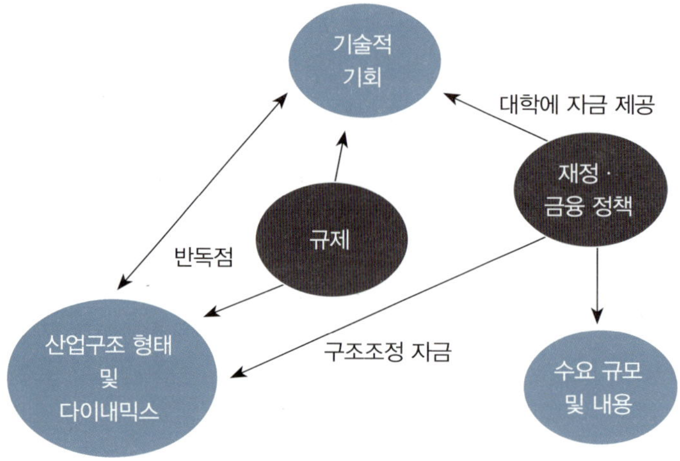

그림 13.1 정부 정책의 접근법

것이다. 여기에서 액터란 민간기업, 정부, 공적연구기관 및 대학 등을 가리킨다. 제도란 기관 자체도 포함하지만, 동시에 특허제도, 교육 제도 등과 규제, 표준 등도 포함한다.

NIS에 영향을 미치는 요인으로서 몇 가지를 들 수 있다. ①기업의 조직, ②공공기관의 역할, ③제도, ④국가 특유의 수요, ⑤보유한 자원, ⑥국민의 교육수준 등을 들 수 있다. Tidd, Bessant, Pavitt(1997)은 기술 축적이 국가마다 서로 다른 예로써 스웨덴을 꼽았다. 스웨덴에서는 철광석 자원을 보유한 것으로 인해 철강산업이 발달하고, 동시에 광산용 기계산업이 발전하였다. 그 후 생산용 기계, 금속제품 분야에 진입하고, 이 두 산업의 발전으로 인해 로봇 산업이 발달하여 경쟁력 있는 분야로 성장했다.

[그림 13.1]은 정부의 역할을 나타낸다. 정부는 규제를 통해 수요에도 영향을 미칠 수 있지만, 공급면에서도 대학에 대한 자금배분 등을 통해 기술기회의 창출에 영향을 미칠 수 있다. 또한 규제를 통해 산업구조의 변화를 유도하여 산업 내 역학관계에도 영향을 미칠 수 있으며, 다양한 금융정책에 의해 기술적 기회 및 산업구조, 수요 규모에 힘을 미칠 수 있다. 즉 [그림 13.1]에 나타낸 다양한 정책은 상호간에 조정될 필요가 있다.

기업의 혁신을 촉진하기 위해 정책 입안자는 세 가지 유형의 도구를 사용할 수 있다.

① 공급 측면의 도구로서 기초연구 등의 연구개발 지원 및 인재 육성을 들 수 있다.

또한 고정가격매입제도(FIT)와 같은 제도는 풍력 및 태양광 발전의 보급에 영향을 미친다. 교육 제도는 인재 교육 수준이 혁신시스템에 큰 영향을 미친다는 점에서 특히 중요하다. 또한 독일 등에서는 고도로 숙련된 기술자가 대학 이외의 기관에서 이루어지는 연수제도 등을 통해 산업 발전에 기여하고 있다.

② 일반적인 도구로서 규제, 특허제도, 거시경제적 정책 및 신기술의 사회 수용을 촉진하는 것 또한 들 수 있다. 정보 네트워크 및 데이터베이스, 도서관을 확충하여 시민의 과학 및 기술에 대한 이해도를 향상시키는 것도 중요하다. 최근에는 환경 규제가 온난화 등에 대응하기 위해 특히 엄격해지고 있다.

③ 수요 측면의 도구로서 대규모 정부 구매를 들 수 있다. 미국 반도체산업은 초기에 정부의 대규모 구매에 의해 현저한 발전을 이루었다. 이것은 군사적 수요에 의한 부분이 컸으며, 규모의 경제에 의해 반도체 원가가 하락하면서 반도체 기술의 향상에 기여했다. 다른 첨단기술 기반 제품군 또한 초기에 대규모 구매로 인해 우위성이 상승한 사례가 있다. 정부기관은 첨단기업에서 개발된 제품의 초기 사용자가 될 수 있다.

일본과 프랑스는 정부가 국가의 산업기술 개발의 방향과 속도에 비교적 큰 영향을 미치는 것으로 알려져 있다. 이유로는 정부의 기술 선택, 즉 특정 분야에 한정하여 기술개발을 지원하는 것을 들 수 있다. 또한 정부기관 간의 조율 및 전략 계획에 있어서도 정부의 영향력은 상대적으로 큰 것으로 알려져 있다. 반면, 독일, 영국과 미국에서는 기술 선택은 기업의 의사에 의해 이루어지며, 정부기관에서는 실시하지 않는다. 또한 혁신 창출을 위한 환경 정비에는 임하지만 산업기술 개발의 방향과 속도에는 큰 영향력을 미치지 않는다. 단 미국의 경우는 기업이 시장의 니즈에 따라 기술 선택을 하고 있으며, 자유주의 원칙에 따라 움직이고 있기 때문에 정부 영향력이 낮은 것으로 생각되지만, NSF(미국과학재단) 및 DARPA(Defense Advanced Research Projects Agency), NIH(National Institute of Health) 등의 정부기관은 혁신시스템에서 중요한 역할을 하고 있다.

수요가 나라마다 다른 이유에 대하여 Tidd, Bessant, Pavitt(1997)은 다음과 같이 지적하고 있다. 식품과 패션 등에서는 국가에 따라 취향이 다르다. 또한 기업에 의한 설비투자 및 국가에 의한 투자가 국가별로 다르다. 예를 들면 고속철도를 도입하는 개발도상국에서는 향후 관련된 정비가 이루어질 것이므로 다른 산업에도 영향을 미친다.

프랑스의 학자 Michel Albert는 혁신과 관련된 기업 지배구조의 차이에 대해, 일본 · 독일형과 앵글로색슨형이 존재한다고 주장하였다. 일본 · 독일형 기업은 다른 기업과 은행에 의해 집중적으로 소유되는데 반해, 앵글로색슨형 기업은 개인과 연기금이 많은 주식을 소유하고 있다. 일본 제조업 기업의 경영자는 기업에서 오랫동안 경험을 쌓은 엔지니어 출신이며 장기적 시야에 기초한 경영을 할 가능성이 높다. 앵글로색슨형 기업의 경영자는 회계 분야 경력을 가지고 있거나 MBA 학위를 가지고 있으며 기업 경영은 단기적 시각에 근거한다(Albert, 1992).

아시아 국가들에 대한 연구를 수행한 바 있는 Hobday은 개발도상국의 전략을 논하였는데, 많은 경우 이들은 몇 가지 단계를 거쳐 선진국으로 변화한다. ① 성숙한 제품군을 기초적인 수단으로 조립 생산한다. ② 점진적인 프로세스 개선이 일어난다. 리버스 엔지니어링 또한 실시된다. ③ 생산력이 향상되고 프로세스 혁신이 일어나며 제품디자인 능력이 개발된다. ④ 연구개발을 통해 제품혁신에도 성공한다. ⑤ 시장 니즈에 맞는 선도형 연구개발을 실시한다. ⑥ 고도 발전된 수준의 혁신의 창출이 가능해진다.

미국 조지아 공과대학에서는 주요국의 NIS에 대한 대규모 조사를 매년 실시한다.

Alan Porter 교수의 그룹은 각국의 지식인에 대해 설문조사를 실시하여 기술을 기준으로 한 NIS 경쟁력 지표를 작성하고 있다. 입력 지표는 4가지 요소로 구성된다.

① NO National Orientation은 국가적 기술경쟁력 강화를 위한 노력이 이루어지고 있는지, 또한 그에 대한 국민의 열의가 있는지에 관한 요소이다.
② SE Socio Economic lnfrastructure는 기술기반 경제를 지탱하는 사회경제적 인프라 요소이다.
③ TI Technological lnfrastructure 기술 인프라는 기술 기반의 제품을 개발, 생산, 마케팅하는데 필요한 기술 인프라 요소이다.
④ PC Productive Capacity는 기술 기반 제품을 생산하는 능력에 관한 요소이다.

출력 지표는 3가지이다.

① TS Technological Standing는 국가의 상대적 기술수준의 요소이다.
② TE Technological Emphasis in Export mix 수출하는 제품이 기술에 얼마나 의존하고 있는지를 나타내는 요소이다.
③ RTC Rate of Technological Change는 그 나라에서 기술이 변화하는 속도를 나타내는 요소이다.

필자는 일본 지식인을 대상으로 한 조사에 협력한 경험이 있는데, NO 국가적 지향성을 조사하기 위한 질문은 다음과 같은 것을 포함하였다.

- 이 나라의 정부는 기술집약적 제품의 수출을 지원하는 전략을 얼마나 가지고 있는가?
- 이 나라의 문화적 가치관은 기술 및 기술에 의한 변화를 사회에 얼마만큼 좋은 변화라고 평가하는가?
- 이 국가의 영향력 있는 단체는 기술을 사회 발전과 얼마만큼 관련짓는가?
- 이 나라 국민의 기업가정신을 평가한다면, 국민들은 혁신을 일으키고 경제적 리스크를 감수하는 것에 얼마나 적극적인가?

TI 기술적 인프라를 조사할 때에는 다음과 같은 질문에 답하게 된다.

- 이 나라의 과학 및 공학 대학원 졸업자의 수
- 국제적으로 중요한 지식에 이 나라의 과학자와 엔지니어, 기술자가 얼마만큼 기여하고 있는가?
- 산업계에서 행해지고 있는 연구개발
- 이 나라는 기술적 우위성을 얼마나 달성했는가?

SE 사회경제적 인프라에 대한 질문은 다음과 같았다.

- 기술집약적 개발을 위해 금융지원이 얼마만큼 이루어지는가?

- 이 나라에서 외국기업의 사업이 얼마만큼 지원을 받는가?
- 고등교육에 진학하는 사람의 비율

5개의 지표를 바탕으로 미국, 일본, 독일, 영국, 프랑스, 네덜란드, 이탈리아, 스위스의 조사 결과를 정리하면 다음과 같다. 일본은 PC, TS는 높지만 SE는 낮았다. 반대로 영국에서는 SE는 높고, TS 및 PC는 낮다. 미국은 거의 모든 요소가 높다. 프랑스는 약간 PC가 높지만 다른 것은 영국과 비슷한 경향을 보인다. 일본의 SE가 낮은 것은 외국기업이 일본에서 사업을 수행하는 것을 국가가 지원하지 않는 것과도 관련이 있는 것으로 보인다. 또한 벤처 등에 의한 자금 흐름도 영향을 주고 있다고 생각된다.

3. 혁신네트워크

NIS에 대해 학습하는 데 있어서는 혁신네트워크에 대해 이해할 필요가 있다.

여기서 말하는 혁신네트워크는 ① 기업 간 공동 연구개발, ② 산관학 제휴, ③ 다른 기관에 속한 과학자 및 엔지니어 간의 연결, ④ 기업–공급자 및 기업–구매자의 관계 등의 것을 포함한다. 과학은 과학자 간의 연결과 관계에 의해 발전한다. Callon(1994)은 extended laboratory(확장된 연구실)이라는 단어를 주창하였다. 즉, 과학자들이 소속 연구기관의 경계를 넘어 학자 간의 밀접한 관계를 가짐을 통해 연구실은 가상적으로 확장된다고 하였다. 산관학 협력은 오래 전부터 시행되어 왔지만 최근 특히 주목받고 있다. 1980년대 후반부터 기업 간의 기술개발을 목적으로 하는 지식의 공동 획득과 이전 등이 특히 많이 이루어지고 있다.

최근 네트워킹이 늘어나고 있는 이유는 다음과 같은 것을 들 수 있다.

① 이분야 간 융합이 기술개발의 특징으로 나타나고 있다. 예를 들어 바이오 인포매틱스라는 분야는 바이오와 정보기술의 융합에 의해 생겨났다.

② 제품이 복잡화하면서 제품에 사용되는 기술의 다양화 및 다각화가 일어나고 있다.

③ 기술과 마케팅 등 상호보완적인 측면 간의 협력도 필요하다. 즉 기술에 강한 기업과 마케팅에 강한 기업이 파트너가 되어 서로의 약점을 보완할 수 있다.
④ 혁신은 개인이나 하나의 기관에 의해 일어나기보다 다수 기관과 다수의 사람이 관계하여 일어날 가능성이 높아지고 있다.
⑤ 정보통신 기술을 통해 네트워킹을 실시하기 쉽게 되었다.
⑥ 대학 예산이 매년 삭감되고 기업의 기초연구 예산 삭감 및 응용 연구로의 전환에 따라 대학과 기업 간의 네트워킹이 증가하고 있다.
⑦ 기술개발 비용이 증가하고 있어 단독기업이 리스크를 감수하기가 어렵다. 따라서 둘 이상의 회사가 협력하여 리스크를 분담할 수 있다.

4. 도쿄공업대학에서 실시한 산학협력 조사

국립대학의 운영비 교부금이 매년 감소하고 기업의 기초연구 예산 또한 삭감 및 응용 연구로 전환되는 가운데, 기업은 대학에서 이루어지는 연구가 혁신의 시즈(seeds)를 낳는 돌파구가 되기를 기대하고 있다. 또한 대학도 여러 가지 이유로 산학협력을 중요시하게 되면서 최근 협력이 활발해지고 있으나, 이 분야에는 아직 많은 과제가 남아있다.

Miyazaki와 Kusunoki(2006)는 지식 이전의 관점에 중점을 두어 도쿄공업대학의 산학협력 실태 조사를 실시했다. 그 결과 산학협력에서 일어나는 문제는 공동연구를 실시하는 대학과 기업이 서로 상대방에게 바라는 니즈가 다른 것과 관련이 있을 가능성이 있는 것으로 생각된다.

산학협력을 통해 두 종류의 지식 이전이 이루어진다. 그것은 ① 대학이 기업에 제공하는 지식 및 대학이 기업으로부터 흡수하려고 하는 지식, ② 기업이 대학으로부터 흡수하려고 하는 지식 및 기업이 대학에 제공하는 지식이다. 지식은 다양하게 분류될 수 있지만 여기서는 Senker and Faulkner(1995)의 지식 분류를 사용한다.

① 신제품에 관한 지식
② 시장과 사용자의 니즈에 대한 지식

③ 연구에서 사용하는 장비 및 기계에 관한 지식
④ 새로운 연구방법에 관한 지식
⑤ 신기술에 관한 지식
⑥ 실험 테크닉에 관한 지식
⑦ 지식에 관한 지식
⑧ 지식재산에 관한 지식

먼저 도쿄공업대학 산학협력본부의 협력을 얻어 산학협력을 활발히 진행하고 있는 연구자를 선정하여 인터뷰를 실시하였고, 산학협력을 시작한 계기, 목적과 주제, 운영 방법 등에 대해 정보를 수집하였다. 다음 단계로 공동연구를 수행하고 있는 연구자 및 기업 담당자 80명을 대상으로 웹 설문조사를 실시하였다. 마지막으로 지식이전 모델을 작성하고 연구성과를 정리하였다(Kusunoki 2001). 주요 결과는 다음과 같다.

공동연구를 실시하는 목적으로 경제적 이유를 대학 측 응답자의 약 80%가 선택한 반면 기업 측에서는 20% 미만이었다. 또한 기업에게 있어 지식의 누출은 당면과제인 것으로 나타났다.

이 사례연구를 통해 얻은 결과를 정리하면 기업이 대학으로부터 가장 흡수하기를 원

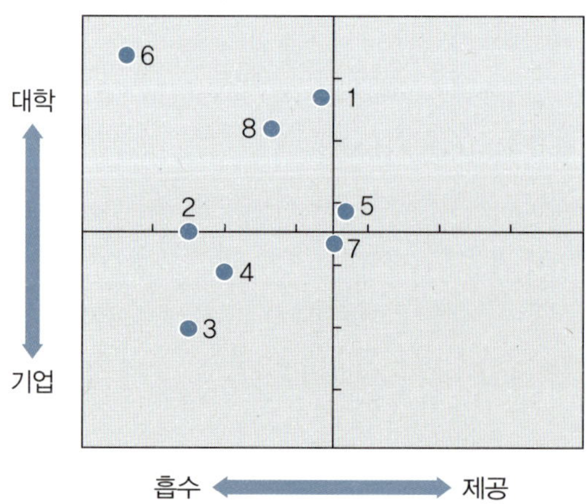

그림 13.2 대학-기업 간의 지식이전 모델

하는 지식은 ④ 새로운 연구방법에 관한 지식이었다. 대학이 기업으로부터 가장 흡수하기를 원하는 지식은 ⑥ 실험 테크닉에 관한 지식 및 ⑧ 지식재산에 관한 지식이었다. [그림 13.2]는 지식의 흡수 및 제공 모델을 나타낸다. 그림의 숫자 1~8은 서로 다른 종류의 지식을 나타낸다. 기업에게 있어서 대학과 공동연구를 수행함으로써 연구의 이론적 배경에 대해 학습하게 된다는 점, 연구 프로세스가 단축되는 점, 또한 개인적/조직적인 정보 네트워크가 형성되는 점 등을 장점으로 들 수 있다.

반면 몇 가지 해결해야 할 과제도 지적되었다. 대학 입장에서 기업과 공동연구를 진행할 동기가 충분하지 않음이 밝혀졌다. 또한 기업은 대학과의 공동연구를 수행할 때 대학 측의 니즈를 충분히 고려하고 있지 않은 점도 이 연구를 통해 나타났다. 서로 다른 니즈와 의견이 존재하는 것을 감안하면서 지식의 흡수 및 제공을 통한 산학협력을 계획해야지만 균형잡힌 산학협력 본연의 모습을 추진할 수 있다.

5. 미국의 국가혁신시스템

미국 NIS를 대상으로 한 연구

미국의 NIS에 대해서는 Mowery와 Rosenberg(1993)가 제2차 세계대전 이전부터 20세기 후반에 걸친 변화를 자세히 분석한 바 있어, 그 주요한 논지를 소개한다.

제2차 세계대전 이후 냉전에 의해 국가안보 대책이 요구됨에 따라 미국 정부는 기초연구에 자원을 투입하였다. 1950년 NSF와 NASA, ARPA(Advanced Research Projects Agency)가 설립되었고 연구개발 예산은 크게 증가했다. 또한 1960년대에는 NIH(National Institute of Health)의 의료 및 원자력 관련 연구비가 증가하고, 연구중심대학의 수와 규모가 확장되었다. 1980년대 들어 일본과 동아시아 국가들 및 EU가 도전자로 부상함에 따라 정부의 역할에 대한 논의가 활발하게 이루어졌고, 정부는 산업 생산성을 제고하기 위한 새로운 지식 창조 및 신기술 개발에 주목하게 되었다. 그 결과 대학으로부터 산업계를 향한 기술 이전을 촉진하는 방향으로 정책 변화가 일어났으며 산관학 협력을 강화하는 정책이 도입되었다. 1980년에는 Stevenson–Wylder Technology Innovation Act가 시행되어 국립연구기관에 기술이전사무소를 설립하는 것이 의무화되었다. 이 때부터 국립연구소의 연구개발 성과를 산업계로 이전하는 것이 필수적이 되었다. 1980년에는 또한 국가 연구자금에 의해 수행된 연구성과에서 비롯된 특허를 대학이 소유하는 것을 허용하는 법률인 Bayh–Dole 법안이 시행되어 대학 교원에 대한 장려책으로 기능하였다. 그 이전까지는 특허를 대학이 소유하지 못하고 국가가 소유하였기 때문에 특허를 취득할 동기가 없었다. 일본에서도 유사한 법률이 10년 정도 늦게 수립되었다.

Mowery와 Rosenberg는 미국 NIS의 특징이 그 규모의 거대함에 있다고 주장하였다. 1969년 미국 정부의 연구개발투자액은 256억 달러로 독일, 영국, 프랑스, 일본의 총합인 113억 달러를 훨씬 상회하였다. 미국의 뛰어난 연구성과를 설명하는 특징으로 정부가 자금 공급자인 동시에 연구 수행자이기도 한 것을 들 수 있다. 제2차 세계대전 이후 정부는 미국 연구개발 자금의 1/3에서 2/3 정도를 제공하였다. 1985년에는 정부 자금 원조의 70%가 기업의 연구개발에 할당되었고 국립연구소에는 12%만 배분되었다. 대학에 자금이 풍부하게 유입되어 몇몇 연구 분야에 투입되었으며 그 분야의 인재 육성으로 이어졌다. 미국 NIS의 또 하나의 특징으로 군사분야 연구개발 및 군수 조달을 들 수 있다. 특히 반도체와 전기전자 분야는 항공기와 미사일 개발을 통해 발전하였다. 또한 미국의 NIS가 다른 나라와 다른 점은 공적연구개발의 자원 배분에 있어서 다양성이 풍부하다는 점이다.

1980년대 들어 패러다임의 변화가 일어났다. 기초연구를 기반으로 한 미국 산업의 경쟁력은 하락하였고, 기업은 조직구조 변화와 개방형 혁신 등 새로운 혁신전략을 모색하게 되었다. 신제품 개발비용이 상승하고, 진입장벽도 높아졌다. 외국계 기업과 미국 벤처 기업의 네트워킹도 빈번해졌다. 또한 군용 기술과 민간 기술과의 상호관계에도 변화가 나타났는데, 이전에는 군용 기술이 민간에 이전되었지만 현재에는 민간 기술이 군용 기술로 사용된다.

컴퓨터과학 분야의 사례

미국의 National Research Council(1999)는 컴퓨터과학 분야에서의 정부 역할과 자금 투입의 결과에 대하여 평가하였다. 정부가 미국 컴퓨팅 기술의 연구 기반 향상을 위해 수행한 역할은 크다. 풍부한 자금이 ① 신기술 개발, ② 학생 교육, ③ 공공 연구인프라 정비를 목적으로 대학에 투입되었다. 1976년부터 1995년까지 컴퓨터 기초 및 응용연구 분야에 투입된 정부 자금은 5배로 증가하였다. 정부 자금 중 35~45%는 대학, 55~85%는 기업 및 국립연구소로 유입되었다. 이러한 정부 자금으로 인해 미국 산관학이 연결된 혁신시스템이 효율적으로 기능하는 것이 가능하였다. 정부기관 가운데 국방부가 가장 많은 자금을 제공하였으며 그 다음이 NSF이었다.

또한 미국 정부는 컴퓨터과학 교육에 있어서도 중요한 역할을 수행하였다. 컴퓨터과학의 박사과정 교육을 실시하는 기관의 수는 1965년에 6곳에 지나지 않았으나 1995년에는 148곳에 달했으며, 유학생의 비율이 1980년대에는 60% 이상을 차지하였다. 또한 정부는 컴퓨터과학 분야의 인프라 정비도 지원하였다.

미국 NIS의 특징

여기에서는 앞에서 소개한 기존의 연구 결과 및 보고서를 토대로 미국의 NIS 모델에 대해 고찰하기로 한다. 미국 정부가 컴퓨터 산업의 발전에 크게 기여한 것은 분명하다.

정부 자금을 통해 연구자들은 새로운 아이디어를 모색할 수 있었으며, 인공지능, 데이터베이스, 이미지 처리 및 차별화된 디자인의 컴퓨터 등의 혁신이 일어났다. 또한 정부가 고위험-고수익 분야를 지원함으로써 상용화가 빠르게 이루어졌다. NSF가 연구수행을 위한 자금지원 외에도 인프라 정비 및 인재 육성에 대한 재정 지원도 실시하였기에, 컴퓨터과학 인재의 육성, 연구 성과의 고도화 및 하이테크 제품의 지속적 창조 등 선순환이 발생하였다. 구글 또한 스탠포드 대학의 대학원생이 창업하였다.

미국 NIS의 특징적인 요소는 다음과 같다.

- 정부가 초기단계의 연구개발에 풍부한 자금을 투입한다.
- 산관학 협력이 효율적으로 이루어진다.
- 대학의 연구성과 및 기술개발 성과가 기업에 의해 사업화된다. 여기서 주목해야 할 점은 대학에서 이루어지는 연구의 질이다. 산업계가 주목할 만한 연구가 아니라면 산학협력은 일어나지 않는다. 즉 대학과 기업이 같은 방향을 향하는 것이 바람직하다.
- 벤처 캐피탈에 의해 고위험 연구에 자금이 투입된다.

이러한 점에서도 일본과 차이가 존재한다.

6. 정리

이 장에서는 먼저 국가별로 혁신시스템 및 경쟁력 있는 분야와 약한 분야가 다르다는 현상을 이해하기 위하여 국가혁신시스템의 정의 및 그에 영향을 미치는 요소를 논하였다. 다음으로 국가혁신시스템에 관련된 몇 가지 개념과 연구 성과를 다룬 다음, 혁신네트워크를 소개하고 최근에 액터 간 네트워킹이 증가하고 있는 이유에 대해 논하였다. 또한 혁신네트워크의 하나의 형태인 산학협력에 대해 언급하고 도쿄공업대학의 사례를 바탕으로 지식이 양방향으로 이전되는 구조 및 산학협력의 당면과제를 다루었다.

미국 NIS의 특징과 관련하여 Mowery와 Rosenberg의 연구성과를 소개하고, 컴퓨터 과학 분야에서의 정부 역할에 대해 미국의 National Research Council이 실시한 평가를 소개하였다. 마지막으로 이 연구 성과들로부터 알 수 있는 미국 NIS의 특징과 필요한 조건에 대해 논의하였다. 미국이 하드웨어 및 소프트웨어 분야에서 강한 경쟁력을 가지는 것은 풍부한 연구자금에 더하여 고도화된 교육, 대학에서 개발된 시즈의 벤처기업에 의한 사업화, 산관학 간의 선순환 등 국가혁신시스템이 효율적으로 기능하고 있기 때문이다.

참고문헌

1. Okimoto, D. I.(1986) The Japanese Challenge in High Technology. In L. Ralph and N. Rosenberg(Eds.), The Positive Sum Strategy: Harnessing Technology for Economic Growth.(pp. 541-568). The National Academies Press.
2. Freeman, C.(1987) Technology, Policy, and Economic Performance: Lessons from Japan, Pinter Publishers.
3. Callon, M. and Bell, G.(1994) Techno-economic Networks and Science and Technology Policy, OECD STI Review, No. 14, pp. 59-118.
4. Tidd, J., Bessant, J. and Pavitt, K.(1997) Managing lnnovation: Integrating Technological, Market and Organizational Change, Wiley.
5. Patel, P. and Pavitt, K.(1994) Uneven(and Divergent) Technological Accumulation among Advanced Countries: Evidence and a Framework of Explanation, Industrial and Corporate Change, Vol. 3, No. 3, pp. 759-787.
6. Mowery, D. C. and Rosenberg, N.(1993) The U.S. National Innovation System. In Nelson, R.(Ed.), National lnnovation Systems(pp.29-75). Oxford University Press.
7. Lundvall, B. A.(Ed.)(1992) National Systems of Innovation: Towards a Theory of Innovation and Interactive Learning, Pinter Publishers.
8. Malerba, F.(2002) Sectoral Systems of Innovation and Production, Research Policy, Vol. 31, No. 2, pp. 247-264.
9. National Research Council,(1999) Funding a Revolution: Government Support for Computing Research, The National Academy Press.

10 Albert, M.(1992) Capitalism against Capitalism, Whurr.

11 Rosegger, G.(1996) The Economics of Production and Innovation: An Industrial Perspective, Butterworth Heinemann.

연습문제

- 조지아 공과대학에서 실시한 국가적 이노베이션 시스템에 관한 설문조사에는 PC(Productive capacity)라는 항목이 있었는데, 일본의 수치가 높았다. 해당 항목을 조사하기 위해 어떠한 질문을 하면 좋을지 생각해 보시오.(힌트: TS 및 NO 항목의 질문을 참고하라)

에코시스템 이론 14

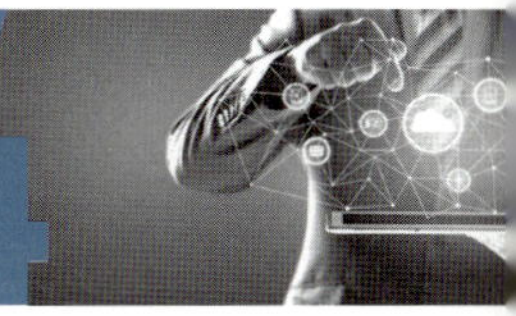

학습 포인트

제14 장에서는 전략경영론, 경영조직론 분야에서 활발히 연구가 이루어지고 있으며 공공정책, 컨설팅 및 기업경영 실무에서도 널리 활용되고 있는 에코시스템 이론을 다룬다. 특히 기술경영의 관점에서 관련성이 강한 내용을 중심으로 소개 및 해설하고자 한다. 이 장의 목표는 다음 3가지이다. 첫째로 에코시스템 이론에 관한 연구 및 실무의 개요를 파악하고, 둘째로 에코시스템의 정의 및 프레임워크와 분석 방법에 대해 이해하며, 셋째로 향후 에코시스템 이론의 적용이 중요해질 것으로 예상되는 대상을 파악하는 것이다.

키워드

에코시스템, 플랫폼, 복잡계

1. 배경 및 목적: 왜 "에코시스템"인가

에코시스템 이론은 경영학 분야에서 최근 주목받고 있는 개념 중 하나이다. 에코시스템이란 본래 생태계를 의미하는 생물학 용어로써 옥스포드 영어사전에서는 "특정 물리적 경계 안에서 서로 영향을 미치는 유기체에 의해 형성되는 계, 또는 그 개념을 비유적으로 확장 적용한 복잡계"라고 정의하고 있다.

경영학에서의 에코시스템 이론은 복잡한 조직 간 관계에 대해 생태계의 개념을 비유적으로 적용하는 이론으로서, 따라서 위 사전적 정의의 후반 부분에 해당한다. 에코시스템 이론의 목표는 다음의 다섯 가지이다.

첫째는 분석대상의 범위 및 분석기간의 확장이다. 경영학에서는 주로 기업 조직 또는 산업을 대상으로 조직구조와 전략을 분석하는데, 분석 대상을 특정한 제품 및 서비스의 제공에 관련된 모든 조직으로 확장하고, 또한 조직 간 상호관계에 대한 관찰 및 분석을 장기간 축적함으로써 시간이 경과함과 함께 변화하는 복잡한 상호관계의 메커니즘을 분명히 하는 것이다.

둘째는 자기조직화 메커니즘의 해명이다. 생물학과 화학 분야에서 세포나 분자가 군집하여 자율적으로 기능과 구조를 만들어내는 기제를 자기조직화 메커니즘이라고 부르며, 이것을 이용하여 세포나 화합물을 생성하고 조작하는 연구가 활발하게 진행되고 있다. 자연계의 생태계는 자기조직화 메커니즘이 작용하여 형성되어 있다고 할 수 있는데, 사회 내 조직 간 관계의 생태계 또한 자기조직화 메커니즘이 작용하고 있다고 추론하고 그 해명 및 조작을 추구하는 것이다.

셋째 환경생태학 분야의 에코시스템 연구에서 비롯된 지식을 적용하는 것이다. 유기체와 환경 간의 상호작용에 관해서는 방대한 연구성과가 축적되어 있다. 물론 이 연구들은 자연 생태계를 대상으로 한 것이며, 경우에 따라 인간을 생태계 내 주체로서 포함하기도 하지만 기본적으로는 자연 생태계의 동태에 관한 연구이다. 그러나 그 연구결과는 사회 생태계 동태의 배후에 있는 메커니즘의 해명에 기여할 수 있으며, 기존 연구의 사유를 보다 발전시키는 계기가 될 수 있다고 생각하는 것이다.

넷째는 의도하지 않은 결과의 탐구이다. 인간이 하나의 주체로서 생태계의 내부에 관여하는가 여부에 따라 자기조직화 메커니즘의 거동은 크게 달라진다. 세포와 분자의 거동에는 법칙이 존재하지만, 개인과 조직의 행동에 관한 법칙은 존재하지 않으며 제한적인 재현성을 가지는 패턴이 존재할 뿐이다. 개인과 조직은 해당 시점까지 축적한 관계성, 정보, 경험 등 한정된 기반을 바탕으로 불확실한 예상을 세우고 다양한 판단기준에 비추어 보며, 때로는 신념에 따라 의사결정을 내리고 행동한다. 따라서 자연 및 사회 에코시스템 모두 내부에 인간이 관여함으로 인해서 불확실성이 생기며 그 영향의 연쇄작용에 의해 에코시스템 내 각 주체의 의도와 예상을 초과하는 동태가 전체 시스템 수준에서 발생할 수 있다. 그러한 패턴이 발생하는 범위 및 조건을 검토하여 의도하지 않은 결과의 발생을 방지하는 것을 목적으로 한다.

다섯째는 에코시스템의 생성과 조작이다. 생태계의 동태를 관찰하고 배경에 있는 메커니즘을 이해하게 된 후, 에코시스템을 인위적으로 생성하거나 기존의 에코시스템을 조작하는 것을 목표로 하는 것이다. 사회과학 분야에서는 이러한 조작 작업이 시도되고 있는 영역은 아직 많지 않은데, 앞으로 생성과 조작을 통해 메커니즘에 대한 이해가 크게 진전될 것으로 예상된다.

이러한 목적을 달성하기 위하여 몇몇 경영학 연구자들이 "에코시스템 이론"을 구축하려고 하고 있는 것이다. 이 장에서는 에코시스템 이론에 대해 다음 구성에 따라 설명한다.

제2절에서는 에코시스템 이론에 관한 선행연구 분석을 통해 네 가지의 주요한 흐름을 설명한다. 또한 기존 연구를 통합한 에코시스템 관점을 제시한다. 제3절에서는 선행연구에 근거한 저자의 독자적인 에코시스템의 정의 및 함의를 해설한다. 제4절에서는 에코시스템 이론의 개념을 어떻게 기업경영에 활용할 수 있는지 설명한다. 제5절에서는 에코시스템 이론을 기반으로 하는 인텔의 사례연구를 소개한다. 제6절에서는 기업의 응용 사례와 함께 에코시스템 이론의 개념이 앞으로 중요해질 것으로 예상되는 대상에 대해 다룬다. 제7절에서는 앞선 내용들을 정리한다. 제2절과 제3절은 저자의 연구를 바탕으로 기술하였다(Tsujimoto et al. 2015).

2. 선행연구 검토

이 절에서는 에코시스템 이론 관련 선행연구에 관한 리뷰를 소개한다. 리뷰는 다음의 순서로 실시하였다.

먼저, Scimago Lab이 공개하는 학술지 랭킹 데이터베이스에서 기술경영(Management of Technology and lnnovation)과 전략경영(Strategy and Management)을 검색 대상 분야로 설정하고, 학술지의 출판 지역을 제한하지 않았으며, 출판 기간을 1900년에서 2014년까지로 하였다. 그리하여 Q1, 즉 랭킹에서 상위 4분의 1에 들어가는 학술지를 추출한 결과, 95건의 학술지가 검색되었다.

둘째로, 이 95종의 학술지에 발표된 논문을 대상으로 톰슨 로이터 사의 Web of Science Core Collection을 사용하여 키워드에 "Ecosystem" 또는 "Ecosystems"을 입력하여 논문을 추출하였다. 출판 기간은 1900년에서 2014년으로 했다. 그 결과, 187건의

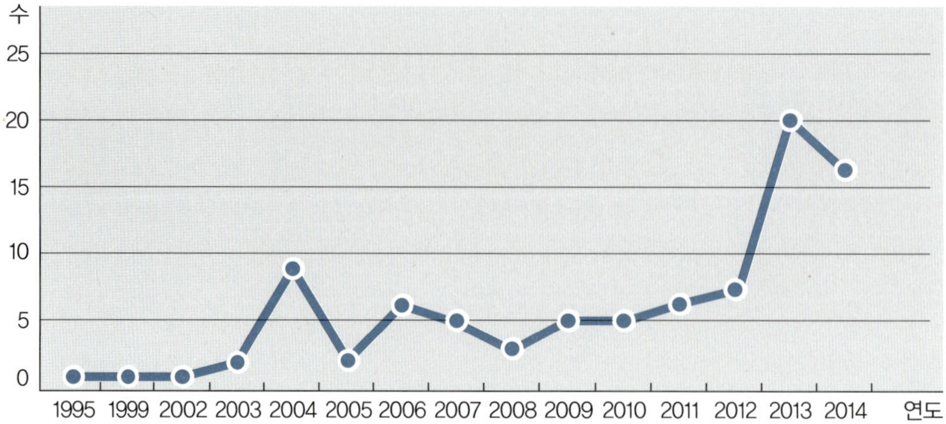

그림 14.1 논문 수의 추이(필자 작성)

논문이 추출되었다.

셋째로, 이 논문들을 확인하여 경영학에서의 의미로 "에코시스템"이라는 용어를 사용하고 있는 논문으로 한정한 결과, 90개의 논문이 검토 대상이 되었다. 이를 통해 경영학 분야에서 Ecosystem이라는 단어가 사용되는 범위를 다양하게 커버한 것으로 생각된다(예를 들어 industrial ecosystem(s), business ecosystem(s), digital ecosystem(s), IT ecosystem(s), innovation ecosystem(s) 등).

[그림 14.1]는 논문 수의 추이를 나타낸다. 현재는 더욱 증가했을 것으로 예상되는데, 2014년 12월 시점에서 볼 때, 2013년부터 급속히 논문 수가 증가하고 있는 것을 알 수 있다.

이 논문들을 검토한 결과, 4개의 커다란 연구의 흐름이 있는 것으로 나타났다.

첫 번째는 Industrial ecosystem perspective이다. 이 관점은 산업생태학 개념을 기반으로 발전해 온 연구군으로 구성되어 있다(Frosch and Gallopoulos 1989). 특정 지역 또는 도시에서의 상품, 에너지, 폐기물의 흐름을 최적화할 수 있는 설계를 목적으로 하는 분야로서, 시스템 다이내믹스와 같은 시뮬레이션도 활용되고 있다. 실제로 도시 개발에 응용된 사례가 있으며, 논문 수는 90건 중 26건을 차지하였다.

둘째는 Business ecosystem perspective이다. 이 관점에 포함된 연구군은 조직 간 경계에 관한 이론을 기반으로 하고 있으며, 주로 보완적 생산자를 포함한 기업 간 관계를

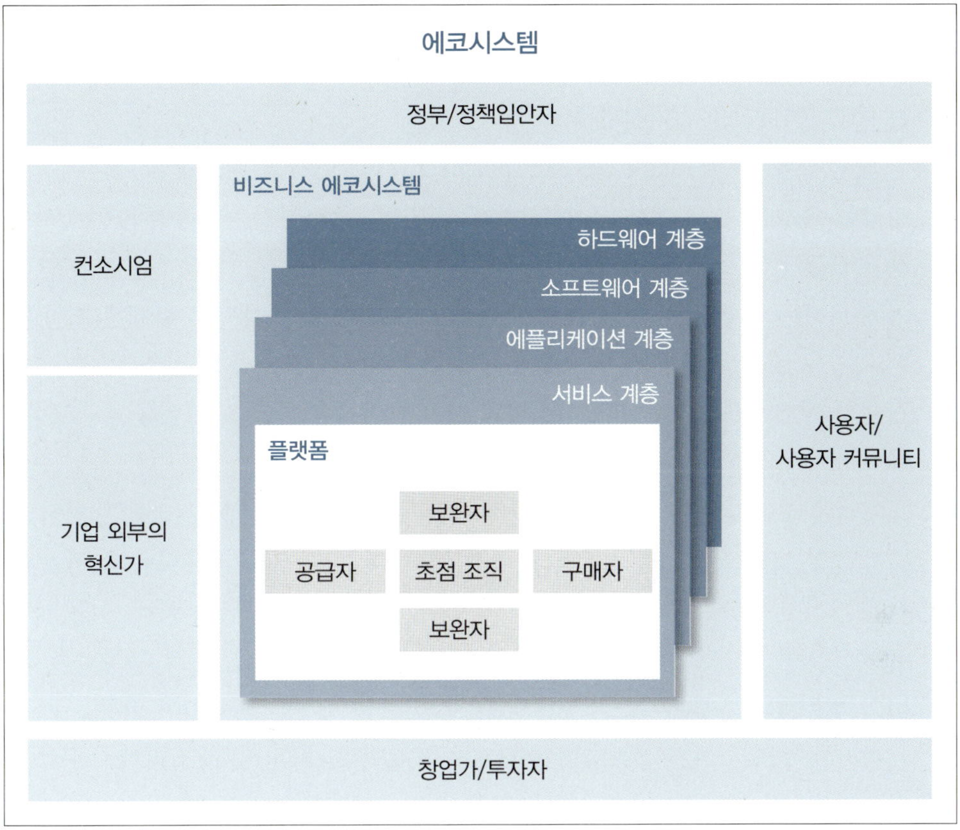

그림 14.2 에코시스템의 개념(필자 작성)

논의 대상으로 한다(Adner and Kapoor 2010). 보완적 생산자란 어떠한 재화와 동시에 사용됨으로써 그 재화의 부가가치를 높여주는 재화를 생산하는 주체를 의미한다. 예를 들어 개인용 컴퓨터와 프린터, 스캐너는 전형적인 보완재이다. 논문 수는 90건 중 27건을 차지하여 가장 많았다.

세 번째는 Platform management perspective이다. 주로 기업 간 관계에 주목한다는 점에서는 두 번째 관점과 같지만, 플랫폼 개념에 입각하여 그 관리에 관한 논의를 전개하는 연구군이다. 플랫폼이란 공통화된 기술적 기반을 의미하며, 그 기반 위에서 다양한 애플리케이션과 서비스가 생산된다. SNS(소셜 네트워킹 서비스)나 온라인 거래 사이트는 전형적인 플랫폼이다. 플랫폼 리더십에 관한 Cusumano와 Gawer의 대표적 연구를 계기로 많은 연구가 실시 및 발표되고 있다(Cusumano and Gawer 2002) 논문 수는 90건 중 11건을 차지하였다.

네 번째는 Multi−actor network perspective이다. 사회 네트워크 이론에 입각하여 다양한 속성을 가진 주체들(정부, 대학, 대기업, 중소기업, 지방자치단체, 시민단체, NGO/NPO, 컨소시엄, 창업가, 투자자 등)의 동태적인 행동과 관계성 변화 및 그 패턴에 주목하는 연구군이다. 앞선 세 관점과 비교할 때 분석 대상을 확대하고 관찰 및 분석 기간을 길게 설정하는 점이 특징이다. 논문 수는 90건 중 23건을 차지하였다. 제3절에서 필자의 독자적인 에코시스템의 정의를 제시할 것인데, 그것들은 주로 이 네 번째 관점에 입각한 것이다.

이러한 일련의 선행연구를 정리하면 [그림 14.2]와 같다. 에코시스템은 기업 뿐만 아니라 정부, 컨소시엄, 혁신가, 학계, 창업가, 투자자, 사용자 커뮤니티 등 서로 다른 속성을 가진 다양한 주체군으로 구성되어 있다. 핵심 주체는 기업군이며, 이들은 많은 경우 하드웨어, 소프트웨어, 애플리케이션, 서비스 등 많은 계층으로 구성되어 있다. 각각의 계층에는 플랫폼이라는 공통의 규칙 및 기술 자산이 형성되어 있다.

이러한 구조는 시간이 흐르면서 서서히 형성되며, 확대 및 축소되기도 한다. 즉 [그림 14.2]와 같은 구조는 항상 변화하면서 성장, 쇠퇴하고 있는 것이다. 이러한 동태적 변화에 관해 특정 조건 하에서 관찰되는 패턴을 찾아낼 수 있다면, 실무적으로 유용한 지식이 될 수 있다. 이와 같은 패턴에 관한 지식의 축적이 에코시스템 거동을 더욱 잘 이해할 수 있게 해 주고, 더 나아가 에코시스템의 설계 및 생성, 조작 가능성을 높인다. 이것이 에코시스템 이론의 기본적인 사고방식이다.

3. 에코시스템의 독자적인 정의와 그 함의

선행연구를 검토한 결과, 에코시스템의 개념은 다양한 의미로 사용되고 있으며, 통합적인 정의가 이루어지지 않은 것을 알 수 있었다. 따라서 선행연구에서 드러난 다양한 에코시스템의 개념을 통합적으로 다룰 수 있는 정의를 내린다.

정의를 내리기 위해서는 에코시스템의 경계를 명시할 필요가 있다. 에코시스템은 생각하기에 따라 무한히 확대될 수 있어 범위의 규정이 필요하기 때문이다. 경계를 정하는 데 있어서는 지리적인 경계, 시간적인 경계, 조직의 경계 등 몇 가지 접근이 가능하다. 그러나 에코시스템이 수행하는 기능을 분석함에 있어서는 분석 대상을 특정 제품/서비스 시스템으로 한정하는 것이 이해를 촉진시킨다. 앞서 언급했듯이 에코시스템의 개념은 광범위하고 복잡한 조직 간 관계를 대상으로 하는 특징이 있기 때문에 에너지, 교통, 통신, 의료, 교육 등 대규모의 제품/서비스 시스템의 분석에 대해 적합성이 높다.

에코시스템의 경계 및 특징을 반영한 필자의 정의는 다음과 같다.

"특정 제품/서비스 시스템을 제공하기 위해 역사적으로 자기조직화한, 또는 의도적으로 디자인된 사회 네트워크로서, 동태적으로 변화하는 것. 각 주체는 서로 다른 속성과 의사결정기준, 그리고 신념을 가지고있다."

4. 기업경영에의 활용방법

그러면 이러한 에코시스템 이론의 개념을 어떻게 기업경영에 활용할 수 있을까? 기본적인 사고방식은 앞에서도 언급한 바와 같이 에코시스템의 동태적 변화로부터 특정 조건 하에서 반복 관찰되는 패턴을 찾아내는 것이다. 이러한 패턴에 관한 지식의 축적이 에코시스템 거동을 더 잘 이해하도록 해 주어 에코시스템 설계 및 생산, 조작의 가능성을 높여준다. 완전하지는 않을지라도, 에코시스템의 동태에 관한 재현성 있는 패턴 지식의 축적은 현실적인 변화에 대한 예측가능성을 높이기 때문이다. 바람직하지 않은 패턴이 발생하려는 때 그것을 미리 감지하고 대책을 취할 수 있다. 또한 시스템 내 주체에게 개입하여 특정 패턴을 의도적으로 발생시키는 것도 가능하게 된다.

구체적으로 어떻게 우리 주변의 생태계에서 패턴을 발견하고 지식을 축적할 수 있는 것일까? 이에는 다음과 같은 과정이 필요하다. 첫째, 자신 주변의 에코시스템에 대해 장기간에 걸쳐 팩트와 데이터를 수집한다. 공개되어 있는 정보라면 빠짐없이 모두 수집할 필요가 있다. 둘째, 사실과 데이터를 각 주체별로 시간 순으로 정리하고, 그것들이 서로에게 어떠한 영향을 미쳤는지를 탐색한다. 이 때 사회 네트워크의 관계성을 나타내는 도면을 작성한다면 효과적일 것이다. 셋째, 에코시스템 내의 각 행위자(액터)의 역사적 배경, 의사결정에서 중시하는 논리와 신념을 파악한다. 각 행위자는 경영의사결정을 수행함에 있어 경로의존적으로 과거의 영향을 받기 때문에, 행위자 특성에 따라 합리적이라고 판단하는 논리가 크게 다르다. 넷째, 에코시스템 전체의 성장 또는 쇠퇴에 영향을 미친 일련의 연쇄적인 의사결정 및 행동으로부터 패턴 발견을 시도한다. 각각의 개별 주체가 각 시점에서 자신이 합리적이라고 판단한 의사결정을 수행하더라도 의사결정의 연쇄 전체로서는 불합리한 것이 되기도 한다.

이렇게 패턴에 관한 지식을 축적해 나감으로써 자신 주변의 에코시스템의 작동 메커니즘을 점차 이해할 수 있게 된다. 이러한 패턴은 어느 정도 재현성을 갖고 있어서, 특정 사건에 의해 어떠한 결과가 발생할지, 또한 각 주체가 어떻게 행동할 지에 대한 예측이 가능하게 된다. 이렇게 각 행위자의 행동을 예측하고 때로는 의사결정에 영향을 미치는 요인을 조작할 수 있다면, 각 행위자의 행동을 조작하는 것도 가능해진다.

에코시스템 전략을 실시하는 구체적 방안에 대해 제5절에서 인텔의 예시를 들도록 한다.

5. 인텔 사례연구의 개요

이 절에서는 에코시스템 이론의 발상에 의거한 기술경영의 대표적인 연구로서 인텔의 에코시스템 전략에 관한 사례연구를 소개한다(Cusumano and Gawer 2002).

Gawer와 Cusumano는 인텔이 어떻게 하여 부품 제조업체에서 “개방형 컴퓨터 산업의 설계자”로 발전하였는지를 논의하였다. 인텔은 개인용 컴퓨터와 보완재적 제품 및 서비스, 관련 정책과 제도로 구성된 에코시스템을 전략적으로 설계 및 운영하여 성과를 거두었다. 인텔에게 PC 에코시스템은 생성과 조작 및 전략적 관리의 대상이었다.

1980년대까지 IBM을 필두로 하는 수직적으로 통합된 기업들이 PC 에코시스템의 주요 행위자였다. 그러나 구성요소의 성능 고도화 및 원가 증가로 인해, 수직적통합 기업이 PC 에코시스템을 구성하는 모든 부품과 보완재적 제품 및 서비스를 제공하는 구조는 변화하였다.

PC 에코시스템의 구성요소인 각 부품을 서로 다른 기업이 공급하고 어셈블리(조립) 기업이 최종적으로 제품화하는 분업 구조, 즉 수평분업화가 진행된 것이다. 동시에 제품의 특정 부분과 그 이외의 부분 사이의 접속방식(인터페이스)을 표준화하여 다수의 행위자가 똑같은 부품을 개발 및 제조, 공급 가능하도록 하는 모듈화 또한 진행되었다.

이러한 구조변화 속에서 과제 또한 생겨났는데, 구성요소 간의 성능 차이가 커지거나 상호접속 과정에서 비효율적인 부분이 생기거나 하여 전체적인 성능(throughput)이 저하되는 문제이다. 그 원인이 되는 부분(bottleneck)을 누가 어떻게 해결할 것인가가 문제가 된 것이다. 수평분업화가 진전된 탓에 수직적통합 구조에서처럼 통합 단일 기업이 문제를 해결하는 것은 불가능했기 때문이다.

구체적으로 병목 현상은 CPU(중앙처리장치)와 그 이외의 부분 사이에서 발생하였다. 인텔이 제공하는 CPU의 성능 발전에 따라 PC 내부의 정보전달 경로(버스)의 효율이 불충분해지거나, 메모리 및 외부 기기와의 연결이 문제가 되는 사태가 발생한 것이다. 비유적으로 말한다면 두뇌는 뛰어나지만 처리된 결과를 전달하는 신경과 팔다리 자체의 성능이 부족하기 때문에 몸을 잘 움직일 수 없는 상태에 빠진 것이다.

이 문제에 대해 인텔은 1991년에 Intel Architecture Laboratory(IAL)을 설립하여 대처하기로 했다. IAL의 임무는 PC 시스템의 설계사상(아키텍처)의 발전을 추진하고, 보완재 제품의 혁신을 자극하고 촉진하는 것이었다. 즉 이 연구소의 목적은 새로운 시스템의 성능 향상을 추진하기 위해 타사의 혁신을 조정하는 것이었다.

구체적으로 IAL은 PCI(Peripheral Component lnterconnect) 버스라는 PC 내 정보전달 경로를 개발하고, 그것을 산업 전체가 채용하도록 주도하였다. PCI 버스는 PC라는 제품–서비스 시스템 전체의 병목이었던 것이다.

그때까지 버스 부품은 IBM이 독점 공급하는 기술이었다. 그러나 인텔은 PCI를 무상으로 개방화, 즉 산업 전체가 사용할 수 있고 후속 세대에서도 재설계가 필요 없는 상태로 하였다. PCI는 버전이 순차적으로 업데이트되며 장기간 동안 사용가능한 상태가 유지되었다.

USB(Universal Serial Bus)도 또한 IAL가 개발하여 무료로 공개하였는데, 이러한 과정을 통해 PC 시스템의 병목 현상이 해소되었다.

이 뿐만 아니라 인텔은 또한 PC 에코시스템 전체에 관여하여 영향을 미쳤다. 구체적인 예로써 무어의 법칙에 근거한 로드맵을 개발하고 향후 수 년간의 개발 목표와 과제를 제시하였다. 이를 통해 개발이 필요한 과제를 명확히 하고 과제 해결에 임하는 행위자를 지원하려는 태세를 갖추었다. 이것은 많은 기업가들을 자극하는 효과를 가져왔다. 또한 무선 통신에 관한 각국 정부와의 협상, 저작권과 관련된 제도 설계, 컨소시엄의 형성, 인텔 캐피탈을 통한 서비스 및 애플리케이션 레이어의 행위자 지원 등 다양한 수단을 통해 PC 에코시스템의 기술적 및 비기술적 병목 현상을 해소하였다.

이러한 노력을 통해 인텔은 "산업을 컨트롤하는 방법을 획득했다"고 표명하고 있다. 산업과 그 구성원 기업 뿐만 아니라 정부, 대학, 투자자, 컨소시엄 등 다양한 서로 다른 특성을 가진 참가자의 의사결정 원리를 파악하고 그 행동에 영향을 미치는 것으로 에코시스템을 관리하고 있는 것이다.

6. 기업의 적용 사례 및 에코시스템 이론의 중요성이 높아질 것으로 예상되는 분석대상

에코시스템 이론은 경영학 분야의 하나의 연구 접근법으로, 제2절의 선행연구 검토에서 알 수 있듯이 연구가 점점 활발해지고 있다. 동시에 실무적으로도 실제 사회에 커다란 파급효과를 가지는 대상들에 에코시스템 이론이 공헌할 것으로 기대되고 있다. 에코시스템 이론의 특징으로부터 특히 사회 인프라 등 대규모 사회 시스템이 분석 대상으로서 적합성이 높다고 할 수 있다.

기업의 구체적인 적용 사례로 히타치 컨설팅을 들 수 있다. 히타치 컨설팅은 자사의 사명 중에 "비즈니스 에코시스템"이라는 표현을 삽입하였다([그림 14.3]). 이 회사는 철도나 공항 등 사회 인프라의 구축이나 재생에너지 기반의 사회 시스템 구축 등의 사업을 수행하며 에코시스템 구상과 실현을 실제로 실시하고 있는 기업이라고 할 수 있다[그림 14.4].

마지막으로, 연구 및 실무 면에서 향후 에코시스템 이론의 중요성이 커질 것으로 예상되는 3개의 분석 대상을 들고, 어떤 연구가 필요한지 소개한다. 특히 기술경영과 관련이 큰 분야로 자율주행차, 재생 및 수소 에너지, 그리고 의료정보 시스템을 들 수 있다.

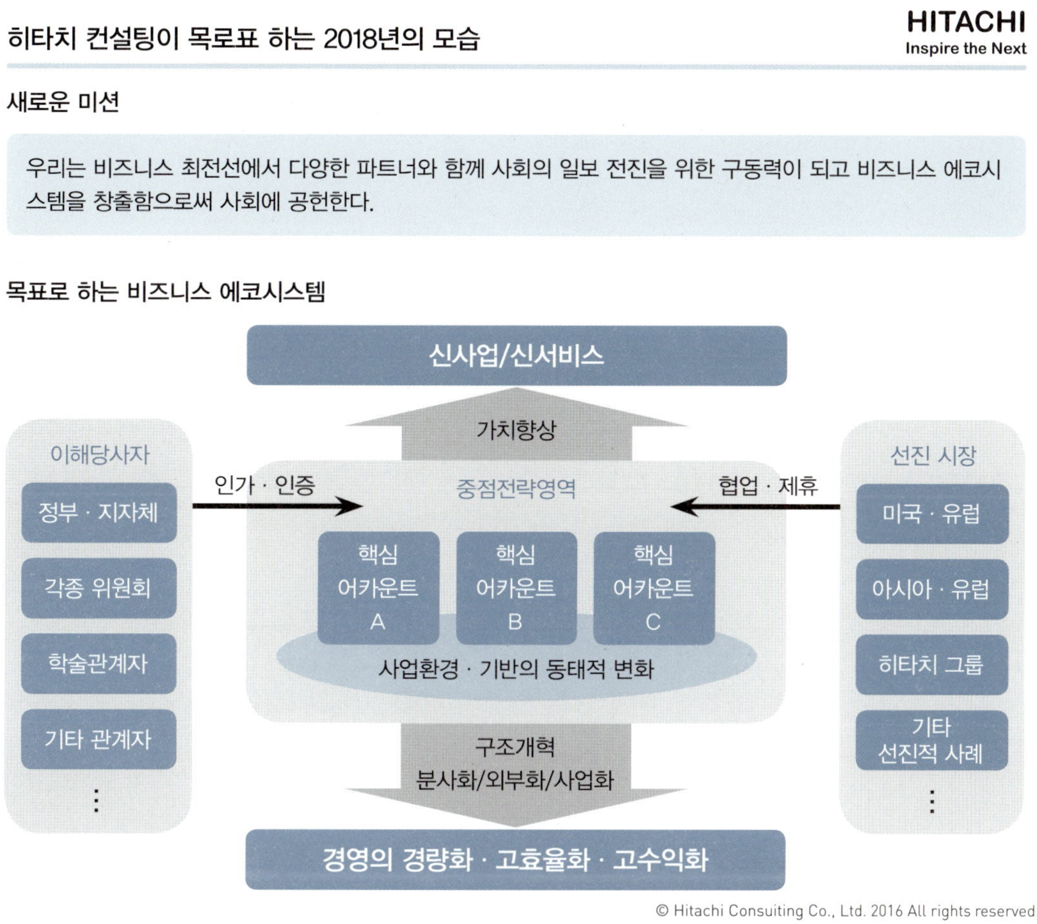

그림 14.3 히타치 컨설팅이 표명하는 사명(히타치 컨설팅의 허락을 받아 게재)

자율주행 자동차는 최근 빈번하게 다루어지는 테마이다. 세부적으로는 4개 이상의 자동화 수준 단계가 제시되고 있어 곧바로 완전한 자동운전으로 전환하는 것은 아니고, 운전자를 지원하는 시스템이라고 판단된다.

완전한 자동운전이 아니더라도 이 기술은 지금까지의 자동차의 모습을 크게 바꿀 가능성이 있다. 예를 들어 자동차가 네트워크에 연결되어 상시 모니터링되거나 자동차 간에 통신이 이루어지는 시스템 등이 자동차에 내장되게 될 가능성이 높다. 이것은 단독으로 운용되고 있던 자동차가 집단으로 관리 및 운영될 가능성을 의미한다. 그렇게

예: 에너지 시장의 비즈니스 에코시스템

HITACHI
Inspire the Next

에너지 시장 개혁에 대비하여 기존 대기업의 구조개혁, 전력사업, 신규진입 지원, 해외 POC 참가, 감독관청 로비 등을 통하여 히타치 제작소/히타치 컨설팅이 가치 향상을 추진중

히타치 컨설팅이 지원하는 에너지 시장 개혁 시나리오

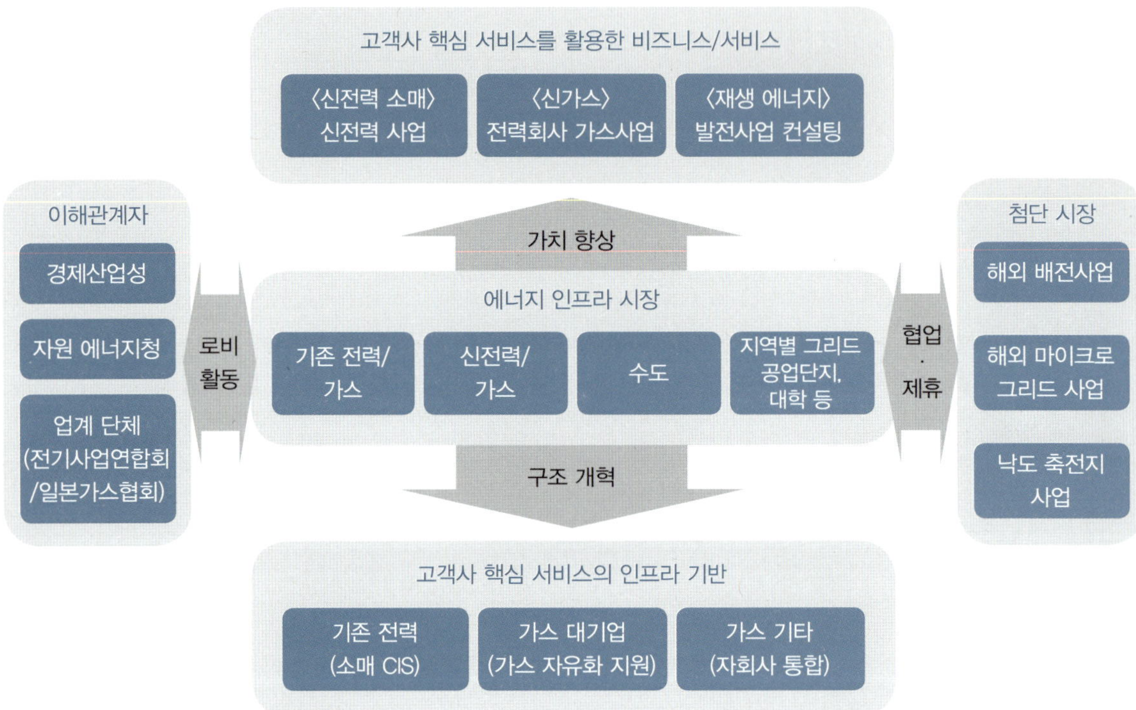

* POC: Proof Of Concept
* CIS: Customer Information System
* CPS: Cyber Physical System

그림 14.4 히타치 컨설팅의 에너지 시장 개혁 시나리오(히타치 컨설팅의 허락을 받아 게재)

될 경우 지금까지의 자동차 업계 행위자와는 전혀 다른 행위자, 즉 통신사업자나 운행관리자 등이 등장할 가능성이 있다.

또한 교통사고의 경우 현재에는 보험회사, 경찰, 운전자, 법원 등의 행위자가 관여하나 그 이외에 자동차의 운용 주체, 지도 등 정보의 제공 주체, 자동운전 시스템을 개

발한 주체 등 행위자의 책임 또한 발생할 수 있다.

이처럼 자율주행차는 행위자가 새롭게 등장하고 상호 관계성 또한 변화할 가능성이 있으며 더욱이 기존의 자동차와 혼재할 것이 예상되기 때문에, 행위자 간의 관계가 어떻게 재구성될지, 또한 어떻게 재구성하는 것이 바람직한지에 대한 연구는 중요한 연구주제이며 사회적으로도 중요한 과제라고 할 수 있다.

재생가능 및 수소 에너지 또한 주목받고 있는 분야이다. 태양광, 풍력, 지열 발전 등의 보급이 진행되면서, 전력 및 가스 시장 자유화에 의해 종래의 에코시스템이 극적으로 변화하고 있다. 수소에너지에 관해서는 연료전지 자동차가 보급됨과 동시에 도쿄 올림픽을 계기로 수소 발생, 저장, 수송 인프라의 구축이 검토되고 있다.

의료정보시스템은 전자 진료부와 더불어 개인의 투약 및 치료 이력의 공유에 의한 의료비 절감효과도 기대되고 있다. 한편, 병원에서의 치료 행위에 정보시스템이 공헌할 수 있는 한계는 어디인지, 치료를 저해하는 측면은 없는지, 제도적 정비를 어떻게 진행하면 좋을지 등의 과제도 많이 지적되고 있다.

위 분야들에 공통되는 점은 사회 인프라와 대규모 사회 시스템의 문제인 점, 관여하는 주체가 정부, 기업, 지방자치단체 등 다양한 특성을 가지며 그들을 동시에 분석 대상으로 해야만 문제를 해결할 수 있다는 점이다. 이들은 또한 사회에 큰 영향을 미치는 주제이므로 에코시스템 이론이 과제 해결에 공헌할 것이 기대되고 있다.

7. 정리

제14장에서는 최근 연구가 활발히 이루어지고 있는 에코시스템 이론의 목적, 선행연구의 흐름, 독자적인 프레임워크, 인텔 사례연구의 개요, 향후 적용이 기대되는 분야를 소개하였다. 에코시스템 이론은 야심적인 시도로서 이론, 방법, 프레임워크이 앞으로 더욱 발전할 필요가 있다. 기술이 사회에 구현되어 가는 과정에 있어서 중요한 개념의 하나이며, 기술경영 분야에 한층 더 공헌할 것으로 기대되는 접근법이다. 독자가 에코시스템 이론에 관심을 갖고 향후 지속적으로 관련된 연구를 접하는 계기가 되었으면 하는 바람이다.

참고문헌

1. M. Tsujimoto, Y. Kajikawa, J. Tomita and Y. Matsumoto, "Designing the Coherent Ecosystem: Review of the Ecosystem Concept in Strategic Management," 2015 Portland International Conference on Management of Engineering and Technology(PICMET), Portland, USA, 2015, pp.53-63.
2. R. Frosch and N. Gallopoulos, "Strategies for manufacturing," Scientific American, vol. 261, pp. 144-152, 1989.
3. R. Adner and R. Kapoor, "Value Creation ln lnnovation Ecosystems: How The Structure of Technological lnterdependence Affects Firm Performance ln New Technology Generations," Strategic Management Journal, vol.31, pp.306-333, Mar2010.
4. M. A. Cusumano and A. Gawer, "The elements of platform leadership," MITSloan Management Review, vol,43, pp.51-59, Spr 2002.

연습문제

- 특정한 제품 또는 서비스를 대상으로, 그 공급에 관련된 주체들 간에 형성되는 에코시스템의 동태적 변화에 의해 발생하는 의도하지 않은 결과를 논하라. 또한 그 발생 메커니즘을 설명하라.

기술경영의 향후 과제

15

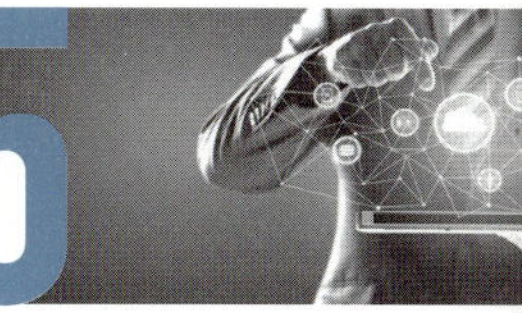

학습 포인트

서비스 경제의 대두 등의 패러다임 변화로 인해 가전제품과 같이 일본 경제에서 핵심적 역할을 해 온 대량생산형 혁신시스템의 한계가 지적되고 있다. 이 장에서는 기술경영의 향후 과제에 대해 논의한다. 새로운 기술융합, 시장 창출, 이종산업 기업 간의 협업, 전략적 표준화전략, 신규 비즈니스 모델 입안 등을 통한 경쟁력 구축이 필요하다. 특히 표준화에 초점을 맞추어 필자가 실시한 두 가지 사례연구를 설명한다. 첫 번째 사례는 무선통신의 표준화 과정에서 표준방식의 제안 및 지지 확보에 어떤 요인이 작용하고 있는지 다룬다. 두 번째 사례는 일본과 유럽의 스마트하우스 관련 표준을 대상으로 각 주체의 기술 및 표준화전략에 관한 비교 연구를 소개한다. 초기단계에 있는 스마트하우스 보급을 확대하기 위해서는 사용자의 진실된 니즈에 대해 파악하는 것이 필수적이다.

키워드

패러다임 시프트, 기술보급, 시장 창조, 스마트 하우스, 무선통신, 표준화전략

1. 들어가며

표준화는 초기단계에서의 기술확산 촉진 및 시장의 급속한 확대 등의 효과를 관계된 기업에게 가져다 준다. 최근 정보통신 분야에서 휴대전화의 보급이 확대되면서 무선통신 사용량이 빠르게 증가하고 있다. 휴대전화 보급이 확대된 커다란 요인 중 하나는 많은 제조사들이 다양한 종류의 기기를 저렴한 가격으로 출시하여 소비자 선택의 자유도가

커진 점이었는데, 이것은 표준화에 의해 다양한 기기와 관련 기술들이 매끄럽게 상호 연결 가능했던 것에 힘입은 바 있다. 서로 다른 기기 간의 상호간 접속은 예로부터 중요시되었다. 무선통신이 일부 업무분야와 아마추어 무선 등 좁은 범위에 한정되어 사용되었던 시대에는 하나의 회사가 모든 장비를 제공하는 수직적 통합이 자연스럽게 일어나, 장비 간 상호 연결을 위한 기술적 사양은 기업 내부에 보관되어 공개되지 않기도 하였다(Miyazaki and Ohshima 2010). 무선통신의 시장규모가 확대됨에 따라 여러 제조사 및 공급업체가 기기를 제공할 수 있도록 사양을 공개하고 개방적인 표준규격으로 지정할 필요성이 생겨났지만, 기업은 관련된 기술정보를 공개하거나 지식재산권의 라이센스 허가에 적극적이지 않아 혼란이 생겼다. 표준규격을 준수하는 무선통신 시스템의 개발에 필요한 정보가 공개되지 않았기 때문에, 각 업체가 독자적인 제품 사양을 개발하여 상호간 연결이 제한되었다(大島 2009). 이러한 사건으로부터 교훈을 얻어 필수정보 공개를 위해 RAND(Reasonable And Non Discriminatory) 원칙에 따른 지식재산의 라이센싱 등 상생 가능한 방법이 채택되었다. Miyazaki and Ohshima(2010)가 실시한 첨단기업의 무선통신시스템 표준화 기술전략에 관한 실증분석을 소개한다.

상호간 접속에 있어서의 중요성에 더하여, 표준화는 기업의 비즈니스에 영향을 미치는 전략적 수단으로 이용된다. 무선통신은 다른 업종에 비해 표준화의 역사가 비교적 오래되어, 전형적인 네트워크 효과가 존재하게 되었다. 네트워크 효과란 이용자 수가 늘어날수록 사용자와 사업자 모두의 이익이 증가하는 외부효과이다. 팩스가 시장에 출시된 초기에는 소유자의 수가 적고 편익도 작았지만, 시장이 확대됨에 따라 송신 가능한 대상이 늘어나면서 팩스 사용자와 사업자의 이익이 증가하였다. 표준에는 두 가지 유형이 존재하는데, 표준화단체가 설정한 공식표준(de jure standard)과 시장에서 결정되는 사실상 표준(de facto standard)이 그것이다. 여기서는 공식표준에 대하여 다루기로 한다.

2. 무선통신 시스템의 표준화 기술전략 사례

표준규격 설정의 프로세스

표준화단체에서 규격을 설정하는 과정에는 여러 가지가 있는데, 그 중 하나로 단체 구성원이 제출한 제안을 검토하고 적당하다고 판단되는 제안을 투표로 채용하는 방법이 있다. 제안이 그대로 채용되는 것은 드물며 여러 규격이 병기되는 복수표준 제정 또한 흔하게 일어난다(Miyazaki and Ohshima 2010). 표준규격으로 채택되기 위해서는 기술적 요소뿐만 아니라 로비나 협상에 의한 영향 또한 작용한다. 무선통신에서 어떤 요인이 표준규격의 추진과 지지 확보에 중요하게 작용하고 있는지에 초점을 맞추어 기업의 표준화전략을 탐구하였다. 표준안의 기술적 우위성, 주도적 기업의 동향, 인지도, 외부 협력, 지식재산 등 몇몇 요인을 선택하고 가설을 구축한 뒤 설문조사를 통해 검증하였다. 선행연구 중 Besen(1995)은 표준안 제안자의 서로 다른 전략별로 시나리오를 정리하고 표준화 실패에 의해 표준안 간 시장경쟁이 일어나는 것을 피하기 위해 표준화 프로세스의 개선이 필요함을 지적하였다.

일본의 무선통신 시스템 규격은 주로 전파산업회(ARIB)에서 책정되고 있다. ARIB는 통신사업자, 방송사업자, 무선장비 제조사 등 기업 및 법인 정회원 240개사가 소속된 민간규격 표준화단체(SDO Standard Development Organization)이다. ARIB는 규격 통일에 대한 강제력을 가지지 않는다. 예를 들어 서로 다른 3가지의 주파수 변조 방식이 병기된 규격도 있다. 휴대전화 시스템 분야에서는 연구개발능력이 뛰어난 통신사업자가 표준화를 주도하고 규격의 통일을 도모하는 경우가 많은데, 통신사업자에게 제품을 공급하는 제조사 및 부품 공급사가 협력하기도 한다. ARIB의 표준화 프로세스는 다음과 같다. 기술위원회가 ARIB 회원, 총무성, 또는 시장 참가자의 요청에 따라 미래에 필요한 기술과 시스템을 조사 및 연구하고, 그에 따라 표준규격안을 작성한다. 규격안이 규격회의에서 승인될 경우 공식표준이 되는데, 규격회의에서의 규격 승인은 만장일치에 의해 이루어진다. 따라서 사전에 미리 합의된 규격안을 규격회의에 상정하는 것이 통상적이다.

기업의 표준화 전략

기업 표준화활동의 주요 목표는 자사가 제안한 방식이 표준으로 채택되는 것이다. 그럴 경우 제품이 시장에서 우위를 획득할 수 있으며 필수적인 특허를 보유한 경우에는 라이센스 수익을 기대할 수 있다. 기업 표준화전략의 두 번째 목표는 다른 규격이 병행 채용되는 것을 최소화하는 것이다. 그러나 최근 무선통신 시스템 분야에서 규격이 하나로 통일된 사례는 적다. 제3세대 휴대전화 시스템 IMT−2000의 표준화 과정에서는 WCDMA와 CDMA2000 진영 사이에 일시적으로 화해 분위기가 조성되어 규격 통일이 기대되었으나 결국은 복수표준이 채택되었다.

기업이 추진한 규격이 목표대로 표준으로 채택되지 못한 경우에는, 채택된 타사의 표준 기술 및 제품을 공급받거나 자사 내에서 표준에 적합한 기술을 새로 개발하게 된다. 표준화에 대한 그 외의 대응책으로는 다중표준 지원, 별도의 신규 규격의 표준화, 표준화가 이루어지지 않은 타 국가 및 지역, 산업, 시장 등에서의 표준화 등을 고려할 수 있다(Miyazaki and Ohshima 2010).

연구의 진행방법

먼저 ARIB에 대한 인터뷰를 실시하여 ARIB 연구개발본부 산하 이동통신그룹 및 규격국제부에 인사를 파견하고 있는 기업 중 통신 분야에서 활발히 표준화활동을 수행하고 있는 것을 기준으로 통신사업자 3사와 통신장비업체 9개사를 설문조사 대상으로 선정하였다. 12개사 모두로부터 회신을 받았다. 이들은 휴대전화 등의 규격을 취급하는 ARIB 무선통신 연구위원회에 참여하는 무선통신 분야의 대표적인 기업이다. 기업들의 전략은 표준화 단계에 따라 다를 것으로 예상하고 표준화 과정을 표준화 이전, 표준화 초기, 표준화 중간, 표준화 이후의 4단계로 나누었다. 표준화 이전 단계는 표준화단체의 활동이 시작되지 않은 단계이며, 공개적인 정보만이 존재하여 특수 관계에 있지 않은 한 기업들은 서로의 전략과 동향을 관찰하기 어렵다. 표준화 초기 단계는 각 기업의 표준안 제안과 전략이 드러나기 시작하여 그것을 바탕으로 자사 전략을 변경하는 상태이다. 표준화 중간 단계는 표준 채택을 위해 표준화단체의 활동이 활발해지는 단계로서 제안이나 주장은 모두 나와 있기 때문에 전략적인 움직임이 필요하다. 표준화 이후 단계는 채택 및 표준화 이후의 단계로서 자사의 표준안이 채택되지 않았을 경

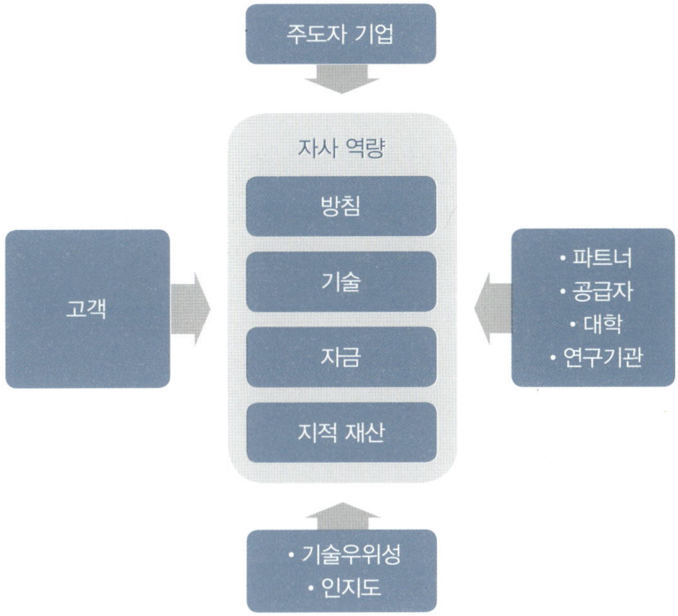

그림 15.1 표준화전략에 영향을 미치는 요인
(Miyazaki and Ohshima 2010을 바탕으로 필자 작성)

우 노선변경, 패자부활 또는 사업 철수 결정을 내려야 한다. [그림 15.1]에 주도적 기업, 자사 역량, 기술우위성, 인지도, 파트너, 공급자, 고객 등 표준화전략에 영향을 미치는 요인을 나타내었다. 기술우위성이란 기업 내외부의 정보를 바탕으로 기술을 평가했을 때 채택에 가장 유리한 방식이라고 판단되는지의 여부이다. 이 때 널리 알려진 기술에 기반한 제안이나 표준화를 주도하고 있는 기업의 제안이 지지를 많이 모을 것으로 예측하였다. 또한 기업의 대학 및 연구기관과의 공동 · 위탁 연구가 기업의 표준안 제안과 그 지지도에 영향을 미칠 것으로 판단하였고, 고객, 파트너, 공급자의 의향, 자사 역량, 기술력, 지식재산, 자금력 등도 중요할 것으로 예상하였다. 설문조사를 통해서 이 항목에 대하여 조사하였다.

결과

표준화 이전 단계에서는 기술우위성, 주도적 기업, 외부 협력의 3요소가 중요한 것으로 나타났다. 표준화 초기 단계에서는 외부 협력과 자사 역량 요인이, 표준화 중간 단계에서는 자사 전략과 주도적 기업, 외부 협력이 종합적으로 영향을 미치는 것으로 나타났다. 이 연구를 통해 표준화 과정의 각 단계에서 표준안의 추진 및 지지 획득에 영향을 미치는 요인을 추출하였으며, 각 단계별로 변화해 가는 것으로 밝혀졌다. 표준화 이전 단계에서 각 기업은 우위에 있는 기술을 표준안으로 추진하고 주도적 기업의 동향이 영향력을 미치는 것으로 나타났다. 표준화 작업이 시작되면 기업은 외부와의 협력을 지향하면서 자신의 역량을 최대한 활용하며 표준화에 임한다. 특히 제조사는 고객인 통신사업자의 의향을 중시한다. 표준화 이후 제안한 규격이 받아들여지지 않았을 경우 통신사업자가 복수표준화에 의한 패자부활을 노리는 경향이 있는 것으로 나타났다. 다음 절에서는 일본과 유럽의 스마트 하우스 관련 표준화 전략을 비교한다.

3. 스마트 하우스의 사례

HEMS와 HA

최근 절전, 에너지 효율성 상승, 안전성, 편리성 향상 등 장점으로 인해 스마트 하우스의 수요가 성장하고 있다. 스마트 하우스 개념에서는 에어컨, 창문, 전기기구 등 다양한 기기를 제어 및 모니터링할 필요가 있어, 주요한 두 하위 분야로 HEMS(Home energy management system)과 HA(Home automation)을 들 수 있다. 또한 다양한 장비, 부품 및 센서 등을 연결하여 종래에는 실현될 수 없었던 스마트화가 가능해진다. HEMS의 경우 사용자는 스마트 미터기로부터 전력 사용 데이터를 취득하여 정보의 가시화 및 에너지 절약이 가능해진다. 이 때 표준화에 의해 HEMS와 타사 기기의 접속이 가능해져서 다양한 절전 서비스를 제공할 수 있게 된다. 이러한 상호 접속 가능성에 의해 또한 스마트 하우스 시장이 확대되고 많은 중소기업 및 벤처 등의 신규 사업자가 진입하게 된다. 일본에서 스마트 하우스의 보급률은 2015년에 1%에 미치지 않았으나 경제산업성의 시산에 따르면 일본 스마트 하우스 시장의 규모는 2020년 3조 5천억 엔에 달할 것으로 예상된다. 스마트 하우스 관련 표준은 일본의 ECHONET Lite, 유럽의 KNX와 미국의 SEP 2.0(Smart Energy Profile)이 있다. Miyazaki and Nishida(2016)

는 Echonet을 대상으로 주요 행위자(주체)의 표준화전략과 기술전략에 대한 연구를 실시하였다. 또한 ECHONET Lite와 KNX를 비교하여 차이점을 밝혔다. 저자 중 한 명인 Nishida는 대학원생 교환학생으로 독일 함부르크공과대학에 3개월간 체류하며 정보 수집과 인터뷰를 실시했다.

연구 과정 : 스마트 제품

Porter and Heppelmann(2014)은 스마트 제품의 특징으로 인터넷 연결을 통해 새로운 기능을 제공하고 산업구조에 변화를 가져오며 이에 따라 기업이 새로운 기회와 위협에 직면하게 된다는 것을 지적했다. 복잡 시스템의 특징 중 하나로 다양한 주체가 다양한 견해를 가진 것을 들 수 있다(Miyazaki and Kijima, 2000). 따라서 스마트 하우스 보급에 관해서도 행위자들의 견해와 전략이 서로 다른 것이 혁신시스템이 선순환하지 못하는 원인일 것으로 예측된다. Besen(1995)는 표준규격이 설정되는 과정에 주목하여 몇 가지 상황을 제안했다. 예를 들어 테크노크라틱(기술관료제적) 상황에서는 표준화 후원자가 모두 표준에 대하여 공통적인 견해를 가지고 표준규격이 빠르고 효율적으로 설정되는 것을 희망한다.

본 연구를 위해 필자의 연구실도 에코넷 컨소시엄의 학술회원이 되어 다양한 이벤트에 참여하여 정보수집을 하였으며 에코넷과 KNX에 관련된 중요 인물 12~13명을 인터뷰하였다. 이들은 에코넷 컨소시엄 및 KNX의 대표자, 스마트 하우스 및 관련기기 제조사, 경제산업성, 요코하마시의 스마트하우스 실험사업 담당자 등이었다.

Echonet과 KNX의 특징 및 차이점

에코넷은 1997년에 홈 네트워크의 표준 통신규격을 설정하기 위한 단체로 설립되었다. 2015년 2월 시점에서 컨소시엄 회원은 252개사이고 그 중 도시바, NTT, 히타치, 파나소닉, 미쓰비시 등 7개사가 간사 회원사이다.

ECHONET Lite는 8개의 제품군(센서 관련기기, 공조 관련, 주택 · 설비 관련, 조리 · 가사 관련, 건강 관련, 관리 · 작업 관련, 시청각(AV) 관련, 전기자동차 관련)의 표준규격으로 2012년 4월에 경제산업성으로부터 스마트 하우스 공식표준으로 승인되었다. 이 중 센서 관련기기에는 가스, 보안, 음향, 지진, 공기, 이산화탄소 등 다양한 센서가 포함되어 있다.

KNX는 3개 기관이 통합되어 1999년에 설립되었다. KNX는 가정 및 빌딩 제어 분야의 세계 표준이며 364개사가 KNX에 의해 인증된 제품을 제조한다. 전세계에 43개의 거점이 있고 일본에도 2014년에 지사가 설립되었다.

인터뷰에 의해 밝혀진 ECHONET Lite의 장점은 다음과 같다. 컨소시엄은 일본 국내 및 해외에서의 저변 확대를 위해 영어판을 포함한 규격문서를 인터넷에서 무료로 전문 공개하고 있다. ECHONET의 강점은 개방성과 각 제조사의 다양한 기기의 기능을 자세하게 망라한 사양 설명서이다(西田 2015). 인터뷰에 따르면 ECHONET Lite는 일본 제조업 노하우의 결정체라고 한다. ECHONET의 표준책정 과정에서는 간사 7개사가 최종 투표권을 보유하고 있지만, 모든 회원은 규격에 대한 의견을 제시할 수 있으며, 이는 테크노크라틱 조직의 형태로 볼 수 있다.

KNX의 대표자인 Kammerl 씨와의 인터뷰를 통해, KNX의 표준책정 프로세스는 ECHONET과는 대조적으로 규격 승인 과정 및 절차가 엄격하게 정해져 있고 또한 규격 통합을 강하게 지향하는 것으로 드러났다. KNX의 강점은 이러한 내부적 논리의 견고함 및 인프라를 중요시하는 사고방식인 것으로 보인다(Nishida 2015). 인프라를 중요시하는 자세는 KNX City 비전에서도 드러난다.

행위자 간의 스마트 하우스에 대한 견해의 차이

스마트 하우스와 관련하여 정부기관 및 기업을 대상으로 인터뷰를 실시한 결과 나타난 견해 차이를 소개한다. 도시바는 스마트 가전 분야의 선구자적인 존재로서 2002년에 이미 인터넷에 연결 가능한 가전제품을 상품화했으나 높은 가격으로 인해 시장이 성장하지 않았다. 히타치와 파나소닉 등 추격자 기업이 해당 분야에서 철수한 이후에도 계속해서 FEMINITY 브랜드를 유지하고 있다.

FEMINITY의 특징은 중앙제어장치가 클라우드형 HEMS이라는 점을 들 수 있다. 이것은 파나소닉과 히타치가 분전반과 축전지 등 각 모듈에 중앙제어장치를 삽입한 것과는 대조적이다. 이러한 개방형 전략은 다수 제조사의 기기가 공존하는 가운데, 어떤 단독기업도 혼자서 시장을 독점할 수 없다고 인식한 것과 관련이 있다.

NEC는 원래 컴퓨터 및 통신(C&C) 사업을 통해 발전한 기업으로 정보통신기술 분야의 시장 및 기술 경쟁력을 통해 사회 인프라의 혁신을 창조하는 것을 기업의 사명으로 한다. NEC의 클라우드 사업은 최근 급속하게 성장하고 있으며 CONNEXIVE라는 독자적인 클라우드 서비스 플랫폼을 사용하여 에너지 관리 서비스를 제공하고 있다. 보유한 정보통신기술 분야의 강점을 바탕으로 경쟁력을 발휘하는 전략을 취하고 있다. 원래 배터리 분야에서도 경쟁력이 있어서 NEC의 HEMS는 배터리를 핵심 요소로 하는 고부가가치 하이엔드 제품이다. 이 제품은 고객의 에너지 소비량을 실시간으로 측정하고 분석한 후 에너지 절약을 위한 조언을 제공하는 홈 에너지 매니저의 역할을 한다. 저가형 로우엔드 제품은 전력 소비량을 실시간으로 고객에게 보여주는 가시화만 가능하다. NEC는 자사의 핵심역량인 통신 및 네트워크 디자인 능력을 바탕으로 스마트 미터 분야에도 진출하였으며, 주택 건설사인 오릭스와 세키스이하임과 제휴를 맺음으로써 경쟁력을 발휘하고 있다.

최대의 스마트 하우스 제조사인 세키스이하임은 상품의 하위 구성요소별로 가장 경쟁력 있는 공급기업과 제휴하고 있다. 또한 타사에 앞서 태양광발전 주택의 다음 단계인 에너지 자급자족 주택에 초점을 맞춘 비전을 제시하고 공급기업과 공유하고 있다.

경제산업성은 산업육성과 경제발전 및 에너지 확보에 주력하고 있으며, ECHO-NET-Lite의 표준 설정을 통해 3가지의 성과를 기대하고 있다. ①전력소비의 가시화를 통한 에너지 절약, ②서로 다른 제조사의 기기 간 상호 접속을 통한 새로운 에너지 절약 서비스의 제공, ③대기업 외 중소기업의 스마트 하우스 시장 진출을 들 수 있다. 경제산업성은 스마트 미터, 태양광 패널, 배터리, 연료전지, 전기자동차, 에어컨, 조명기구, 보일러 등 8개의 제품을 중점 분야로 선정하였다.

경제산업성의 비전은 HEMS 데이터 활용을 통한 신산업 창출로서 정보경제과에서 스마트 하우스 보급을 추진하고 있다. 자원에너지청 또한 스마트 하우스와 스마트 빌딩의 보급 확대를 추진하고 있다. 경제산업성은 효율적인 에너지 관리를 위해 정보통신기술 및 클라우드를 이용하여 여러 수요자의 에너지 수요를 통합 관리하는 중개사업자(aggregator)의 역할이 중요함을 주장하였다. 중개사업자가 수집한 데이터를 바탕으로 새로운 서비스 및 서비스 제공자가 창출될 것으로 기대되는 동시에, 각 가정의 전력소비량 원데이터가 공유되므로 프라이버시 등 새로운 사회 문제가 대두할 우려 또한 제기되고 있다.

경제산업성은 2015년까지 요코하마 등 일본 내 4곳에서 스마트 시티의 실험사업을 실시하였다. 요코하마 시 관계자는 인터뷰에서 실험 전에는 HEMS의 목적이 단순히 전력 사용량을 실시간으로 가시화하는 것이라고 생각했지만, 실험을 통해 전력 소비를 제어함으로써 각 세대에 새로운 가치를 제공하는 것이 중요하다는 것을 깨달았다는 취지로 발언하였다. 또한 HEMS는 고객과의 밀접한 기술마케팅이 필요한 제품이라는 의견을 피력하였다.

4. 정리

이 장에서는 향후의 중요 과제 및 표준전략과 기술전략에 초점을 두고 2건의 사례연구를 소개하였다. 무선통신 시스템의 표준화 과정에서 기업의 전략에 영향을 미치는 주요 요인이 어떻게 표준화 과정의 진행단계에 따라 변화하는지 실증분석을 바탕으로 논의하였다. 표준화 작업 개시 전에는 주도자 기업, 기술우위성 등이 중요하지만, 표준화가 시작된 이후 단계에서는 자사의 역량에 기초한 전략으로 변화해 가는 과정이 밝혀졌다. ECHONET Lite와 KNX 등 스마트 하우스의 보급 사례에서는 각 표준규격의 장점과 행위자 간 전략의 차이점이 발견되었으며, 전략은 각 행위자의 경영비전 및 핵심역량과 깊이 관련되어 있음이 밝혀졌다. 또한 소비자 니즈가 분명히 드러나지 않은 단계이므로 지배적 디자인을 현 단계에서 설정하지 않고 이용자가 시행착오를 통해 시스템 디자인을 자유롭게 선택할 수 있는 환경을 만드는 것을 스마트 하우스 보급 확대를 위한 정책으로서 제안한다.

대담 일본 중소기업에 의한 지역 혁신

후쿠치야마공립대학 지역경영학부 히라노 마코토 교수

일본에서 지방 인구의 감소가 문제로 부상하는 가운데, 인구 7만명이 되지 않는 후쿠이현 사바에 시는 60년 연속으로 인구가 증가하고 있는 희귀한 지자체이다. 이는 여성을 중시하는 다양한 복지정책의 기여 또한 크지만, 지역사회에서 기업가를 육성하고 지역 내 분업화 · 전업화를 추진하여 지역 전체를 하나의 가상적인 대기업과 같이 산업 집적을 도모하는 시책이 1800년대 후반부터 계승되어 온 것이 배경에 있다. 그 결과 수많은 벤처기업을 배출하고 전통 공예로 유명한 지역임에도 불구하고 ICT 기업이 많으며 활기찬 지역이 되었다. 대기업의 하청에 의존하지 않고 중소기업 간의 자율적인 연계를 통해 지역 브랜드를 확립하였으며, 칠기와 안경 등 수공업에 가까워 보이는 산업 분야에서도 대단한 기술 및 비즈니스모델의 혁신을 창출하고 있다.

예를 들어 시모무라 칠기는 1990년대 초 버블경제 붕괴로 인해 고급 요정의 수요가 급감하여 일본의 칠기산업 전체가 위기에 빠진 것을 계기로 기술혁신이라는 미지의 길을 선택하였다. 열에 의한 국소적 변형에 강한 구조를 가져 IH(인덕션히터) 조리기구로 가열이 가능한 식기를 개발하였고, 병원이나 요양시설에서 식사를 쟁반 위에서 조리하면서 배급하여 따뜻함을 유지하는 획기적인 식사 서비스를 개시하였다. 또한 안경 제조사인 샤루만은 역시 1990년대에 중국 등 신흥국의 저가제품과의 경쟁이 치열해지면서 이를 돌파하기 위해 기술개발을 실시하였다. 산관학 협력을 통해 안경의 소재개발 및 접합가공기술 연구를 진행하여 초고탄성 티타늄 합금 재료와 레이저 미세접합 기술을 자체개발하였고, 이를 이용하여 웨어러블 등 하이테크 제품과 신경외과 및 안과 등 특수수술용 가위 제품을 생산하고 있다. 자율적인 기업가정신에서 비롯된 경영방침으로 기술혁신을 추진하는 사바에 시의 중소기업은 세계화 속에서 늠름하게 생존하고 있다. 이러한 자율적 중소기업을 육성하여 지역 혁신을 창출해 나가는 것이 향후 일본경제의 큰 기초가 될 것으로 믿어 의심치 않는다.

참고문헌

1. Miyazaki, K. and Oshima, H.(2010) An Empirical Analysis of the Standardization of Leading Firms in Wireless Communication Systems(In Japanese), The Japan Society of Information and Communication Research Journal, Vol. 28, No. 3, pp. 65-76.
2. 大島仁等､無線通信システム標準化技術戦略お実証分析､東京工業大学技術経営専攻プロジェクトレポート､2009年3月
3. Miyazaki, K. and Nishida, K.(2016) Technology and Standardization Strategies Related to the Diffusion of Smart Houses: The Case of ECHONET in Japan, STI Policy and Management Journal, Vol. 1, No. 1, pp. 17-27.
4. 西田健太郎､日独のスマートハウス普及のための技術戦略と標準化戦略､東京工業大学技術経営専攻プロジェクトレポート､2015年3月
5. Porter, M. and Heppelmann, J.(2014) How Smart Connected Products are Transforming Competition, Harvard Business Review, Vol. 92, No. 11(November 2014), pp. 64-88.
6. Miyazaki, K. and Kijima, K.(2000) Complexity in Technology Management, Theoretical Study and Case Study of Automobile Sector in Japan, Technology Forecasting and Social Change, Vol. 64, No. 1, pp. 39-54.
7. Besen, S. M.(1995) The Standards Processes in Telecommunications and Information Technology, In R. Hawkins, R. Mansell and J. Skea(Eds.), Standards, Innovation and Competitiveness: the Politics and Economics of Standards in Natural and Technical Environments, Edward Elgar, pp. 136–146.

연습문제

- HEMS가 고객과의 밀접한 기술마케팅이 필요한 제품인 이유를 설명하시오.

연습문제 해답

⌦ 2장

의약품은 기초연구와 응용연구, 임상시험 등을 거쳐 승인되는데 그 과정에 긴 시간이 걸리므로 리니어(선형) 모형으로 볼 수 있다. 디지털 텔레비전은 다수의 부품과 요소기술로 이루어져 있어 혁신은 기초연구 또는 사용자 니즈에 의해 발생할 가능성이 높기 때문에 커플링 모형으로 볼 수 있다.

⌦ 3장

소니의 의료기기 분야 진입은 화상처리기술, 반도체 CCD, 센서 등 기술역량을 이용하여 시장에 진입한 예이다.

⌦ 4장

비즈니스 환경이 안정되어 있을 때에는 성공한다. 합리적 접근법은 한계가 있다. 전략 수립에 영향을 미치는 다양한 요인의 장기적 예측은 용이하지 않다. 또한 정보가 불완전하므로 관리자는 자사를 완벽히 알 수 없다. 경쟁자 분석 또한 완벽하기 어렵다. 전략수립의 장점은 수립한다는 행동 자체라고 할 수 있다.

⌦ 5장

기업가정신의 의의와 혁신의 효용을 이해하고 있을 것. 사명감과 가치관, 비전을 명확하게 할 것. 비즈니스 플랜 입안을 통해 사업전략과 사업계획을 정리하고 파트너 및 협력자와의 의사소통을 준비할 것. 리더십과 경영관리의 요점을 이해하고 있을 것. 이것들을 매일 실천하기 위해 자기 자신에게 적절한 동기를 부여할 것.

⌦ 6장

합리적 의사결정이 용이하지 않은 상황으로 다음 3가지를 들 수 있다.

(1) 모든 선택지를 열거할 수 없다.
(2) 결과를 완벽히 예측할 수 없다.
(3) 결과를 올바르게 평가할 수 없다.

따라서 현실의 의사결정을 완전히 합리적으로 실시하기란 매우 어려우며 합리성보다 현실적인 개념으로서 만족화 수준에 바탕한 만족화 의사결정이 제시되었다.

⌦ 7장

Amabile 등의 연구에 의하면 도전적인 업무를 수행하고 있다는 자기인식이 불러일으키는 내적 동기부여가 조직의 창조성을 향상시킨다. 개인의 내적 동기부여는 호기심이나 자아실현 욕구에 의한 자율적 목표선택과, 업적 및 성과에 의한 자기효능감에 의해 상승한다. 따라서 조직과 상사가 호기심이나 자아실현욕구에 의한 개인의 목표선택 및 행동을 장려하고 지원하는 것이 유효할 것으로 판단된다. 하지만 호기심과 자아실현욕구는 개인별로 또한 시기별로 크게 변화한다. 그러므로 일률적인 과제 설정을 피하고 개인의 자발적 제안을 촉진하는 제도 설계가 유효할 가능성이 있다. 물론 개인이 조직 내에서 직면하고 있는 입장, 상황 문맥과 조직에 대한 애착 등의 요인이 전제요인 또는 매개요인으로 작용할 것이다.

⌦ 8장

1) 연구자가 흥미를 가지고 있는 테마를 어느 정도 자유롭게 탐구할 수 있는 제도(앵글러 연구 등).
2) 연구에 관해서 활발히 의견교환할 수 있는 동료가 있는 것.
3) 실패의 리스크가 있는 도전적인 연구를 지원하는 것.

⌦ 9장

지식재산권 제도의 개요는 본문의 2. 지식재산 보호 체계, 2.1 지식재산의 종류와 관련 법률을 복수하고 추가학습을 통해 스스로의 이해를 깊게 할 것.
특정 기업의 제품 및 서비스 사례로서 초음파 수증기를 안면에 분사하여 피부 각질을 제거하는 효과가 있는 미용기구를 든다면, 기술적 특징에 관하여 특허권을 취득하고 제품 디자인을 의장등록한다. 또한 제품 브랜드를 상표등록하여 모방을 방지하고 제품의 독점적 실시를 확립하는 것이 중요하다.

⌦ 10장

음이온 발생기를 제조하는 중소기업의 예를 생각한다. 중국에서 미세먼지에 의한 대기오염이 심각해지면서 생활 속 공기 세정에 대한 니즈가 커지고 있다. 공기청정기 시장이 급성장하면서 신규진입기업도 늘어나고 있다. 이 중소기업은 특수 금속관 내부에서 음이온을 발생시키는 신기술을 개발하여 기존기업에 비해 기술적 강점을 축적하였다. 이 때 강점을 활용하여 외부 기회를 잡기 위해 필요한 지식재산전략은 독자적 기술의 특허 포트폴리오 강화, 얼라이언스 형성을 통한 시장확대 대응 등이 유효할 것이다.

⌦ 11장

1) 혁신궤적은 기술궤적과 달리 발명에서 연구, 개발, 제품 발매까지 이어지는 일련의 활동이다.
2) 일렉트로닉스. 혁신 기회와 위협 모두 많다. 기업의 연구개발부문에서 연구가 이루어지고, 대학의 연구성과에서 비롯되는 지식과 기능에 의존한다. 기초연구를 통한 중요한 발견이 수많은 혁신을 일으킨다. 동시에 경쟁자의 위협 또한 존재한다. 공급주도형의 예로서 식품산업을 들 수 있다.

⌦ 12장

환자, 일반인, 의료기관, 비용지불기관, 기업, 정부당국 등에 의해 구성되는 의료시스템 전체의 최적화와 혁신에 의한 각 요소의 개별최적화, 의료시스템 외부로의 진출 등을 들 수 있다.

⌦ 13장

부품 개발 및 생산 시스템이 어느 만큼 존재하는가. 제품 개발 및 생산, 마케팅에 관련된 기술경영 능력이 어느 만큼 있는가.

⌦ 14장

Uber는 미국에서 설립된 벤처기업이자 서비스 사업으로, 부근의 등록된 일반인을 검색하고 그의 차로 목적지까지 이동하는 서비스이다. 이러한 서비스는 종래에 택시가 제공하였으나 미국을 시작으로 전세계에서 택시를 대체해 가고 있다. 일본에서는 사설택시에 대한 규제에 저촉되므로 사업을 전개할 수 없으나, 지방의 교통 공백지대에서 스스로는 운전이 불가능한 고령자가 이용할 경우 특례가 인정된 사례가 있다. 이는 동일한 시스템이 서로 다른 주체군에 의해 재구성되어 시민들의 생활에 새로운 가치를 제공함으로써 사업이 성립, 계속되는 자기조직화 메커니즘이 작용한 것으로 판단된다.

⌦ 15장

전자레인지 등 단순한 가전제품을 판매하는 것과는 달리 HEMS는 고객에게 새로운 부가가치를 제공한다는 점을 설명할 필요가 있으므로, 고객의 니즈를 파악하고 기술적 정보 이외에도 고객의 라이프스타일 등에 알맞은 부가가치를 제공해야만 한다.

찾아보기

가

사

아

자

차

카

타

파

하

인명

숫자 및 영문

저자 소개(집필분담순)

센고쿠 신타로
仙石 愼太郎
_ 4장, 5장, 12장

1973년 도쿄 출생
2001년 도쿄대학교 이과대학 박사과정 졸업, 이학박사
2001년 McKinsey & Company Inc. Japan
2005년 Fast Track Initiative, Inc., Life Science Management Inc.
2005년 도쿄대학교 약학대학 객원부교수
2008년 교토대학교 산관학협력센터 기부연구부문 부교수
2009년 교토대학교 물질세포통합시스템거점(WPI–iCeMS) 부교수, 주임연구자(2014년까지)
현재 도쿄공업대학교 환경사회이공대학 이노베이션과학과 부교수
전문분야: 기술경영학, 혁신경영론, 바이오 · 의료산업론

키지마 코이치
木嶋 恭一
_ 6장

1951년 카나가와 출생
1980년 도쿄공업대학교 이공대학 경영공학과 박사과정 졸업, 공학박사
1980년 도쿄공업대학교 이공대학 경영공학과 조교수
1988년 도쿄공업대학교 이공대학 경영공학과 부교수
1996년 도쿄공업대학교 사회이공대학 교수
현재 도쿄공업대학 명예교수, 다이토문화대학 특임교수
전문분야: 사회시스템공학, 시스템 매니지먼트

주요 논문 및 저서

System of diagnostic systems framework and its application to the disharmony in Indonesian national security, Systems Research and Behavioral Science, 2020 (Forthcoming).
What Influences Tourist' Visit Decision to Coastal Area? A Lesson Learned from Southern Beaches of West Java, The Asian Journal of Technology Management, 13(1), pp. 63-81, 2020.
Systems Perspectives on the Interaction Between Human and Technological Resources, in Human-Centered Digitalization and Services (Ed. M. Toivonen et al.), Springer, 2019.
Service Ecosystems Innovation in Systemic Perspective: Transitions and Co-evolutions, in Service Innovation (편저자), Springer, 2016.
Service Systems Science(편저자), Springer, 2014.

츠지모토 마사하루
辻本 將晴
_ 7장, 14장

1973년 효고현 출생
2005년 게이오기주쿠대학교 정책미디어대학 박사과정 졸업, 정책미디어학박사
2004년 도쿄대학교 종합연구기구 조교수
2005년 시바우라공업대학교 공학매니지먼트대학 특임강사
2008년 호세이대학교 이노베이션매니지먼트대학 부교수 (2010년까지)
2014년~ 나고야대학교 객원교수
2014년 9월~2015년 3월 함부르크공과대학교(TUHH) Visiting Professor
2019년 10월~2020년 3월 ETH Zurich Academic Guest
현재 도쿄공업대학교 환경사회이공대학 이노베이션과학과 교수
전문분야: 경영조직론, 경영전략론

주요 저서

Tsujimoto, M., Kajikawa, Y., Tomita, J., & Matsumoto, Y., A review of the ecosystem concept - Towards coherent ecosystem design. Technological Forecasting and Social Change, 136: 49-58, 2018.
Tsujimoto M., Matsumoto Y., Sakakibara K., Finding the 'Boundary Mediators': Network Analysis of the Joint R&D Project between Toyota and Panasonic", International Journal of Technology Management,

66(2/3), 2014.
イノベーションの相互浸透モデル, 白桃書房, 2011(공저)

다나카 요시토시
田中 義敏
_ 9장, 10장

1954년 도쿄 출생
1978년 도쿄공업대학교 이공대학 기계물리공학과 졸업
1980년 도쿄공업대학교 이공대학 원자핵공학과 석사과정 졸업
1980년 일본특허청, 과학기술청, 미국 UCLA
1992년 일본테트라팩주식회사 지적재산권부장, 인사부장, 총무부장, 법무부장 등
1994년 일본변리사 등록
2002년 도쿄공업대학교 경영공학과 부교수
2004년 지식재산권침해소송대리변리사 등록
2009년 도쿄공업대학교 이노베이션매니지먼트대학 교수
2016년 도쿄공업대학교 공과대학 경영공학과 교수
2020년~현재 도쿄공업대학교 명예교수 · 특임교수, 발명추진협회 수석연구원

주요 저서

知的財産 基礎と活用, 朝倉書店, 2004(공저)
企業経営に連携する知的財産部門の構築：企業内機能部門との連携に向けて, 発明協会, 2007(공저)
統合化された知的財産マネジメント：組織の知的財産を活用､保護するためのガイドブック, 発明協会, 2007(번역)
教育工学選書II 職業人教育と教育工学(日本教育工学会監修), ミネルヴァ書房, 2016(공저)

편저자 소개

미야자키 쿠미코
宮崎久美子
_ 1장, 2장, 3장, 4장, 8장, 11장, 13장, 15장

1976년 옥스포드대학교 물리학과 졸업(St. Hugh's College)
1977년 케임브리지대학교 컴퓨터과학 석사과정 졸업
1988년 INSEAD MBA
1993년 서섹스대학교 SPRU PhD, Logica(UK) 소프트웨어 디자이너, Bell-Northern Research(Canada) 연구원, Schlumberger Japan 연구원, Citicorp Securities, NEC
1995년 도쿄공업대학교 사회이공대학 부교수
2001년 도쿄공업대학교 공과대학 교수
2005년 도쿄공업대학교 이노베이션매니지먼트대학 교수
2020년~현재 도쿄공업대학교 명예교수, 리츠메이칸아시아태평양대학교 국제경영대학 특별초빙교수

주요 저서

Building Competences in the Firm: Lessons from Japanese and European Optoelectronics, Macmillan(1995)
技術経営論, 日科技連, 1998(공저)
학회등 활동
일본정보통신학회 이사, 일본MOT학회 이사
일본연구이노베이션학회장
문부과학성 몬주원자로 검토위원회
경제산업성 산업구조심의회
前 종합과학기술회의, 정보통신심의회, 과학기술학술심의회, NHK 방송기술심의회, 원자력위원회 위원 등

역자 소개

송영화
건국대학교 경영대학
기술경영학과 교수

한국기술혁신학회 부회장(편집위원장), 한국창업학회 부회장, 한국전자상거래학회 부회장
Asian Journal of Innovation and Policy, Associate Editor
과학기술정보통신부, 보건복지부 자문위원
한국연구재단 전문위원
현대자동차그룹 외래교수
다수 공기업, 민간기업 자문/평가위원
국내/외 주요 저널 100여편 이상 논문 게재 및 저/역서 4권 출간
(전) 한국전자통신연구원(ETRI) 연구실장 및 책임연구원
(전) 과학기술연합대학원대학교(UST) 교수
(전) 도쿄대학(東京大学) 기술경영학과 초빙학자

학력
도쿄대학(東京大学) 기술경영학 박사
한양대학교 정보기술경영학 박사
Whitworth Univ. 국제경영학 석사
Whitworth Univ. 경영학사

송원욱
일본 도요대학(東洋大学)
경영학부 조교수

일본 도요대학(東洋大学) 경영학부 조교수
(전) 도쿄대학(東京大学) 모노즈쿠리 경영 연구 센터 특임 조교수

학력
도쿄대학(東京大学) 경영학 박사수료
도쿄대학(東京大学) 경영학 석사
도쿄대학(東京大学) 문학부 행동문화학과 심리학전공 학사

이상직
일본 도쿄대학(東京大学)
기술경영학과 연구원

한국정보기술응용학회 이사
한국기술혁신학회지 편집위원
(전) 해군사관학교 국방경영학과 조교수
(전) 한국창업학회 이사

학력
도쿄대학(東京大学) 기술경영학 박사수료
도쿄대학(東京大学) 기술경영학 석사
도쿄대학(東京大学) 시스템공학 학사